传感智能制造产业创新发展研究

以专利导航为视角

主　编／邱江鸿

知识产权出版社
全国百佳图书出版单位
—北京—

图书在版编目（CIP）数据

传感智能制造产业创新发展研究：以专利导航为视角/邱江鸿主编. —北京：知识产权出版社，2023.5

ISBN 978-7-5130-8710-0

Ⅰ.①传⋯ Ⅱ.①邱⋯ Ⅲ.①智能制造系统—制造工业—产业发展—研究报告—中国 Ⅳ.①F426.4

中国国家版本馆CIP数据核字（2023）第054085号

内容提要

本书以专利导航的视角，依托专利制度的信息功能和专利分析技术系统导引泉州市传感智能制造产业的发展，结合产业专利数据、市场数据和政策现状等多维度信息，对全球、国内和泉州市传感智能制造产业的发展现状和发展方向进行了深入剖析，对泉州市传感智能制造产业在全球、国内以及福建省内的定位进行了精准研判，以"链式发展"的角度创新性地提出了"铸链""强链""补链""夯链""融链"和"延链"六条本地产业的发展路径与建议，有力地为泉州市传感智能制造产业的下一步发展提供了数据支撑。

本书作为专利导航应用的良好范本，兼具实践性与可操作性，适合传感智能制造产业经济主管部门、行业组织、企事业单位管理人员以及专利信息服务研究人员阅读参考。

责任编辑：张利萍	责任校对：谷 洋
封面设计：杨杨工作室·张冀	责任印制：刘译文

传感智能制造产业创新发展研究
—— 以专利导航为视角

主　编　邱江鸿

出版发行：知识产权出版社有限责任公司	网　　址：http://www.ipph.cn
社　　址：北京市海淀区气象路50号院	邮　　编：100081
责编电话：010-82000860 转 8387	责编邮箱：65109211@qq.com
发行电话：010-82000860 转 8101/8102	发行传真：010-82000893/82005070/82000270
印　　刷：天津嘉恒印务有限公司	经　　销：新华书店、各大网上书店及相关专业书店
开　　本：720mm×1000mm 1/16	印　　张：14.25
版　　次：2023年5月第1版	印　　次：2023年5月第1次印刷
字　　数：222千字	定　　价：80.00元

ISBN 978-7-5130-8710-0

出版权专有　侵权必究

如有印装质量问题，本社负责调换。

编委会

主　编　邱江鸿

副主编　林铭沥　陈婉芬　白　艳

编　委　姚　桔　崔梦丹　李雅婷　张　宁
　　　　　叶　琳　朱宇奇　王林建　李克梅

前 言
PREFACE

自"十三五"以来，泉州市政府频频颁布利好政策，积极推进传统制造业的智能化转型，于2018年发布《泉州市人民政府办公室关于进一步推动智能制造推进智能装备和"数控一代"产品应用快速发展的实施意见》，通过培育示范典型、鼓励关键技术攻关、设立产业投资基金等政策措施加快发展智能制造产业。

进入"十四五"时期，泉州迈入万亿地区生产总值城市行列，市政府在《泉州市国民经济和社会发展第十四个五年规划和二〇三五年远景目标纲要》中提出以建设先进制造业强市、创新型城市为支撑，加快推进制造业向智能化、绿色化、服务化、高端化转型升级，并将重点打造全国重要的先进传感智能制造产业基地，力争至2025年产值突破400亿元。

《传感智能制造产业创新发展研究——以专利导航为视角》一书由泉州市知识产权保护中心组织编写，国家专利导航项目（企业）研究和推广中心、华智数创（北京）科技发展有限责任公司协助配合完成。本书的创新点主要体现在以下几个方面。一是以专利导航的全新视角开展研究。重点介绍了传感智能制造产业和专利导航的研究对象及方法，以全球产业的专利数据、市场数据等作为数据基础，对产业结构调整、关键产品突破、技术发展热点及市场竞争重点等方向进行综合分析。二是通过实地调研精准研判掌握泉州在产业、企业、技术、人才、专利等方面的优势和不足。三是全面探索泉州市传感智能制造产业发展的路径。有针对性地提出产业结构优化、精准招商引智、本地资源培育、技术创新提升、开放对外合作等方面的对策建议，从而为泉州市发展传感智能制造产业提供合适的目标选择和针对性的路径向导。

本书由邱江鸿主持编写，具体分工为：邱江鸿确立全书编著大纲及各章节要点，并负责书稿审定；林铭沥、陈婉芬、白艳负责全书统稿；邱江鸿、林铭沥、白艳等执笔撰写第1章；陈婉芬、李雅婷、张宁等执笔撰写第2章；白艳、姚桔、张宁、朱宇奇等执笔撰写第3章；陈婉芬、崔梦丹、姚桔、王林建等执笔撰写第4章；邱江鸿、陈婉芬、白艳、朱宇奇等执笔撰写第5章；朱宇奇、李克梅、叶琳等负责了书中部分数据整理、图表绘制及附录编纂工作。其中，中国专利技术开发公司专利分类与数据加工二部张宁除参与部分章节撰写外，还为本书的编写提出很多有益的建议；泉州市有关县（市、区）市场监管局、产业园区管委会等单位也从不同角度为书稿的编著提供了积极支持。本书编撰过程中，吴中培、廖廷俤、王平江、徐莉、傅捷峰、陈雪莹等专家提出了宝贵的意见建议，在此一并表示感谢！

希望本书的出版能够为泉州市传感智能制造产业经济主管部门、行业组织、企事业单位的管理人员以及专利信息服务研究人员提供有益参考，吸引更多专家学者、创新主体投入传感智能制造产业的研究与实践中，为传感智能制造产业的蓬勃发展提供助力。

目 录

第1章 绪论 ▶ 001
  1.1 传感智能制造产业概况 ▶ 001
  1.2 研究对象及方法 ▶ 002
    1.2.1 技术范畴与分解 ▶ 002
    1.2.2 研究方法 ▶ 003
    1.2.3 检索策略与数据来源 ▶ 005
  1.3 相关事项及约定 ▶ 006
    1.3.1 相关事项说明 ▶ 006
    1.3.2 相关事项约定 ▶ 007

第2章 传感智能制造产业发展现状 ▶ 010
  2.1 全球传感智能制造产业发展现状 ▶ 011
    2.1.1 全球产业环境 ▶ 011
    2.1.2 全球产业发展概况 ▶ 017
    2.1.3 全球产业主体分布 ▶ 020
    2.1.4 全球产业发展特点 ▶ 022
  2.2 中国传感智能制造产业发展现状 ▶ 023
    2.2.1 中国产业环境 ▶ 023
    2.2.2 中国产业发展概况 ▶ 027

        2.2.3　中国产业主体分布 ·· ▶ 030
        2.2.4　中国产业发展特点 ·· ▶ 033
    2.3　泉州市传感智能制造产业发展现状 ································· ▶ 034
        2.3.1　泉州产业环境 ·· ▶ 034
        2.3.2　泉州产业发展概况 ·· ▶ 036
        2.3.3　泉州产业主体分布 ·· ▶ 037
        2.3.4　泉州产业发展特点 ·· ▶ 039
    2.4　泉州市传感智能制造产业实地调查 ································· ▶ 041
        2.4.1　线上问卷调查 ·· ▶ 042
        2.4.2　实地走访调研 ·· ▶ 052

第3章　全球传感智能制造产业专利态势及发展方向 ························· ▶ 056
    3.1　全球传感智能制造产业专利态势 ··································· ▶ 056
        3.1.1　专利申请趋势 ·· ▶ 056
        3.1.2　国家／地区分析 ·· ▶ 061
        3.1.3　创新主体分析 ·· ▶ 067
    3.2　全球传感智能制造产业发展方向 ··································· ▶ 073
        3.2.1　产业链发展方向 ·· ▶ 074
        3.2.2　创新链发展方向 ·· ▶ 086
    3.3　小结 ·· ▶ 093

第4章　泉州市传感智能制造产业专利态势及发展优劣势 ····················· ▶ 097
    4.1　泉州市传感智能制造产业专利态势 ································· ▶ 097
        4.1.1　专利申请态势 ·· ▶ 097
        4.1.2　地域分析 ·· ▶ 098
        4.1.3　创新主体分析 ·· ▶ 104
    4.2　泉州市传感智能制造产业发展优势与劣势 ··························· ▶ 106
        4.2.1　产业结构优势与劣势 ·· ▶ 106
        4.2.2　企业实力优势与劣势 ·· ▶ 113
        4.2.3　人才实力优势与劣势 ·· ▶ 118

4.2.4　协同创新优势与劣势 …………………………… ▶ 123
　　4.2.5　专利运营优势与劣势 …………………………… ▶ 126
4.3　小结 ……………………………………………………… ▶ 131

第5章　泉州市传感智能制造产业发展对策建议 …………… ▶ 134
5.1　以优化产业创新布局结构铸链 ………………………… ▶ 134
5.2　以提升企业自主创新能力强链 ………………………… ▶ 137
　　5.2.1　培优扶强产业头部企业 …………………………… ▶ 137
　　5.2.2　引导中小企业迈向专精特新 ……………………… ▶ 140
　　5.2.3　提升本地人才创新能力 …………………………… ▶ 142
5.3　以积极对接高端创新资源补链 ………………………… ▶ 145
　　5.3.1　打造优势特色产业集群 …………………………… ▶ 145
　　5.3.2　构筑人才聚集高地 ………………………………… ▶ 148
5.4　以强化关键核心技术攻关夯链 ………………………… ▶ 149
　　5.4.1　提升传感技术，掌握市场主导权 ………………… ▶ 149
　　5.4.2　围绕鞋业转型升级，做精做强生产线 …………… ▶ 160
5.5　以营造创新服务良好环境融链 ………………………… ▶ 175
　　5.5.1　构建产业协同创新体系 …………………………… ▶ 175
　　5.5.2　发挥保护中心支撑作用 …………………………… ▶ 178
　　5.5.3　促进知识产权转化运用 …………………………… ▶ 180
5.6　以拓展更高水平开放合作延链 ………………………… ▶ 182

附　录 ………………………………………………………………… ▶ 188

第1章

绪 论

1.1 传感智能制造产业概况

当前,全球新一轮科技革命和产业变革突飞猛进,与我国加快转变经济发展方式形成历史性交汇。一方面,新一代信息技术、生物技术、新材料、新能源等不断突破,与先进制造技术加快融合,为制造业智能化、高端化、绿色化发展提供了重要的历史机遇;另一方面,我国正处于转变发展方式、优化经济结构、转换增长动力的攻关期,制造业发展面临供给与市场需求适配性不高、产业链供应链稳定受到挑战、资源环境约束趋紧等突出问题。❶

近年来,我国陆续出台了《中国制造2025》《智能制造发展规划(2016—2020年)》《"十四五"智能制造发展规划》等一系列政策文件,从市场、技术等视角为智能制造产业重点领域的布局作出了路径规划,为智能制造行业的发展注入了强劲动力。作为制造强国建设的主攻方向,加快发展智能制造,对巩固实体经济根基、建成现代产业体系、实现新型工业化具有重要作用❷。以传感器为基础的传感智能制造是推进数字产业化和产业数字化、建设数字中

---

❶ 中华工商网. 中国制造业加速"鼎新革故"[EB/OL]. (2021-12-29) [2023-03-08]. https://baijiahao.baidu.com/s?id=1720464550296112031&wfr=spider&for=pc.

❷ 中华人民共和国工业和信息化部. "十四五"智能制造发展规划[EB/OL]. (2022-07-06) [2023-03-08]. https://www.miit.gov.cn/jgsj/ghs/zlygh/art/2022/art_c201cab037444d5c94921a53614332f9.html.

国的重要途径。通过重构制造业研发、生产、管理和服务等各个环节，带动工业机器人、高档数控机床等新兴产业发展，不仅能够有效提升国内大循环的效率、推动实现全球范围内的资源协同和优化，还能促进农业、交通、物流、医疗等各领域的数字化转型与智能化变革。基于上述原因，全球相关企业纷纷投入传感智能制造技术的研发中，较早进入该领域的企业已进行了全面的专利布局规划，新进入企业的专利布局也在有序开展，各领域的专利壁垒逐步形成。

1.2 研究对象及方法

1.2.1 技术范畴与分解

专利信息分析需要在明确的技术分类和清晰的技术边界之下进行。只有明确了技术分类，才能有针对性地进行研究和分析；只有了解清晰的技术边界，才能将相关的专利技术从海量的专利技术文献中检索出来并作为分析的数据基础。

泉州在《泉州市国民经济和社会发展第十四个五年规划和二〇三五年远景目标纲要》中将传感器、射频识别、云计算、大数据、工业互联网、控制系统、智能测控装置与部件、伺服电机、高档数控机床、机器人和3D打印共11个技术作为重点发展方向。结合公开资料搜集及本地调研情况，将11个技术分支分为感知层、网络层、执行层和生产层四个领域。其中，感知层包括传感器和射频识别两个技术方向，网络层包括云计算、大数据和工业互联网三个技术方向，执行层涵盖控制系统、智能测控装置与部件、伺服电机三个技术分支，生产线则包括高档数控机床、机器人和3D打印三个技术分支。技术分解表如表1-1所示。需要说明的是，感知层的传感器领域作为工业"智能化"的基石，是智能制造发展历程中的底层技术，温度传感器、压力传感器和流量传感器是目前应用最广的传感器类型。此外，MEMS传感器作为小型化集成化的传感器技术，历经四十余年的发展，已成为世界瞩目的重大科技领域之一，是当下传感器领域的重要前沿技术，因此将MEMS传感器与温度、压力和流量传感器一并纳入本书的研究范围当中。

表1-1 技术分解表

一级分支	二级分支	三级分支	四级分支
传感智能制造	感知层	传感器	温度传感器
			压力传感器
			流量传感器
			MEMS传感器
		射频识别	读写器
			电子标签
	网络层	云计算	基础设施即服务（IaaS）
			平台即服务（PaaS）
			软件即服务（SaaS）
		大数据	数据采集
			数据计算
			数据挖掘
		工业互联网	现场总线网络
			工业以太网
			工业无线网
	执行层	控制系统	—
		智能测控装置与部件	—
		伺服电机	—
	生产线	高档数控机床	—
		机器人	—
		3D打印	—

1.2.2 研究方法

专利导航是运用专利数据分析，将专利研究与产业研究相融合，为区域、产业转型升级、企业创新发展提供关于方向、定位及其之间路径信息的决策规划辅助方法。专利导航是在我国深化创新驱动发展中，基于产业发展和技术创新的需求，在充分运用专利信息资源方面总结出的一系列新理念、新机制、新方法和新模式。推动构建专利数据与各类数据资源相融合的专利导航决策机制，有助于提升知识产权治理能力，加快技术、人才、数据等要素市场化配置，更好地服务于各级政府创新决策和市场主体创新活动，加快构建现代产业体系，支撑高质量发展。

本项目遵循 GB/T 39551.3—2020《专利导航指南 第 3 部分：产业规划》标准组织实施，即围绕三个阶段进行。首先是数据采集阶段，注重选择国内外专利数据、产业多维度统计数据、产业主体相关数据和产业政策环境相关数据等。其次是数据处理阶段，以专利数据为中心，建立包括采集阶段获取的各类产业数据在内的多维度数据关联。最后是导航分析阶段，综合专利数据和产业数据，构建产业发展方向分析、区域产业发展定位分析和产业发展路径导航分析的逻辑模型，最终在摸清泉州市传感智能制造产业发展方向和城市定位的基础上，提出适合泉州市的产业发展路径建议。产业导航研究方法如图 1-1 所示。

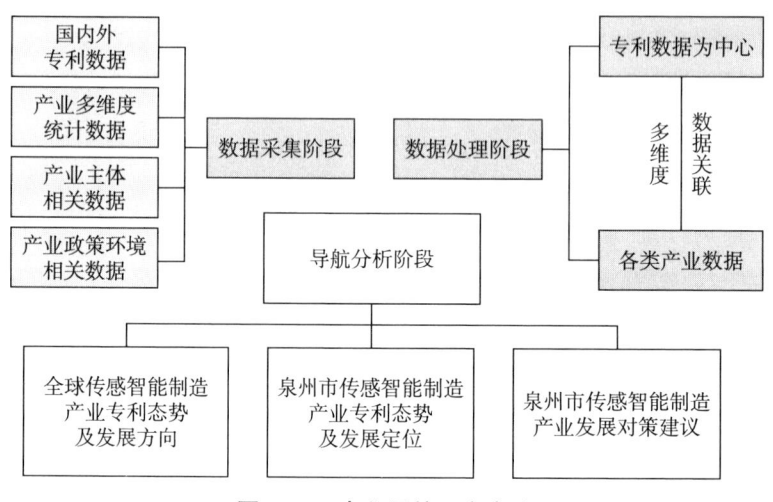

图 1-1 产业导航研究方法

在导航分析阶段，具体包括以下三个分析模块：

1. 全球传感智能制造产业专利态势及发展方向模块

全球传感智能制造产业专利态势及发展方向模块以全景模式展示传感智能制造产业发展的整体趋势与基本方向。该模块以专利信息为基础，结合前期调研获得的产业、技术、市场等信息，研究产业结构调整规律、技术创新发展趋势、主要市场地域分布、国内外主要竞争对手的研发布局等，从市场、产品、技术、行业格局等角度出发，通过分析全球产业发展与专利布局的互动关系，寻找全球产业链中具有较强专利控制力的各类主体，通过分析全球范围内具有较强专利控制力主体的相关活动，判断产业发展方向。

2. 泉州市传感智能制造产业专利态势及发展定位模块

泉州市传感智能制造产业专利态势及发展定位模块站位泉州市传感智能制造产业，以检索到的专利数据信息为基础，结合产业数据，将泉州市内及泉州下辖各区县在产业结构、创新主体等方面的情况进行分析，并将泉州与苏州、南京、杭州、深圳等国内城市在产业结构、企业集聚程度、企业专利申请情况、重点企业情况、产业人才现状等方面加以对比，揭示泉州在产业结构、企业、技术、人才、专利等方面的优势和风险。

3. 泉州市传感智能制造产业发展对策建议模块

泉州市传感智能制造产业发展对策建议模块以远景模式绘制产业聚集区当前定位与产业发展规划目标之间未来实施的具体路径，提出了铸链、强链、补链、夯链、融链和延链的六大链式发展建议。该模块在对前面两个模块信息高度集成的基础上，结合泉州实际情况，从优化产业创新布局、提升企业自主创新能力、对接外部高端创新资源、强化关键核心技术攻关、营造创新服务良好环境和拓展更高开放水平等方面提出发展路径建议，从而为泉州市发展传感智能制造产业提供合适的目标选择和针对性的路径向导。

1.2.3 检索策略与数据来源

本书采用的专利文献数据主要来自中国专利文摘数据库和DWPI（德温特世界专利索引）数据库。其中，中国专利文摘数据库涵盖了中国自1985年至今的全部发明、实用新型和外观设计专利申请数据，具体包括中国专利中英文文摘数据、中国专利全文代码化数据（权利要求信息）、中国专利引文数据、DWPI收录的中国文献、世界专利文摘库收录的中国文献、中国专利的引证文献数据等信息。数据具有内容覆盖全面、中文内容与英文翻译并存、附加信息丰富等特点。DWPI数据库包括八国两组织（中国、日本、美国、英国、法国、德国、瑞士、韩国、欧洲专利局、世界知识产权组织）在内的47个国家和组织自1948年至今的专利数据，DWPI数据库还将其收录的专利按照一定的规则整理出具有德温特数据特色的同族数据。数据具有准确、有序等特点。

本书检索过程中为了保证各个分支数据的准确性，采用了分总式的检索策略：首先针对分解表中的末级分支进行检索，其次将检索结果逐层汇总，得到各个上级分支的文献量，最后将检索到的文献通过筛选的方式去除噪声，并同时进行各级数据的标引，从而保证了数据的查全和查准。具体的检索方法是采用结构化检索，即将各检索要素形成不同的模块，通过各模块间的"与"或"或"运算得到检索结果。检索要素包括IPC分类号、CPC分类号、关键词、申请人等。

专利数据的检索截止日期为2022年6月17日。鉴于专利文献存在延迟公开的属性，部分申请日在检索截止日之前18个月内的发明专利申请因未公开而未被检索到。

1.3 相关事项及约定

1.3.1 相关事项说明

1. 同族专利

同一主题的发明创造在多个国家申请专利而产生的一组文献，称为一个专利族。从技术的角度看，属于一个专利族的多个专利申请可视为同一项技术。本书在开展技术分析时，将同族专利视为一项技术，在进行专利区域（国家或地区）布局分析时，各专利按件单独统计。

2. 关于专利申请量统计中的"项"和"件"的说明

同一项发明可能在多个国家或地区提出专利申请，DWPI数据库将这些相关的多件申请作为一条记录收录。在进行专利申请数量统计时，对于数据库中以一族数据的形式出现的一系列专利文献，计为"1项"。

在进行专利申请统计时，例如为了分析申请人在不同国家、地区或组织所提出的专利申请的分布情况,将同族专利中的专利申请分开进行统计,所得到的结果对应于申请的件数。一项专利申请可能对应于 1 件或多件专利申请。

3. 关于部分分析指标的说明

申请人:通过对专利申请人的统计分析,获得主要创新主体。

申请量:对不同领域、不同年代、不同国家和地区、不同企业/高校研究院所的专利申请量进行统计分析,根据申请量随年代变化趋势,获得技术发展趋势。

专利引证:那些具有较高价值度的专利技术通常更多地被在后专利技术引用参考,因此专利被引用次数能够在一定程度上反映专利的质量和影响力。

专利转让/许可:专利转让/许可情况能够在一定程度上反映专利技术运营转化的活跃度,也能够在一定程度上反映专利技术的产业价值、技术价值和经济价值。

技术来源国:指一项技术的原始产出国/地区,由于一项专利技术通常首先在本国提出专利申请,因此,本项目中将该专利申请所要求的最早优先权国家/地区认定为其技术原创国/地区。

技术目标国:指某项专利技术的布局国家/地区,技术目标国的数据通过统计公开文献国别获得。

重点专利:重点专利的确定应当综合考虑其技术价值、经济价值以及受重视程度等多方面的因素,专利大数据分析中,难以对各项专利逐一进行价值评判,本书中选择了可在一定程度上反映这些因素的指标对专利数据进行识别和筛选,包括专利被引频次、主要申请人、专利转让/许可情况、同族专利数量等。

1.3.2 相关事项约定

本书中,需要对一些申请人的表述进行约定,一是由于中文翻译的原因,同一申请人的表述在不同中国专利申请中会有所差异;二是为了方便申请人的统计,需要将此公司的不同子公司或收购公司的专利申请进行合并;三是为了便于在统计图表中进行标注,将一些专利申请人的名称进行简化。

表1-2是关于本书中出现频率较多的部分专利申请人的名称约定对应表。

表1-2 名称约定对应表（部分）

简称	企业名称
日立	株式会社日立制作所
	日立精机株式会社
	日立ASTEMO株式会社
	日立金属株式会社
	日立精工株式会社
	日立建机株式会社
	日立造船株式会社
三菱	三菱电机株式会社
	三菱重工业株式会社
	三菱综合材料株式会社
	东芝三菱电机产业系统株式会社
	三菱自动车工业株式会社
	三菱电机研究实验室
	三菱化学株式会社
西门子	西门子公司
	西门子工业公司
	西门子工业软件有限公司
	西门子（中国）有限公司
	西门子保健有限责任公司
	西门子能源公司
	西门子能源国际公司
	西门子产品生命周期管理软件公司
发那科	发那科株式会社
	美国发那科机器人有限公司
	上海发那科机器人有限公司
	北京发那科机电有限公司

续表

简称	企业名称
东芝	东芝株式会社
	东芝机械株式会社
	东芝泰格有限公司
	东芝硝子株式会社
西人马	西人马联合测控（泉州）科技有限公司
	西人马（西安）测控科技有限公司
	西人马（深圳）科技有限责任公司

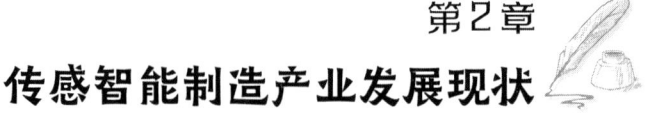

第2章
传感智能制造产业发展现状

传感智能制造是一种由智能机器和人类共同组成的人机一体化智能系统，它在制造过程中能进行智能活动，诸如分析、推理、判断、构思和决策等。通过人与智能机器的合作共事，去扩大、延伸和部分地取代人类在制造过程中的脑力劳动。2015年5月，国务院正式印发《中国制造2025》，提出推动新一代信息技术与制造技术融合发展，把智能制造作为"两化"深度融合的主攻方向。北京、上海、江苏、浙江等多省市纷纷响应，陆续推出本土化智能制造发展政策。

从泉州本地发展现状来看，泉州市政府积极顺应智能制造发展趋势，不仅在《泉州市国民经济和社会发展第十四个五年规划和二〇三五年远景目标纲要》中明确提出了"打造全国重要的先进传感智能制造产业基地、力争至2025年产值突破400亿元"的发展目标，还陆续颁布了《泉州制造2025》《泉州市人民政府关于发展智能制造专项行动计划的实施意见》等一系列利好政策，有力地推动了本地传感智能制造产业的蓬勃发展。从本地企业来看，西人马、七洋机电等数家企业分布在感知层、网络层、执行层和生产线的多个领域，技术实力有目共睹。专利导航是产业决策的新方法，是运用专利制度的信息功能和专利分析技术系统导引产业发展的有效工具。开展专利导航能够构建产业导向的专利组合，发挥专利信息分析对产业决策的引导作用、发挥专利制度对产业创新资源的配置作用、提升产业创新驱动发展能力。为此，开展以泉州市传感智能制造产业为研究对象的专利导航，能够以专利视角，通过专利导航辅助产业创新资源优化配置、助力企业创新，是泉州市建立专利导航产业工作机制的关键环节和集中体现,对支撑产业创新发展具有重要意义。

2.1 全球传感智能制造产业发展现状

自国际金融危机以来,世界经济竞争格局发生全新的变化,实体经济的战略意义再次凸显,美国、德国、日本和韩国等发达国家纷纷出台以重振制造业为核心的"再工业化战略"。

当前,美、德、日、韩等主要发达国家已经在智能制造领域陆续发力。美国通过制订《先进制造业国家战略》计划,成立"智能制造领导联盟",提出"工业互联网理念"等,全面支持智能制造业的发展;德国依靠强大的制造业根基,部署实施"工业4.0战略",以期成为全球智能制造技术的主要供应商,主导未来智能制造业的发展;日本通过充分发挥自动化生产和机器人制造的既有优势,通过制订《科学技术基本计划》等大力推动智能制造的发展;韩国政府采用基于国内中小企业依附于财阀集团的"中心企业—外围企业"格局,确立了利用财阀集团技术优势、多方合作弥补中小企业短板的智能制造推进战略,力争为制造业企业总数90%以上的中小企业提供适用性的低成本智能工厂解决方案,整体提升制造业系统的智能化水平。

2.1.1 全球产业环境

1. 美国

在2008年国际金融危机之后,美国开始反思过度依赖虚拟经济的产业政策,并将制造业作为振兴美国经济的抓手,在2009年启动了"再工业化"发展战略,旨在实现制造业的智能化,保持美国制造业价值链上的高端位置和全球控制者地位。在总统科学技术顾问委员会(PCAST)的建议下,美国国会于2011年和2014年先后通过《先进制造业伙伴计划》和《振兴美国制造业和创新法案》。这两部法案为美国智能制造业的顶层设计奠定了重要基础,规定未来将以四年为周期制定全新的美国国家制造业战略,并引导设立了美国制造业创新中心,以公私合作的方式来创新、发展先进制造技术。

在上述基础上,美国参众两院又提出了不同的立法法案,颁布了《智能制造 2017—2018 路线图》《先进制造业美国领导力战略》《国家人工智能战略》等一系列政策,推动智能制造在工业化中的应用,提出开发和转化新的制造技术、培育制造业劳动力、提升制造业供应链水平的三大目标,强调智能制造龙头企业应当向中小企业开放生产设施,提供专用设备和技术咨询援助,帮助中小企业应对所面临的挑战,从而构建智能制造生态体系。2021 年,美国白宫发布了一份名为《构建弹性供应链、重振美国制造业及促进广泛增长》的评估报告,由美国商务部、能源部、国防部和卫生与公共服务部联合完成,提出了重建美国制造和创新能力、培育市场发展环境、加大政府采购和投资力度、改进国际贸易规则、加强国际合作、加强监控预警等政策建议。

总的来说,美国智能制造相关政策主要从以下几个方向展开:以创新为导向,注重新兴技术的布局,强调科技成果转化;推进制造业知识融合,利用"政、产、学、研"的创新机制促进资源的高效使用与合理配置;构建全面开放、能力共享的制造业新格局。美国智能制造领域的重要政策／事件及其内容如表 2-1 所示。

表 2-1 美国智能制造领域的重要政策／事件及其内容

发布年份	重要政策／事件	政策内容
2006	提出了智能制造概念;成立智能制造领导联盟 SMLC;打造智能制造共享平台	提出了智能制造的核心技术是计算、通信、控制
2009	"再工业化"发展战略	实现制造业的智能化,保持美国制造业价值链上的高端位置和全球控制者地位
2011	先进制造业伙伴计划	把美国的产业界、学界和联邦政府部门联系在一起,通过共同投资新兴技术来创造高水准的美国产品,使美国制造业赢得全球竞争优势
2012	先进制造业战略计划	提出了实施美国先进制造业战略的五大目标;该计划为推进智能制造的配套体系建设提供政策保障

续表

发布年份	重要政策/事件	政策内容
2014	美国国防部牵头成立"数字制造与设计创新中心"	推动美国数字制造的发展
2014	振兴美国制造业和创新法案	在NIST框架下实施制造业创新网络计划,在全国范围内建立制造业创新中心,明确了制造业创新中心的重点关注领域
2017	智能制造2017—2018路线图	推动智能制造技术在工业中的应用
2018	先进制造业美国领导力战略	开发和转化新的制造技术、培育制造业劳动力、提升制造业供应链水平,大力发展未来智能制造系统
2019	发布《人工智能战略:2019年更新版》	为人工智能的发展制定了一系列的目标,确定了八大战略重点
2021	《构建弹性供应链、重振美国制造业及促进广泛增长》	提出了重建美国制造和创新能力、培育市场发展环境、加大政府采购和投资力度、改进国际贸易规则、加强国际合作、加强监控预警等政策建议

2. 德国

德国制造业精密制造能力强、高端装备可靠性水平高,在自动化领域位居全球领先地位。德国国家战略着眼CPS(Cyber-Physical System,信息物理系统)推进智能制造,希望通过数字化创新与工业制造的融合来发展、巩固、捍卫国家工业技术主权❶。

2013年4月,德国在汉诺威工业博览会上提出德国工业4.0概念,并推出《德国工业4.0战略计划实施建议》,对工业4.0的愿景、战略、需求、有限行动领域等内容进行了分析。德国工业4.0战略可以概括为一个核心、两重战略和三大集成。一个核心是指"智能+网络化",通过信息物理系统构建智能工厂。两重战略,即打造领先的市场战略和领先的供应商战略。三大集成,则是指横向集成、纵向集成和端对端集成。

---

❶ 新浪财经. 复盘智能制造:数字时代如何再定位"中国制造"[EB/OL]. (2021-06-25)[2023-03-08]. https://baijiahao.baidu.com/s?id=1703529900524049347&wfr=spider&for=pc.

2014年8月，德国政府出台《数字议程（2014—2017）》，议程包括网络普及、网络安全及"数字经济发展"等方面内容，旨在将德国打造成数字强国。2016年，德国政府发布《数字化战略2025》。该战略指出，德国数字未来计划由工业4.0平台、未来产业联盟、数字化议程、数字化技术等12项内容构成，目标是将德国建成最现代化的工业化国家。

2019年11月，德国政府发布《德国工业战略2030》，主要内容包括改善工业基地的框架条件、加强新技术研发和调动私人资本、在全球范围内维护德国工业的技术主权。德国认为当前最重要的突破性创新是数字化，尤其是人工智能的应用。要强化对中小企业的支持，尤其是数字化进程。

德国智能制造领域的重要政策/事件及其内容如表2-2所示。

表2-2 德国智能制造领域的重要政策/事件及其内容

发布年份	重要政策/事件	政策内容
2013	工业4.0计划	由分布式、组合式的工业制造单元模块，通过组建多组合、智能化的工业制造系统应对以制造为主导的第四次工业革命
2014	数字议程（2014—2017）	将德国打造成数字强国
2016	数字化战略2025	工业4.0平台、未来产业联盟、数字化议程、数字化技术、可信赖的云、德国数据服务平台、中小企业数字化、进入数字化等
2019	德国工业战略2030	捍卫德国工业技术主权，强调数字化创新，尤其是人工智能的应用

3. 日本

历经2008年国际金融危机后，日本经济状况持续低迷，但技术研发活动较为活跃。自安倍晋三上台执政以来，为了重振日本经济，日本政府提出"三支箭"的经济增长政策，将产业振兴战略、促进科技创新、实现全球最高水平的信息化社会等定为未来的战略目标。随后在2014年，日本政府颁布《日本振兴战略》，成立了"机器人革命实现委员会"，提出由机器人驱动的新工业革命的目标。

2015年2月，日本机器人革命实现委员会发布了《新机器人战略》，《新机器人战略》将所有利用数字和网络技术以及先进传感器和人工智能的系统都纳入"机器人"的范畴，基于日本已进入老龄化社会、出生人口不断下降的背景，提出机器人技术能够将人从过度劳动中解放出来，解决制造业、医疗服务和护理、农业等不同领域的生产力、劳动力短缺等问题。并提出要保持日本的机器人大国的优势地位，促进信息技术、大数据、人工智能等与机器人的深度融合，打造机器人技术高地。

2016年，日本政府发布了工业价值链参考架构（IVRA），该架构以智能制造单元为基础和出发点，认为智能制造是一个系统，面对多样化、个性化的工业需求，通过制造业自治单元间的沟通联系，能够大大提高生产力与生产效率。IVRA是日本独特的智能制造顶层架构，包括基础结构层、组织方式层、哲学观和价值观层三个层级；涵盖产品维、服务维和知识维三个维度，企业在产品维和知识维上开展生产活动从而形成四个周期，即产品供应周期、生产服务周期、产品生命周期、工艺生产周期。

2017年，安倍晋三发表题为"互联工业：日本产业新未来的愿景"的演讲。演讲指出互联工业已成为日本国家层面的愿景；未来日本将加速形成人与设备和系统的相互交互的新型数字社会，积极推动培养适应数字技术的高级人才并通过合作与协调解决工业面临的新挑战。随后颁布的《日本制造业白皮书（2018）》更是明确提出"互联工业"是日本制造业的未来，要通过全社会协作培养制造业高级人才。2021年，日本政府发布《日本制造业白皮书（2021）》，指出新冠疫情蔓延增加了日本制造业供应链风险的"不确定性"，有必要通过分散采购源头等进行强化，并提出制造业的新常态是以弹性绿色数字为主轴展开的观点。

日本智能制造领域的重要政策/事件及其内容如表2-3所示。

表2-3 日本智能制造领域的重要政策/事件及其内容

发布年份	重要政策/事件	政策内容
2014	日本振兴战略	提出由机器人驱动的新工业革命目标
2015	新机器人战略	保持日本机器人大国的优势地位，打造机器人技术高地，引领机器人的发展

续表

发布年份	重要政策/事件	政策内容
2016	第五期科学技术基本计划（2016—2020）	提出以制造业为核心打造"超智能社会"的战略目标
2016	发布工业价值链参考架构	形成独特的日本智能制造顶层架构
2016	首次提出社会5.0概念	最大限度发挥ICT技术的潜力，通过网络空间与物理空间的融合，共享"超智慧社会"
2017	安倍晋三发表题为"互联工业：日本产业新未来的愿景"的演讲	明确提出了"互联工业"的概念
2019	日本制造业白皮书（2018）	明确"互联工业"是日本制造的未来
2021	日本制造业白皮书（2021）	要求国内制造业进一步强化自身供应链，精准把握风险

4. 韩国

2009年，韩国政府发布《新增长动力规划及发展战略》，确定三大领域辅助推进数字化工业设计和制造业数字化协作建设；2012年，韩国政府发布了《机器人未来战略2022》，计划在10年间将韩国机器人产业扩展10倍，进入全面机器人时代。这两项政策的发布为制造业迈入智能制造时代奠定了基础。韩国制造业的发展进程如图2-1所示。

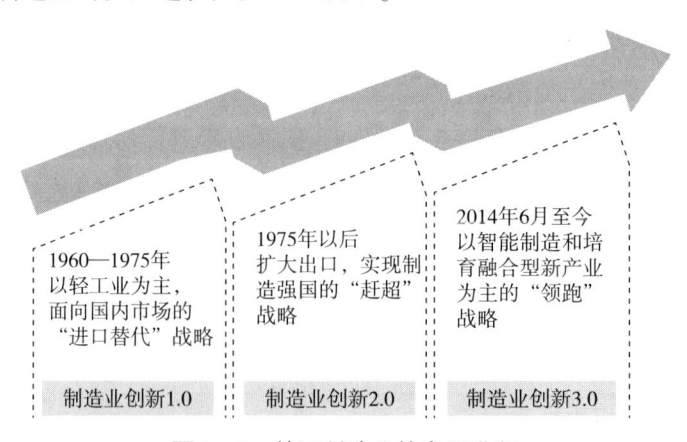

图2-1 韩国制造业的发展进程

2014年6月，韩国政府颁布《制造业创新3.0战略》，并于次年进一步完善,标志着韩国版工业 4.0 战略的正式确立、韩国正式迈入智能制造时代。《制造业创新 3.0 战略》期望以智能制造和培育融合型新产业为主,使韩国在全球新一轮工业革命中处于"领跑"地位。《制造业复兴发展战略蓝图》的目标是到 2030 年,使制造业产值由目前的 25% 提升至 30%,复兴制造业的核心是减轻企业负担。韩国政府在 2020 年发布的《材料、零部件和设备 2.0 战略》,则是为了大幅扩充相应供应链管理名录,积极应对后疫情时代全球供应链重组,勾勒零部件产业强国和尖端产业世界工厂的宏伟蓝图。

韩国智能制造领域的重要政策／事件及其内容如表 2-4 所示。

表 2-4 韩国智能制造领域的重要政策／事件及其内容

发布年份	重要政策／事件	政策内容
2009	新增长动力规划及发展战略	确定三大领域辅助推进数字化工业设计和制造业数字化协作建设
2012	机器人未来战略 2022	将韩国机器人产业扩展 10 倍,实现全面机器人时代的愿景
2014	制造业创新 3.0 战略	以智能制造和培育融合型新产业为主,实现全球新一轮工业革命的"领跑"
2019	制造业复兴发展战略蓝图	公布人工智能、新能源汽车等行业的发展目标和投资计划
2020	材料、零部件和设备 2.0 战略	设想打造"尖端产业世界工厂",在 2026 年之前培养超 14 万名尖端制造业人才

2.1.2 全球产业发展概况

回溯工业革命发展历程,在智能化生产时代之前,一共历经机械化生产、电气化生产和自动化生产三个时代,如图 2-2 所示。在机械化生产时期,信息技术尚未出现,所有生产要素都集中在物理空间中发生;到了电气化生产时期,机器大规模生产拓展了实体要素发生的物理空间,从小作坊变成了大工厂。随着信息技术的发展和在制造领域的深入应用,相对于物理空间中的实体要素外,数据作为新生产要素,在企业活动中扮演越来越重要的角色。在自动化生产时期,传感器、控制器(PLC)和执行器形成紧耦合的控制信环,系统性地部署在各个机械零部件之上,从而形成依附于设备的"封闭式"信息空间,通过对信息要素的采集、计算,进而操控物理空间中相连机器部件的自动化运作❶。

进入智能制造时期,机器算法将逐步替代人的决策过程,形成具有感知、分析、决策、执行能力的数字孪生体,对资源、能源、时间等生产要素进行动态配置,并在数据反馈中不断优化算法精度,提升决策水平,从而实现物理空间和信息空间在更广范围、更深层次的交互融合,创造出一个具备自感知、自学习、自决策、自执行和自适应能力的智能制造系统❷。

图2-2 技术革新推动制造业升级

智能制造源于人工智能的研究和应用,其概念最早由美国赖特·伯恩在著作 *Smart Manufacturing* 中提出,将"智能制造"定义为"通过集成知识工程、制造软件系统、机器人视觉和机器人控制来对制造技工的技能与专家知识进行建模,以使智能机器能够在没有人工干预的情况下进行小批量生产"。20世纪90年代,随着主要发达国家不断重视并投入研究,"智能制造"概念得到进一步发展,由原先的单体智能化转向智能机器与智能生产活动的有机

---

❶ 新浪财经. 复盘智能制造:数字时代如何再定位"中国制造"[EB/OL]. (2021-06-25)[2023-03-08]. https://baijiahao.baidu.com/s?id=1703529900524049347&wfr=spider&for=pc.

❷ 新浪财经. 复盘智能制造:数字时代如何再定位"中国制造"[EB/OL]. (2021-06-25)[2023-03-08]. https://baijiahao.baidu.com/s?id=1703529900524049347&wfr=spider&for=pc.

融合。21世纪以来，随着人工智能、大数据、云计算、物联网等新一代信息技术的快速发展及应用，"智能制造"概念进一步深化。2014年，美国能源部将"智能制造"定义为"智能制造是先进传感、仪器、监测、控制和过程优化的技术和实践的组合，它们将信息和通信技术与制造环境融合在一起，实现工厂和企业中能量、生产率、成本的实时管理"。我国工信部在2016年出台的《智能制造发展规划（2016—2020年）》中将智能制造定义为："基于新一代信息技术与先进制造技术深度融合，贯穿于设计、生产、管理、服务等制造活动各个环节，具有自感知、自决策、自执行、自适应、自学习等特征，旨在提高制造业质量、效益和核心竞争力的先进生产方式。"

伴随概念的不断扩张，智能制造产业覆盖范围也在不断增加。目前，智能制造产业已经涵盖传感器、射频识别、云计算、大数据、工业互联网、控制系统、伺服电机、智能测控装置与部件、机器人、3D打印和高档数控机床等多个领域。现如今，从国家到企业纷纷对智能制造产业谋篇布局，将制造业升级作为战略重心和博弈焦点。主要国家相继出台政策方针，对产业进行布局谋划，希望通过数字智能技术创新和应用提升制造业竞争水平，强化国家综合国力，抢占未来经济和科技发展制高点；龙头企业也纷纷进行布局谋划，更加重视数字智能技术与先进制造等跨领域技术的深度融合和实践创新，产业市场飞速扩张，市场规模稳步上升。TrendForce集邦咨询数据显示，受惠于新冠疫情之下数字化转型加速、远端作业、自动化等需求提升，以及携带5G、深化AI技术等加值服务，2021年全球智能制造市场规模推升至3050亿美元，预期至2025年有望达4550亿美元，年复合增长率将达10.5%，如图2-3所示，未来5年或将成为制造业发展的黄金五年❶。

---

❶ 动点科技. 报告：数字化转型加速及远端作业需求提升，2021年全球智能制造市场规模将达3050亿美元［EB/OL］.（2021-08-19）［2023-03-09］. https://baijiahao.baidu.com/s?id=1708487176984732386&wfr=spider&for=pc.

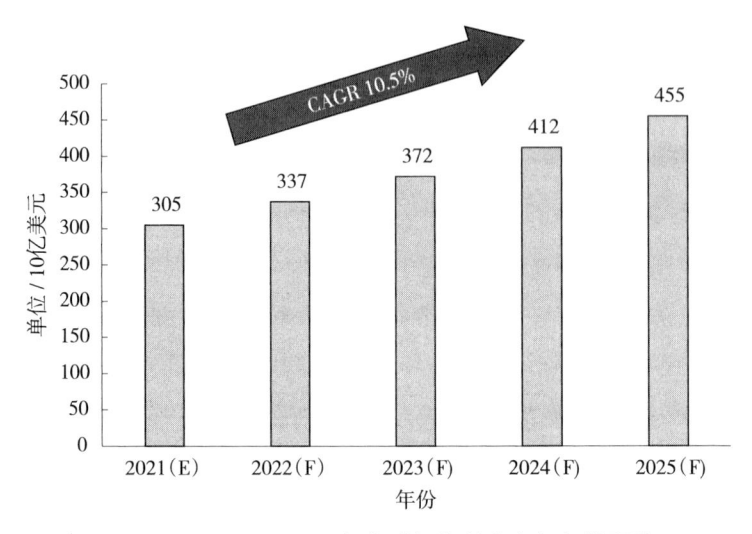

图 2-3　2021—2025 年全球智能制造市场规模预估

2.1.3　全球产业主体分布

1. 美国霍尼韦尔公司（Honeywell）

霍尼韦尔国际公司成立于 1885 年，是一家拥有百年历史的市值 1000 亿美元的工业巨无霸。作为美国企业的代表，霍尼韦尔一直都是一个研发型的企业，1914 年霍尼韦尔发明了自动驾驶仪，得以进入飞机制造领域，1949 年推出飞机燃气涡轮动力装置，让飞机商业远程飞行得以实现，目前，霍尼韦尔掌握了航空电子系统、导航系统、飞行控制系统、网联系统等技术，波音飞机 30% 的零部件都由霍尼韦尔公司提供，不只是波音，空客 A320 也采用了霍尼韦尔的辅助动力系统和照明系统，而中国商飞的 C919 的飞行控制、自动驾驶，还有机轮刹车系统也是霍尼韦尔的。可以这么说，霍尼韦尔的存在关系到美国现在的科技霸权根基。

霍尼韦尔还是全球传感器行业巨头之一。据其曾发布的一份传感器报告数据，全球传感器共有 14 大类，分成 65 个家族，如按照技术细分，共有 366 种技术，霍尼韦尔旗下的传感器就囊括了 65 个传感器家族中的半壁江山。霍尼韦尔公司目前共有 20 多个系列近 6 万种传感器产品，在全世界拥有 30 万名用户。近半个世纪以来，霍尼韦尔公司的传感与控制分部以其优秀的产品质量和可靠性,以及不断的技术创新,在全世界赢得了很高的声誉。

2. 华为技术有限公司

华为成立于1987年,是全球领先的ICT(信息与通信)基础设施和智能终端提供商,位列2021年世界500强榜单第44位。华为公司业务产品全面覆盖手机、移动宽带终端、终端云等。凭借公司自身的全球化网络优势和全球化运营能力,华为的产品和解决方案已经应用于全球170多个国家和地区,服务全球45家运营商及全球1/3的人口。

近年来,华为逐步进军云计算与大数据领域。2017年年初,华为明确了公有云战略。同年8月,华为内部发文宣布组织架构调整,将云业务部门Cloud BU升为一级部门,授予更大的业务自主权。2019年12月,华为云计算技术有限公司成立,公司针对各行业的应用与需求,研发了绿色云数据中心、系列服务器、桌面云、媒体云等丰富的产品和解决方案。目前,华为云计算解决方案已在电信、医疗、教育等多个行业实现了规模化运用。在大数据领域,华为公司积极开展对外合作,在湖南永州、河南新乡、河北邢台、甘肃张掖等多个城市建设华为大数据产业园,通过共享资源、克服外部负效应,带动关联产业的发展,有效地推动本地大数据产业集群的形成。

3. 德国ELAU公司

德国ELAU隶属于施耐德旗下,成立于1978年,1994年后将其资源专注于消费品行业的机器自动化。1998年,ELAU公司推出具有集成运动/控制逻辑的PacDrive自动化系统,该系统用完全集成的自动化控制器、数字伺服驱动器和智能电机以及人机界面取代了机械传动系统,为消费品行业的机器设定了世界自动化标准。2010年,ELAU公司又推出了这项成功技术的下一代PacDrive。

ELAU公司在伺服电机制造商中备受推崇,拥有直流伺服电机驱动器、交流伺服电机控制器、直流无刷调速器、直流无刷伺服驱动器等多款拳头产品。公司生产的每个伺服驱动器和伺服电机都能够由一个控制器通过网络精确地同步控制,一台PacDrive控制器最多可控制99台伺服电动机(驱动装置),能够通过一个中心参数即可完成全部数据存取,极大地方便了用户使用,大大降低了能耗。据不完全统计，至少有超过25000套ELAU公司的伺服驱动系统在全球各地运行。

4. 日本发那科公司（FANUC）

发那科是日本的一家专门研究数控系统的公司，也是当今世界上数控系统科研、设计、制造、销售实力较强大的企业。

成立于1956年的发那科公司拥有悠久的数控机床产业研发历史。在成立当年，日本发那科公司的稻叶就开始领导技术小组对电气、液压伺服电机方案进行攻关，开发出发那科数控系统，1959年成功研制出电液脉冲马达，1960年发布开环数控，1976年成功研制数控系统5，随后又与西门子公司联合研制了在当时具有先进水平的数控系统7，1979年成功研发完全模块化的数控系统。伴随数控系统的研发进程，发那科公司逐步发展成为世界上较大的专业数控系统生产厂家之一，市场占有率位居世界前列。

除此之外，发那科自1974年首台工业机器人问世以来，一直致力于机器人技术的创新，在机器人的研发和生产方面积累了丰富的经验，2008年全球机器人销量达到20万台，2011年全球机器人装机量已超25万台，市场份额稳居第一。目前，FANUC机器人产品系列多达240种，负重从0.5kg到1.35t，广泛应用在装配、搬运、焊接、铸造、喷涂、码垛等不同生产环节，满足客户的不同需求。

2.1.4 全球产业发展特点

总结来看，全球传感智能制造产业发展呈现以下特点：

1）美、德、日、韩等发达国家依托自身国情，提出符合自身发展的智能制造发展战略。

美、德、日、韩等主要发达国家已经在智能制造领域陆续发力。美国通过制订《先进制造业国家战略》计划，成立"智能制造领导联盟"，提出"工业互联网理念"等，全面支持智能制造业的发展；德国依靠强大的制造业根基，部署实施工业4.0战略，以期成为全球智能制造技术的主要供应商，主导未来智能制造业的发展；日本通过充分发挥自动化生产和机器人制造的既有优势，通过制订《科学技术基本计划》等大力推动智能制造的发展；韩国采用"巨头企业带动产业链发展"的格局，确立了利用财阀集团技术优势、多方合作弥补中小企业短板的智能制造推进战略，为制造业企业总数90%以上的中小企业提供适用性的低成本智能工厂解决方案，进而整体提升制造业系统的智能化水平。

2）全球智能制造产业市场规模稳步上升，龙头企业加速产业布局。

受惠于新冠疫情之下数字化转型加速、远端作业、自动化等需求提升，以及携带5G、深化AI技术等加值服务，2021年全球智能制造市场规模推升至3050亿美元，预期至2025年有望达4550亿美元，年复合增长率将达10.5%，将迎来制造业黄金五年[1]。市场规模的大幅扩张吸引了龙头企业加速产业布局，以日本发那科公司为例，其依托自身深厚的产业积淀，采用"进口部件、本地装配、本地销售"的模式，形成了FANUC本地供应服务架构，逐步拓展、占领全球各地的销售市场，截至2022年4月，发那科公司已在全世界范围内累计设立服务网点271个，为109个国家和地区提供技术支持。

2.2　中国传感智能制造产业发展现状

2.2.1　中国产业环境

1. 国家层面

随着人口红利消失和制造业成本上升，国家近年来发布多项政策支持制造业智能化转型。2015年5月，国务院正式印发《中国制造2025》，提出推动新一代信息技术与制造技术融合发展，把智能制造作为"两化"深度融合的主攻方向；着力发展智能装备和智能产品，推进生产过程智能化，培育新型生产方式，全面提升企业研发、生产、管理和服务的智能化水平；在重点领域试点建设智能工厂／数字化车间。2016年12月，工业和信息化部、财政部发布《智能制造发展规划（2016—2020年）》，提出"到2050年，智能制

---

[1] 动点科技. 报告：数字化转型加速及远端作业需求提升，2021年全球智能制造市场规模将达3050亿美元［EB/OL］.（2021-08-19）［2023-03-09］. https://baijiahao.baidu.com/s?id=1708487176984732386&wfr=spider&for=pc.

造支撑体系基本建立，重点产业初步实现智能转型"的发展目标。在此之后，工业和信息化部、交通运输部等国家部委积极颁布政策，为制造业的智能化转型提出目标、指引方向。

《"十四五"规划纲要》中更是明确指出要加快补齐基础零部件及元器件、基础软件等瓶颈短板，推进制造业补链强链，改造提升传统产业，加快重点行业企业改造升级，深入实施智能制造与绿色制造工程，建设智能制造示范工厂，完善智能制造标准体系，培育先进制造业集群，推动集成电路、机器人、先进轨道交通装备、先进电力装备、工程机械、高端数控机床等产业不断创新，进而推动制造业的智能化发展。

国内智能制造领域的重要政策／事件及其内容如表2-5所示。

表2-5 国内智能制造领域的重要政策／事件及其内容

发布时间	重要政策／事件	政策内容
2015-5	中国制造2025	加快推动新一代信息技术与制造技术融合发展，把智能制造作为"两化"深度融合的主攻方向；着力发展智能装备和智能产品，推进生产过程智能化，培育新型生产方式，全面提升企业研发、生产、管理和服务的智能化水平；在重点领域试点建设智能工厂／数字化车间
2016-12	智能制造发展规划（2016—2020年）	到2050年，智能制造支撑体系基本建立，重点产业初步实现智能转型
2017-11	关于深化"互联网+先进制造业"发展工业互联网的指导意见	到2050年，覆盖各地区、各行业的工业互联网网络基础设施基本建成，工业互联网标识解析体系不断健全并规模化推广，基本形成具备国际竞争力的基础设施和产业体系；到2035年，建成国际领先的工业互联网网络基础设施和平台
2019-9	工业和信息化部关于促进制造业产品和服务质量提升的实施意见	加强装备制造业竞争力，实施工业强基工程，着力解决基础零部件、电子元器件、工业软件等领域的薄弱环节，弥补质量短板。加快推进智能制造、绿色制造，提高生产过程自动化、智能化水平，降低能耗、物耗、水耗

续表

发布时间	重要政策／事件	政策内容
2020-4	关于深入推进移动物联网全面发展的通知	围绕产业数字化、治理智能化、生活智慧化三大方向推动移动物联网创新发展。产业数字化方面，深化移动物联网在工业制造、仓储物流、智慧农业、智慧医疗等领域的应用
2020-7	国家新一代人工智能标准体系建设指南	到2021年，完成关键通用技术、关键领域技术等20项以上的重点标准预研工作。到2023年，初步建立人工智能标准体系，重点研制数据、算法等重点急需标准，并预先在制造、交通等重点行业和领域进行推进
2020-9	建材工业智能制造数字转型行动计划（2021—2023年）	到2023年，培育5家产值过亿元的建材行业信息化、智能化供应商，建立5个建材行业智能制造创新平台，形成15套系统解决方案，突破50项建材领域智能制造关键共性技术，培育100个建材工业App，形成若干大数据、云计算等新一代技术应用场景
2020-10	中国共产党第十九届中央委员会第五次全体会议公报	到2035年实现关键核心系数的重大核心突破，进入创新型国家的行列；基本形成新型工业化、信息化、城镇化、农业现代化，建成现代化经济体系
2020-12	工业互联网创新发展行动计划（2021—2023年）	在智能制造、车联网等细分赛道孵化一批"高精尖"特色安全企业，带动安全产业链供应链提升
2021-1	交通运输部关于服务构建新发展格局的指导意见	培育交通运输产业链优势。加强自主创新，瞄准新一代信息技术、人工智能、智能制造、新材料、新能源等世界科技前沿，加强前瞻性、颠覆性技术研究
2021-1	关于促进养老托育服务健康发展的意见	推进互联网、大数据、人工智能、5G等信息技术和智能硬件的深度应用，促进养老托育用品制造向智能制造、柔性生产等数字化方式转型
2022-1	国务院关于印发"十四五"数字经济发展规划的通知	全面深化重点产业数字化转型，深入实施智能制造工程

2. 地方层面

地方上纷纷响应国家对于智能制造产业的布局，相继出台专项政策和指导意见，鼓励和支持产业发展。

2017年，北京发布《北京市加快科技创新发展智能装备产业的指导意见》。该意见指出，以传感智能制造与机器人、智能传感与控制、智能检测与装配、智能物流与仓储等为重点发展方向；力争到2020年显著增强智能装备产业的技术创新能力、掌握一批智能制造产业的国际前沿核心技术和先进工艺、在部分关键技术领域实现技术突破；在智能制造解决方案等领域建成5~7家产业创新中心和产业公共平台、培育一批单项冠军示范企业、形成10家左右具有一定规模的系统解决方案供应商。

广东省在《广东省智能制造发展规划（2015—2025年）》中强调要构建智能制造自主创新体系、发展智能装备与系统、实施"互联网+制造业"行动计划、推进制造业智能化改造、提升工业产品智能化水平；力争到2025年显著增强全省制造业综合实力和可持续发展能力、大幅提升在全球产业链和价值链中的地位、在省内建成全国智能制造发展示范引领区和具有全国竞争力的智能制造产业集聚区。

上海市在《上海市智能制造行动计划（2019—2021年）》中提出六大重点行动：产业创新突破行动、重点行业智能制造推广行动、新兴技术赋能行动、跨界融合创新行动、平台载体提升行动和区域协同发展行动。目标是到2021年将上海打造成全国智能制造应用新高地、核心技术策源地和系统解决方案输出地，推动长三角智能制造的协同发展。

江苏省在《江苏省制造业智能化改造和数字化转型三年行动计划（2022—2024年）》中强调，将加快推动龙头骨干企业、中小企业、产业链"智改数转"，夯实工业互联网平台、工业软件、智能硬件和装备、网络设施及安全等基础支撑，加大优秀服务商培育和典型案例推广应用力度，推动"智改数转"各项任务加快落地落实。随后在《关于开展2022年江苏省智能制造示范工厂申报工作的通知》中强调，将进一步加强省智能工厂典型示范和经验推广，推动全省制造业加快智能化改造和数字化转型。

浙江省印发《浙江省全球先进制造业基地建设"十四五"规划》，在目前"产业数字化"指数居全国第一的基础上,加快建设全球先进制造业基地。目标是到2025年,全省制造业比重保持基本稳定,发展生态更具活力,数字化、高端化、绿色化发展处于全国领先地位,重点标志性产业链韧性、根植性和国际竞争力持续增强,形成一批世界级领军企业、单项冠军企业、知名品牌、核心自主知识产权和国际标准,全球先进制造业基地建设取得重大进展。

天津市利用政策推动企业进行智能化改造,在《天津市人民政府办公厅印发天津市关于进一步支持发展智能制造政策措施的通知》中提出,支持制造业企业购置设备进行智能化改造,对国家或市级智能制造领域进行试点示范、新模式应用的企业予以支持,支持工业企业智能化升级;培育智能制造和工业互联网系统解决方案供应商和服务商,支持试点示范,支持新型智能基础设施建设费用。

2.2.2 中国产业发展概况

中国是制造业中首屈一指的大国,但现在存在区域技术发展不平衡、信息化水平发展参差、标准化程度低等一系列问题。随着人工成本的攀升、低端制造业转移、科学技术的发展、人工智能的应用,中国制造业已进入市场启动期,如图2-4所示,逐步迈入大规模机器生产阶段,特别是劳动密集型企业正大幅使用机器人生产代替劳动力。

探索期 (2008—2018年)	市场启动期 (2019—2025年)	高速发展期 (2026—2035年)	成熟期 (2036—2050年)
制造业附加值低,在产业链中主要扮演加工、组装的角色	用工成本提高,外企低端制造业撤出中国,机器人生产开始替代劳动力生产	中国进入重度老龄化国家,劳动密集型企业实现机器人自动化制造、组装、封装流程。企业向自主研发技术创新方向发展	中国制造完成向4.0蜕变,高定制化、小批量订单将大规模出现,产品周转率大幅提升,企业品牌完成从贴牌向自主强势品牌的转化

图2-4 中国智能制造产业发展历程

经过多年发展，我国智能制造从初期的理念普及、试点示范阶段进入当前深化应用、全面推广阶段，形成了试点示范引领、供需两端发力的良好局面。

1. 国内智能制造产业发展方兴未艾，融资金额逐步攀升

目前，中国智能制造产业规模总体呈逐年增长的态势。自 2016 年开始，每年产值上涨近 2000 亿元，2018 年产业规模为 15065 亿元，2020 年达到 20900 亿元，如图 2-5 所示。

融资是一个企业的资金筹集的行为与过程。公司根据自身的生产经营状况、资金拥有的状况以及公司未来经营发展的需要，通过科学的预测和决策，从一定的渠道向公司的投资者和债权人筹集资金，组织资金的供应，以保证公司的正常生产需要和经营管理活动需要。融资事件的发生数量以及融资金额的大小能够较好地反映产业发展的形势，当产业处在蓬勃发展期时，由于资金规模难以跟上产业的发展速度，产业会获得大量资本融资并发生大量融资事件。如图 2-6 所示，智能制造产业自 2015 年来越发受到资本青睐，总体呈现出飞速增加的趋势。2020 年较 2018 年的融资金额有所上升，但融资事件数量却呈下降趋势，单个融资事件的金额较之前有明显上升，说明企业对智能制造行业的发展信心颇丰。

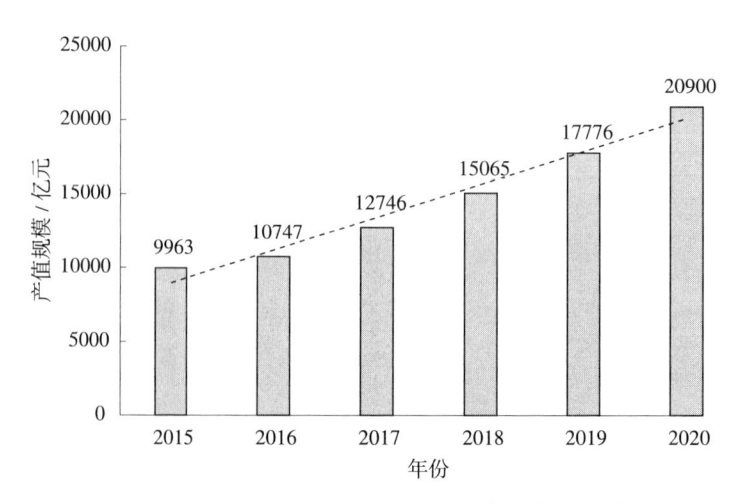

图 2-5　2015—2020 年中国制造业产值规模

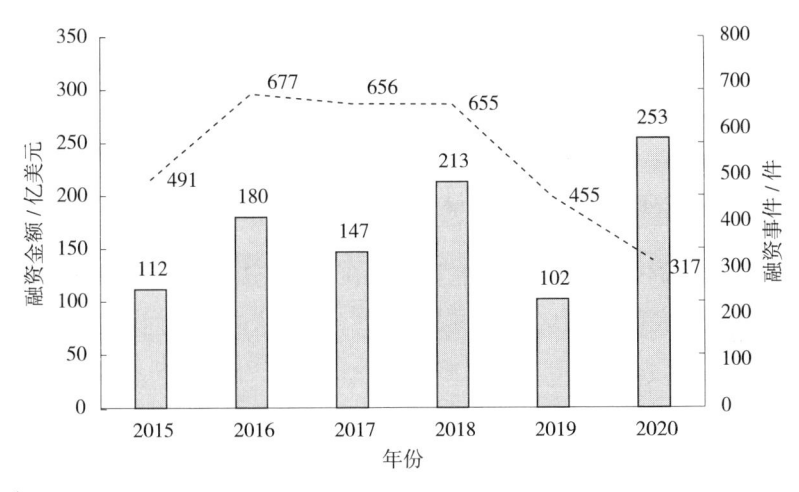

图 2-6 2015—2020 年中国制造业融资金额及事件数量

2. 国内智能制造发展前景一片向好，但距发达国家仍有差距

根据政府工作报告统计，自"十三五"以来，通过试点示范应用、系统解决方案供应商培育、标准体系建设等多措并行，我国制造业的数字化、网络化、智能化水平不断提升，逐步迈向智能制造。

数据显示，截至 2021 年，我国智能制造装备国内市场满足率超过 50%，有 43 家系统解决方案供应商的主营业务收入超 10 亿元。我国支撑体系建设逐步完善，构建了国际先行的标准体系，共发布上百项国家标准，主导制定了二十余项国际标准，培育出了数十个具有一定影响力的工业互联网平台，产业发展前景一片向好。

尽管如此，我国智能制造产业相较于发达国家仍存在较大差距，主要体现在以下几个方面：我国核心零部件、高端工业软件及关键技术仍受制于外国。具体而言，我国近九成芯片、八成的传感器、传感智能制造和核心工业软件仍依赖于国外进口，这导致了国内制造业企业智能化成本居高不下，制约了我国制造业迈入智能化的步伐。以传感器产业为例，我国传感器领域研发起步较晚，在高端传感器的设计、制造、封装以及测试环节存在诸多技术短板。相比之下，外企传感器的新技术、新产品、新工艺不断涌现，大多数高端产品在不断完善、不断升级，这也导致国产传感器产品的主要性能指标与国外存在一到两个数量级的差距。目前，中高端传感器主要依赖从艾默生、博世、霍尼韦尔等外企手中购买，产品自给率严重不足。

2.2.3 中国产业主体分布

1. 国内智能制造生态圈

目前，我国的智能制造装备主要分布在工业基础较为发达的地区，形成了环渤海地区、长三角地区、珠三角地区、中西部地区的四大各具特色的产业聚集区。

1）环渤海地区科技实力突出，拥有大量高校和科研院所。依托地区资源与人力资源优势，形成了"核心区域"与"两翼"错位发展的产业格局。北京是全国航空、卫星、数控机床等行业的研发中心；辽宁、山东和河北依托其海洋优势，在原有装备工业基础上已逐步发展成为海洋工程装备、数控机床以及轨道交通装备的产业聚集区。

2）以江苏、上海、浙江为代表的长三角城市群，地区生产总值之和远超粤港澳大湾区和京津冀地区，智能制造装备行业发展基础深厚，培育了一批优势突出、特色鲜明的智能制造装备产业集群，智能制造发展水平相对平衡。常州作为智能制造重点发展城市之一，充分对接国内外先进的工业制造理念，正加速锻造智能制造"新名片"。

3）珠三角地区的高端装备制造业主要分布在广州、深圳、珠海和江门等地。珠三角地区正加快"机器换人"的自动化生产步伐，形成了符合产业特色的智能制造应用示范，逐步发展成为"中国制造"主阵地。以广州和深圳为例，广州正围绕机器人及智能装备产业开展核心区建设；深圳则以机器人、可穿戴设备产业为发展对象，建立机器人、可穿戴设备产业制造基地和国际合作基地及创新服务基地。

4）中西部地区发展稍落后于东部地区，尚处于自动化阶段。地区依托高校及科研院所优势，以先进激光产业为智能制造发展的"新亮点"，发展出了技术领先、特色突出的先进激光产业。

重点区域省市智能制造产业发展情况如表2-6所示。

表2-6 重点区域省市智能制造产业发展情况

区域	省市	智能制造产业发展情况
珠三角	广州	国内最大的中型集装箱和特种船建造基地
	深圳	未来轨道交通行业领域的重要基地
	珠海	依托珠海机场而建的珠海航空产业园涵盖了航空制造业、服务业和临空产业
	江门	着力建设华南地区数控系统技术研究开发中心，大力发展工业机器人和机械手的研发与生产
长三角	上海	对智能制造企业进行资金扶持；德国冯·阿登纳项目和中国智能制造领域的航天制造项目落地松江区
	江苏	高端装备制造业主要分布在南京、南通和常州，以轨道交通装备、海洋工程装备、航空装备和卫星应用产业为主
	浙江	将重点突破新型传感器及系统、智能控制系统、智能仪器仪表、高档数控机床、工业与专用机器人、伺服控制机构等核心技术
环渤海	北京	清华、北大、北理、北航等高校以及中科院、机械工业行业的各大研究院所等科研机构均汇集于此，形成强大的科研体系
	天津	形成了自主可控信息系统、智能安防、大数据、先进通信、智能网联车、工业机器人、智能终端七个产业链条，聚集智能科技高新技术企业300余家，年主营收入超1000亿元
	山东	智能制造产业规模持续扩大，但高端品种少，产业层次低；海洋工程装备、轨道交通装备技术全国领先

2．国内智能制造龙头企业

（1）华工科技产业股份有限公司

华工科技产业股份有限公司脱胎于华中科技大学，是"中国激光第一股"、中国高校成果产业化的先行者和首批国家创新型企业之一。经过多年的技术积淀，华工科技形成了以激光加工技术为重要支撑的智能制造装备业务、以敏感电子技术为重要支撑的传感器业务和以信息通信技术为重要支撑的光连接、无线连接业务格局。

近年来，华工科技积极向智能制造领域探索，发挥工业激光领域的领先地位和全产业链优势，为工业制造领域提供广泛而完整的激光制造加工解决方案，全面布局激光智能装备、自动化和智能制造领域，助力机械制造、铁路机车、汽车工业、消费电子、钢铁冶金、通信网络等国民经济重要领域掀开转型升级新篇章，产品出口至 80 多个国家和地区。

（2）南京埃斯顿自动化股份有限公司

南京埃斯顿自动化股份有限公司成立于 1993 年，是中国最早自主研发交流伺服系统的公司，目前拥有工业自动化系列产品、工业机器人系列产品和工业数字化系列产品三大主营核心业务。其中，工业自动化系列产品线包括全系列交流伺服系统、以 Trio 控制系统为核心的运动控制和机器人一体化的智能单元产品；工业机器人产品线基于自主核心部件，形成了以六轴机器人为主，负载范围覆盖 3~600kg，54 种以上的完整规格系列，在新能源、焊接、金属加工、3C 电子、工程机械、航天航空等细分行业拥有头部客户和较大市场份额。埃斯顿公司在 2020 年被福布斯评为"2020 年度福布斯中国最具创新力企业榜工业机器人唯一上榜企业"。

2021 年起，埃斯顿公司全面进军工业智能化和数字化制造领域，借助掌控自动化设备数据入口优势的基础，通过埃斯顿统一的云平台及统一的 OPC UA 通信协议，为客户提供自动化设备远程接入平台服务和各种数字化增值、管理服务。

（3）深圳市汇川技术股份有限公司

深圳市汇川技术股份有限公司创立于 2003 年，是国内工业自动化控制领域的领军企业和上市企业，入选"2020 胡润中国 500 强民营企业"，排名第 93 位。汇川技术致力于推进智能制造、共同实现产业升级。聚焦工业领域的自动化、数字化、智能化，专注信息层、控制层、驱动层、执行层、传感层核心技术，能够提供传感器、六关节机器人、伺服系统、工业互联网等核心部件及光机电液一体化解决方案。

汇川技术在苏州、杭州、南京、上海、宁波、长春、香港等地拥有 20 余家分/子公司，产品覆盖德国、法国、瑞士、印度等多个国家。汇川技术坚持将每年营收的 10% 投入研发活动中，2021 年研发投入累计 16.85 亿元，研发费用率为 9.39%，拥有 3560 名科研人员，累计 2186 项专利和软件获得专利权和著作权。

2.2.4 中国产业发展特点

综合来看,国内传感智能制造产业发展呈现以下特点:

第一,国家层面利好政策频出,各地紧跟步伐纷纷出台本土化政策。

2015年5月,国务院正式印发《中国制造2025》,提出推动新一代信息技术与制造技术融合发展,把智能制造作为"两化"深度融合的主攻方向,着力发展智能装备和智能产品,推进生产过程智能化,全面提升企业研发、生产、管理和服务的智能化水平,在重点领域试点建设智能工厂/数字化车间。2016年12月,工业和信息化部、财政部发布《智能制造发展规划(2016—2020年)》,提出"到2050年,智能制造支撑体系基本建立,重点产业初步实现智能转型"的发展目标。在此之后,工业和信息化部、交通运输部等国家部委积极颁布政策,为制造业的智能化转型提出目标、指引方向。《"十四五"规划纲要》中更是明确指出要加快重点行业企业智能化改造升级、完善智能制造标准体系,推动集成电路、机器人、高端数控机床等产业不断创新,推动智能制造发展。

地方层面也积极顺应发展趋势,出台符合当地产业发展的本土化政策。北京以传感智能制造与机器人、智能传感与控制、智能检测与装配、智能物流与仓储等为重点发展方向,发布了《北京市加快科技创新发展智能装备产业的指导意见》;《广东省智能制造发展规划(2015—2025年)》中强调要构建智能制造自主创新体系、发展智能装备与系统、实施"互联网+制造业"行动计划、推进制造业智能化改造、提升工业产品智能化水平;江苏省在《江苏省制造业智能化改造和数字化转型三年行动计划(2022—2024年)》《关于开展2022年江苏省智能制造示范工厂申报工作的通知》中强调将进一步加强省内智能工厂典型示范和经验推广,推动全省制造业加快智能化改造和数字化转型。

第二,国内智能制造发展方兴未艾,但距发达国家仍有差距。

自"十三五"以来,通过试点示范应用、系统解决方案供应商培育、标准体系建设等多措并行,我国制造业的数字化、网络化、智能化水平不断提升,逐步迈向工业化4.0的智能制造时代。截至2021年,我国智能制造装备国内市场满足率超过50%,有43家系统解决方案供应商的主营业务收入超10

亿元。我国支撑体系建设逐步完善，构建了国际先行的标准体系，共发布上百项国家标准，主导制定了二十余项国际标准，培育出了数十个具有一定影响力的工业互联网平台。中国智能制造发展前景一片向好。与此同时，我国智能制造相关产品、技术尚处于"幼年期"，与发达国家存在量级间的差距，核心零部件、高端工业软件及关键技术等高端领域仍大量依托产品进口与技术引进，我国制造业的智能化发展屡屡受阻。

第三，国内智能制造产业经济市场持续向好，已形成四大产业生态圈。

从国内智能制造市场来看，中国智能制造产业规模总体呈逐年增长的态势，2018年产业规模为16867亿元，2019年达到17776亿元，2020年进一步增长至20900亿元。自2016年开始，每年产值上涨近2000亿元。融资事件的发生数量以及融资金额的大小是反映产业发展形势的一面镜子，智能制造产业自2015年来越发受到资本青睐，总体呈现出飞速增加的趋势。2018—2020年的融资金额逐步上升，但融资事件数量却呈下降趋势，单个融资事件的金额较之前有明显上升，说明企业对智能制造行业的发展信心颇丰。

从产业发展集中形式看，我国智能制造产业已形成以长三角、珠三角、环渤海和中西部地区四大智能制造生态圈为核心的产业发展格局。其中，长三角生态圈智能制造装备行业发展基础深厚，智能制造发展水平相对平衡，拥有一批优势突出、特色鲜明的智能制造装备产业集群；珠三角地区高端装备制造业主要分布在广州、深圳、珠海和江门等地，以加快"机器换人"的自动化生产步伐、形成符合产业特色的智能制造应用示范为目标，逐步发展成为"中国制造"主阵地；环渤海地区科技实力突出，拥有大量高校和科研院所，依托地区资源与人力资源优势，形成了"核心区域"与"两翼"错位发展的产业格局。

2.3 泉州市传感智能制造产业发展现状

2.3.1 泉州产业环境

自"十三五"以来，泉州市智能制造产业相关政策频频加码，积极指导企业开展制造业智能化转型发展。

2015年泉州市政府发布实施《泉州制造2025》，将"智能制造"初步锁定为规划重点并配套出台了《泉州市人民政府关于发展智能制造专项行动计划的实施意见》等一系列政策，明确了推动泉州制造业向智能化方向发展的战略目标。在泉州成为工信部批准的第二个"中国制造2025试点示范城市"后，泉州市政府于2018年发布《泉州市人民政府关于进一步推动智能制造推进智能装备和"数控一代"产品应用快速发展实施意见》，进一步深化产业部署、推动产业升级进程。随后在2020年、2021年，泉州市政府发布《泉州市新基建新经济基地建设比拼方案》，通过新基建新经济的基地建设比拼方式，促进智能制造产业基地的蓬勃发展。

经过"十三五"期间的建设，泉州市智能制造产业得到了较好发展，为了巩固现有良好基础并稳步进取，泉州市政府在《泉州市国民经济和社会发展第十四个五年规划和二〇三五年远景目标纲要》中规划引进国科大智能制造学院、华中科大智能制造研究院等诸多高端创新主体；推进制造业数字化转型，实施工业互联网创新发展战略，深入推进智能制造工程和"上云用数赋智"行动，积极培育面向企业智能化改造和市民生活需求的细分领域数字服务平台，为智能制造产业的蓬勃发展制订了明确的目标和详细的计划。表2-7总结了在"十三五"和"十四五"期间，泉州市智能制造产业的相关政策。

表2-7　泉州市智能制造产业相关政策汇总

发布年份	重要政策/事件	政策内容
2015	泉州制造2025	将"智能制造"初步锁定为规划重点
2015	泉州市人民政府关于发展智能制造专项行动计划的实施意见	加快推动泉州制造业向智能化方向发展
2018	泉州市人民政府办公室关于进一步推动智能制造推进智能装备和"数控一代"产品应用快速发展的实施意见	进一步提高智能装备企业研发积极性，市级下达相关专项扶持资金超5000万元，扶持企业200多家
2020	泉州市新基建新经济基地建设比拼方案	在全市范围内梳理了13个新基建新经济基地，总投资2000多亿元，力争用5年时间，打造百亿传感智造产业

续表

发布年份	重要政策/事件	政策内容
2021	2021年度泉州市新基建新经济基地建设比拼方案	基地成立工作专班，落实"一基地一专班、一链条、一方案、一园区、一基金"工作要求。在龙头企业带动、产业建链补链等方面，新基建新经济基地建设成效初显
2021	洛江区进一步加快智能装备产业发展的八条措施	依托泉州市洛江区机械装备产业较强的市场竞争力和知名度，以"智"带动区域机械装备转型升级，聚焦智能经济、数字经济等前沿领域。签约落地了5G智能制造产业园，促进传统机械装备企业渐渐转型升级为高质量的智能装备企业
2021	泉州市国民经济和社会发展第十四个五年规划和二〇三五年远景目标纲要	引进高端创新主体；打造产业基地；推进数字化转型；培育数字服务平台

2.3.2 泉州产业发展概况

依托政府一系列利好政策的引导，泉州市智能制造产业近年来得到了长足发展，逐步成为泉州本地的支柱型产业。

泉州市在2019年共培育建设市级数字化车间24个、省级智能制造重点项目80个、省级智能制造试点示范和样板工厂（车间）14个，8项装备产品被评为省级重大技术装备与智能制造装备。2020年，泉州市培育出一批智能制造产业的示范企业和示范项目，产业发展取得卓越成效。百宏等6家企业获批国家智能制造新模式与标准化项目；海天等5家企业获评国家智能制造试点示范项目；阳光大地等67家企业被确定为省级智能制造示范企业和样板工厂。

2021年，泉州市为了贯彻落实《泉州市人民政府关于进一步推动智能制造推进智能装备和"数控一代"产品应用快速发展的实施意见》等文件精神并进一步提高智能装备企业研发积极性，仅市级单位拨付相关专项扶持资金就超5000万元，扶持企业200多家。全市共6家企业获批建设国家智能制造新模式与标准化项目，完成培育市级数字化车间15个、智能化标杆工厂1个，累计获评国家级智能制造试点示范项目5个、省级智能制造示范企业和样板工厂67家，各项指标均居全省前列。此外，泉州市已累计培育省级重大技术装备和智能制造装备44个，成功打造晋江、南安智能装备园区等产业集聚区并形成了细分的领域产业集群。

然而，泉州市智能制造产业存在人才招引难度大、人才结构比例失衡，领军型高端人才和创新型、复合型终端人才较少，具备实际工程背景和实践经验的基础人才实战能力不强的问题。主要原因是相对于北、上、广等一线城市及省内福州、厦门等城市，泉州缺乏本土大院大所，高层次人才队伍难以在本土培养，主要以引进为主，在引进过程中容易出现"水土不服"的现象；泉州市本地缺乏高端产业支撑，泉州制造技术与数字技术、智能技术及新一代信息技术的交叉较少，尚未形成完整的产业集群，导致原本有意来泉工作的高层次人才，常因顾虑个人就业选择、专业发展前景等转投一二线城市；此外，国内长三角、珠三角城市群纷纷出台持续叠加、较为优厚的产业扶持和人才招引政策。与之相比，泉州相应的专项人才扶持政策尚不成熟，这也进一步加剧了泉州智能制造产业人才引进的难度。

2.3.3 泉州产业主体分布

1. 西人马联合测控（泉州）科技有限公司

西人马联合测控（泉州）科技有限公司，隶属于西人马集团。自2015年成立之初，西人马便开始全力布局公司在先进MEMS芯片及传感器方面的制造能力，拥有数百名科研人员，研发人员中硕士、博士占比共95%以上。2017年10月，西人马在泉州完成全新8（1 in = 2.54 cm）并向下兼容6 in的MEMS生产线和高端传感器封测线的建设，拥有超过6000 m² 的高等级洁净车间，采用全新的厂房设计和先进的MEMS生产设备。经过多年的发展，西人马已经量产了红外热电堆芯片，并且即将推出红外热成像芯片，其他芯片还有MEMS压力芯片、对MEMS芯片的压力调理芯片以及加速度传感器芯片等。目前已经成为业内知名的IDM芯片公司以及"端—边—云"一体化解决方案服务商，具备芯片和传感器材料合成、设计、制造、封装和测试全方位能力。未来，西人马将始终立足于感知与人工智能的核心技术，包括先进材料技术、先进芯片技术、先进传感器技术及人工智能算法技术，并在这些领域通过持续、大幅度投入，实现每年以几百项专利的速度快速递增。

为了加速泉州经济的转型并夯实制造业基础，受泉州市人民政府及市科技局委托，西人马联合测控（泉州）科技有限公司协助建设了泉州先进微纳米器件检测中心，拥有 AFM 原子力显微镜（纳米级分辨率）、SEM 扫描电镜（100万倍）、热重-差热分析仪（TG-DSC）、比较法低频和中高频振动及横向灵敏度校准系统等先进检测设备，是中国最先进的微纳米器件检测中心之一。

2. 泉州华数机器人有限公司

华数机器人以自主创新、打造民族品牌工业机器人为己任，全面落实"PCLC"工业机器人发展战略，即以通用多关节工业机器人产品（P）为主攻方向，以国产机器人核心基础部件（C）研发和产业化为突破口，以工业机器人自动化线（L）应用为目标，以智能云平台（C）为产业出奇制胜的武器，注重机器人本体及整机性能和可靠性研发，积极进行自动化、智能化、智慧工厂等应用开发。目前已掌握六大系列 40 多种规格机器人整机产品，在工业机器人控制器、伺服驱动、伺服电机和机器人本体方面实现了自主安全可控，形成自主知识产权 300 余项。其产品在 3C、家电、五金、汽车、CNC、食品、制鞋、物流等领域开展大批量应用。

华数机器人深度融入全国机器人集成创新中心建设，形成以自主核心技术、核心零部件及工业 4.0 整体解决方案为一体的全产业链协同发展格局。面临新一轮科技革命和产业变革的机遇，华数机器人以"更高、更快、更智能"的创新技术助力智能制造转型，实现以机器人技术为核心的大规模推广和应用，为国产机器人装备产业的高质量发展注入强劲力量，以领先的产品和服务为全球客户持续创造价值。

3. 福建省微柏工业机器人有限公司

福建省微柏工业机器人有限公司是一家致力于以工业机器人为核心的数字化、智能化生产设备和系统解决方案的研发、生产和销售的高新技术企业。自 2003 年成立以来，公司始终坚持对技术研发和技术积累的持续高额投资，现已拥有一支有着多年专业经验的软硬件技术研发团队，与四川航天工业集团等多家知名企业和华侨大学、厦门大学、福州大学等多所高校及科研机构建立了长期战略合作伙伴关系。

目前，微柏工业机器人已形成以自主研发的专利技术为核心、以领先同行的产品及行业系统解决方案为竞争优势的完整产业链。公司以工业机器人的集成应用系统服务、机械手系列产品作为主营方向，依托雄厚的技术实力与专业的技术创新能力，未来将开创以工业机器人为核心的工业自动化新篇章，争做"中国智造"的领跑者。

2.3.4 泉州产业发展特点

在深入研究国内外和泉州产业发展态势的基础上，本节通过综合分析泉州市传感智能制造产业内外部条件，从而得出产业发展的优劣势。

1. 产业优势

经过调研分析可以看出，泉州市传感智能制造产业具备良好的产业发展环境。

（1）政策环境

泉州市大力培育发展传感智能制造产业，在 2015 年发布《泉州制造2025》，首次将"智能制造产业"锁定为发展重点，并在《泉州市人民政府关于发展智能制造专项行动计划的实施意见》中再次重申要加快推动泉州制造业的智能化发展。在这之后，泉州市政府印发《泉州市人民政府办公室关于进一步推动智能制造推进智能装备和"数控一代"产品应用快速发展的实施意见》，激活全市智能制造产业的经济发展，并通过基地比拼建设竞争的措施，成立基地建设工作专班，落实"一基地一专班、一链条、一方案、一园区、一基金"的基地发展建设框架，在短时间内使新基建新经济基地的建设工作初显成效。

此外，泉州市政府还通过建设协同招引平台的方式，积极加强产学研之间的合作：中国科学院宁波材料技术与工程研究所与信和新材料股份有限公司在洛江区共建了泉州市首个新型环保防腐涂料工程中心；湖南云箭集团有限公司与信和新材料股份有限公司合作共建了新材料研究中心，逐步推进研发成果产业化；特种机器人产品质量监督检验中心成功通过国家 CM 认证的申报，国家特种机器人产品质量监督检验中心顺利落地泉州。

(2) 经济环境

为了能够更好地为智能制造产业提供发展沃土,泉州市建立了智能制造产业重点企业扶持库,将西人马、微柏工业机器人等优势企业纳入其中。企业在政策的支持下也获得了长足的发展,以西人马公司为例,2020 年西人马公司完成投资 1.8 亿元,新增 150 台设备,完成股权融资 1 亿元并新增 B 轮融资 2 亿元,新建的西人马微纳米芯片工艺实验室已投入使用。

在智能制造的有力助推下,泉州制造业转型升级进入快车道。2022 年 1~5 月,泉州市共完成规模以上工业增加值 1505.34 亿元。在泉州市开展"数控一代"应用示范工程和智能制造示范工程以来,已有超 2000 家规上企业参与"数控一代"、智能化改造,社会资金累计投入 1260 亿元。全市共确定了 431 个"数控一代"示范项目产品和 95 个高端装备设备,政府通过"帮算经济账、长远账"的方式解决了制造业企业向智能制造转型的后顾之忧。仅 2021 年就完成技改投资 1052 亿元,生产销售国产机器人 1160 台,推广应用国产数控系统 5340 套,全市规模以上企业装备数控化率达 45%以上。

(3) 创新环境

就创新环境而言,泉州市为了进一步提高智能装备企业研发积极性,采用发放技术研发扶持资金的方式促进企业更多地投入技术的研发当中。2018 年仅市级单位拨付相关专项扶持资金就超过 5000 万元,扶持企业超过 200 家。与此同时,泉州市科技局积极帮助企业争取国家、省、市级政策向基地项目倾斜支持,指导铁拓机械申报科技部"科技助力经济 2020"重点专项,获国家扶持资金 100 万元;推荐华数机器人、久信科技等企业申报省创新资金项目,获省扶持资金 60 万元;引导铁拓机械、劲力机械、众志金刚石、维盾电气四家企业申报市级高新领域创新项目,获扶持资金 150 万元。指导西人马公司申报 2020 年度集成电路设计补助,共获得补助资金 152.835 万元。

除了采用专项扶持和政策补贴的方式加快市内企业的研发进程,泉州市政府还充分利用省内高校和院所的优质科研资源,利用中科院海西研究院泉州装备制造研究所、华中科技大学泉州智能制造研究院、福建(泉州)哈工大工程技术研究院等高端创新平台技术与人才的集聚优势,在石狮、晋江、南安、永春等地设立工作站,围绕企业重大技术需求,与企业开展各项项目对接,推动了一批智能制造新装备新技术的研发。

2. 产业不足

第一，泉州本土智能制造人才数量较少，外埠人才招引难度大，人才结构比例失衡。

人才是经济社会发展的第一要素。加快发展智能制造，既需要高层次人才进行前沿创新研发，也需要大量的初级人才、中级人才扎根实体经济，必须通过建立系统高效、开放共享的人才生态链，才能真正实现人才由服务支撑产业向引领产业发展升级。目前，泉州市存在智能制造产业人才招引难度大、结构比例失衡，领军型高端人才和创新型、复合型终端人才较少，具备实际工程背景和实践经验的基础人才实战能力不强的问题。人才的总体素质和个体能力短期内难以支撑泉州市传感智能制造产业驶入高端发展快车道。

第二，泉州市人才扶持政策亟待完善，现有政策普惠性不强。

泉州市引才政策与先进地区相比仍有较大差距。一是泉州市人才专项经费投入较少。如2016年东莞市市级投入人才专项经费为10亿元，无锡市为4亿元，而泉州市仅为2500万元。二是泉州现有政策的普惠性不强。以东莞市相关政策为例，东莞市制定人才扶植政策，针对进驻引进的本科生提供为期半年每月2000元的生活补助，为硕士和博士提供为期一年每月2500元的生活补助，而泉州市目前尚无此类政策出台。

第三，智能制造各层级间关联度不够，难以形成集聚产业。

泉州市智能制造产业链各层级之间关联度低，产业缺乏"根植性"。目前，产业中各领域的企业虽有一定的分工，但缺少联系与协作机制，本地企业之间业务上关联度低，大企业与中小企业互动良性发展上推进乏力，优势企业在领域内"一家独大"，配套中小企业专业化生产优势不明显，很难实现产业各领域的良性发展，更难以形成本地根植性强的产业集聚效应。

2.4 泉州市传感智能制造产业实地调查

为了更好地了解泉州市的产业发展现状、贴合产业实际、明晰泉州市相关产业链的主要环节以及在相关技术领域产业链环节上的优势和劣势，我们以泉州本地企业和高校为主体，通过发放线上问卷和线下实地走访、座谈的方式对本地情况进行了深入调查及调研。

2.4.1 线上问卷调查

1. 调查背景

线上问卷调查时间自 2022 年 5 月 5 日 9 时起，至 2022 年 6 月 15 日 13 时止，合计约 41 天。本次共回收企业问卷反馈 65 份，有效企业问卷 55 份（无效问卷的填写主体与产业关联度较弱）；高校问卷反馈 7 份，有效问卷 6 份。在本次调查中，泉州华数机器人有限公司等本地优势企业以及华侨大学等本地高校均针对产业现状和技术分解给出了建议。

本节以问卷分析结论为导向，将其与可印证该结论的企业和高校/科研院所的部分问卷数据置于同一板块，以期进一步明晰国内和泉州的产业发展现状。完整的调查问卷内容及结果详见附录。

2. 调查结论

（1）从泉州看全国传感智能制造技术现状

1）企业认为，智能测控装置与部件、控制系统技术壁垒坚固，技术突破难度大，对攻克机器人领域相关技术信心充足。

从企业问卷第 13 题的反馈结果可以看出，超过 10% 的泉州企业认为智能测控装置与部件、控制系统和机器人是目前国内技术壁垒较高的领域。同时，结合企业问卷第 27 题看，企业普遍反映智能测控装置与部件、控制系统和工业互联网是目前技术攻关的难点领域。这说明部分企业对攻克机器人领域相关技术有着充足的信心。我们还需要注意到，智能测控装置与部件和控制系统领域始终处于排名的前两位，这可能反映出目前这两个领域的核心技术被国外把持且已经建立了坚固的技术屏障，国内企业需要花费大量精力进行技术研究与创新。

【企业】13. 企业认为国内在传感智能制造产业中存在技术壁垒的环节【多选】

　　A. 传感器 13，9.1%　　　　　B. 射频识别 9，6.3%

　　C. 云计算 14，9.8%　　　　　D. 大数据 10，7.0%

　　E. 工业互联网 13，9.1%　　　F. 控制系统 18，12.6%

　　G. 伺服电机 7，4.9%　　　　H. 智能测控装置与部件 26，18.2%

I. 高档数控机床 12，8.4%   J. 机器人 15，10.5%

K. 3D 打印 6，4.2%

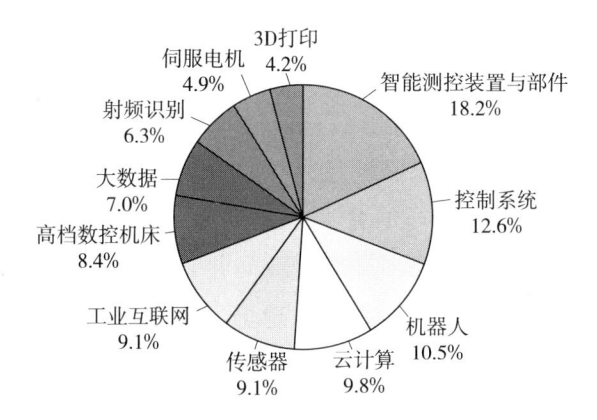

【企业】27. 企业认为目前传感智能制造行业的技术难点所在的领域【多选】

A. 传感器 13，9.4%   B. 射频识别 5，3.6%

C. 云计算 9，6.5%   D. 大数据 13，9.4%

E. 工业互联网 15，10.8%   F. 控制系统 22，15.8%

G. 伺服电机 9，6.5%   H. 智能测控装置与部件 24，17.3%

I. 高档数控机床 11，7.9%   J. 机器人 13，9.4%

K. 3D 打印 5，3.6%

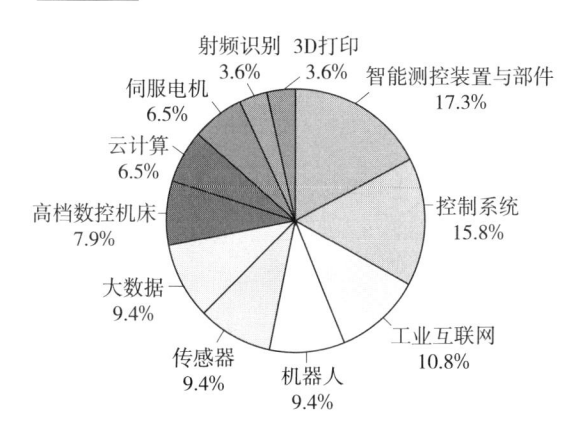

2) 高校／科研院所认为，我国在大数据、工业互联网和云计算领域具备技术优势，而传感器、高档数控机床和伺服电机则是高技术壁垒方向。

从高校／科研院所调研问卷的第4题可以看出,大数据、工业互联网和云计算是当前泉州高校／科研院所认定的优势领域。事实上,以华侨大学为代表的泉州高校／科研院所在这三个领域建树颇丰,发明了"一种私有云的云监控系统及方法""一种基于出租车GPS大数据的定制公交线路规划方法"等多个核心专利。

而泉州的高校／科研院所在问卷第5题中从科研的角度提出了自身对国内传感智能制造行业技术壁垒的看法,传感器、高档数控机床和伺服电机被认定为目前国内的三大技术壁垒。与企业问卷的结果对比可知,仅有一家高校认为控制系统是我国产业当前的技术壁垒,与企业问卷结果大相径庭。这主要是由于企业与高校／科研院所的研究侧重方向不甚相同。一般来说,高校／科研院所更加关注如传感器、伺服电机等基础性技术的研究,而企业则侧重研究利于成果转化的控制系统、机器人等领域,对底层传感器、伺服电机等相关技术的研发投入相对较少。

【高校／科研院所】4. 高校／科研院所认为国内传感智能制造的优势领域【多选】

A. 传感器 1,6.7%　　　　　B. 射频识别 2,13.3%

C. 云计算 3,20.0%　　　　D. 大数据 4,26.7%

E. 工业互联网 3,20.0%　　F. 控制系统 0,0.0%

G. 伺服电机 0,0.0%　　　　H. 智能测控装置与部件 1,6.7%

I. 高档数控机床 0,0.0%　　J. 机器人 1,6.7%

K. 3D打印 0,0.0%

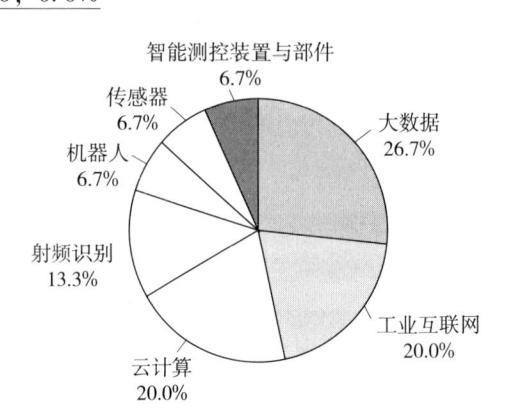

【高校／科研院所】5. 高校／科研院所认为国内传感智能制造短时间存在难以跨越技术壁垒的领域【多选】

A. 传感器 3, 25.0%　　　B. 射频识别 0, 0.0%

C. 云计算 0, 0.0%　　　　D. 大数据 1, 8.3%

E. 工业互联网 0, 0.0%　　F. 控制系统 1, 8.3%

G. 伺服电机 2, 16.7%　　　H. 智能测控装置与部件 0, 0.0%

I. 高档数控机床 3, 25.0%　J. 机器人 1, 8.3%

K. 3D 打印 1, 8.3%

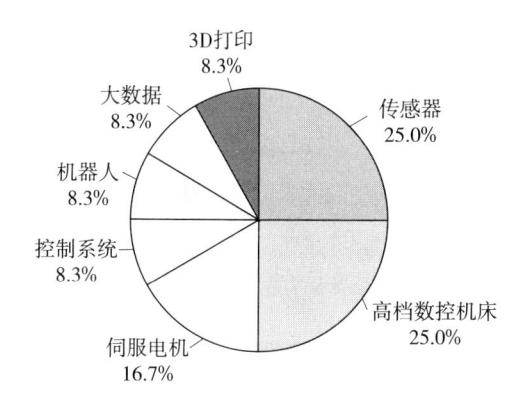

（2）从泉州看泉州市传感智能制造产业

1）泉州本地传感智能制造产业以中小微型民营企业为主，大多以整机和零部件的技术研究创新、生产加工为经营方式。

从企业问卷第 2~5 题的调研结果可以看出，泉州市传感智能制造产业相关企业绝大多数为民营企业，占比高达 98.2%；55 家企业中全部为中小微企业，规模在 100 人以下的企业合计 38 家，100~500 人的企业 28 家，仅西人马联合测控（泉州）科技有限公司一家企业员工数量超过了 500 人（550 人）。由此看来，泉州市传感智能制造产业尚未出现可带动产业发展的龙头企业。从企业服务领域来看，整机及零部件的技术研究创新和生产加工是泉州企业的主要经营方式。

【企业】2. 单位（机构）性质【单选】

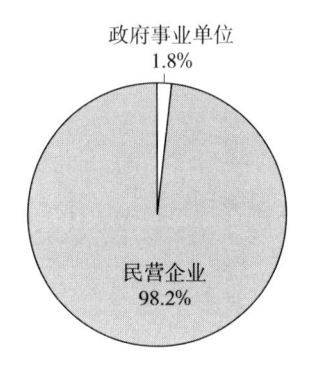

　　A. 国有企业 <u>0, 0.0%</u>　　　　B. 民营企业 <u>54, 98.2%</u>
　　C. 政府事业单位 <u>1, 1.8%</u>　　D. 其他 <u>0, 0.0%</u>

【企业】3. 单位规模【单选】

　　A. 20人以下 <u>10, 18.2%</u>　　　B. 20（含）~50人 <u>16, 29.1%</u>
　　C. 50（含）~100人 <u>12, 21.8%</u>　D. 100（含）~500人 <u>16, 29.1%</u>
　　E. 500人及以上 <u>1, 1.8%</u>

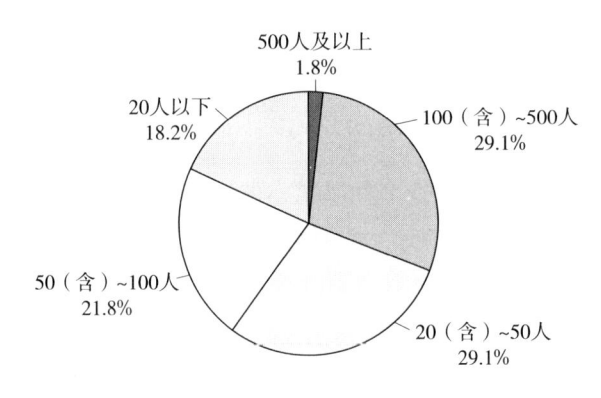

【企业】4. 企业主要经营方式【多选】

　　A. 技术研究创新 <u>41, 35.7%</u>　　B. 生产加工 <u>41, 35.7%</u>
　　C. 服务 <u>24, 20.9%</u>　　　　　　D. 商贸 <u>7, 6.1%</u>
　　E. 其他 <u>2, 1.7%</u>

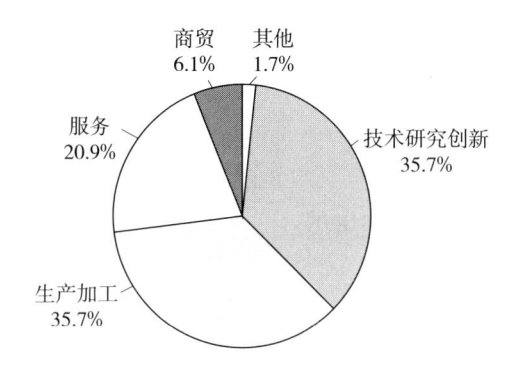

[饼图：技术研究创新 35.7%，生产加工 35.7%，服务 20.9%，商贸 6.1%，其他 1.7%]

【企业】5. 企业主要产品类别【多选】

　　A. 零部件 <u>29，31.5%</u>　　　　B. 网络 <u>6，6.5%</u>

　　C. 软件 <u>13，14.1%</u>　　　　D. 整机 <u>35，38.0%</u>

　　E. 其他 <u>9，9.8%</u>

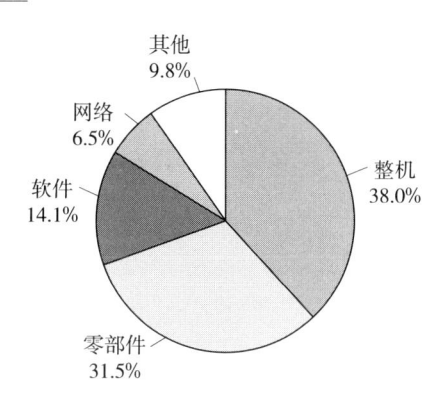

[饼图：整机 38.0%，零部件 31.5%，软件 14.1%，网络 6.5%，其他 9.8%]

2）泉州企业普遍重视技术创新，研发团队人员和研发资金投入与企业规模适配。

　　企业要想在竞争激烈的市场中获得较强的竞争力，必须持续不断地保持研发投入，才能争得并保持技术优势。由企业问卷第 14、15 题可以看出，尽管泉州传感智能制造领域企业大多为中小微型企业，但每年在技术研发领域投资 500 万元及以上的企业数量仍占到总数量的 34.6%，拥有 10 人以上研发团队的企业占比高达 18.2%。这充分说明泉州企业对技术研发的重视程度，渴望通过技术研发打造自身的核心优势。

【企业】14. 企业近两年平均每年的研发投入【单选】

  A. 500 万元以下 <u>28，50.9%</u>

  B. 500 万（含）~1000 万元 <u>10，18.2%</u>

  C. 1000 万（含）~5000 万元 <u>9，16.4%</u>

  D. 5000 万元及以上 <u>0，0.0%</u>

  E. 不太清楚 <u>8，14.5%</u>

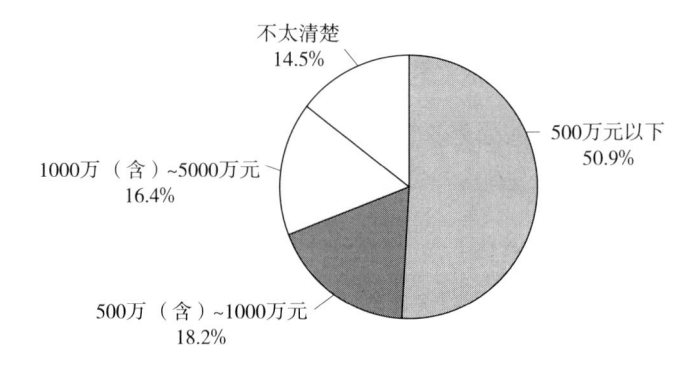

【企业】15. 企业研发人员的数量【单选】

  A. 10 人以下 <u>25，45.5%</u>

  B. 10（含）~50 人 <u>20，36.4%</u>

  C. 50（含）~100 人 <u>10，18.2%</u>

  D. 100 人及以上 <u>0，0.0%</u>

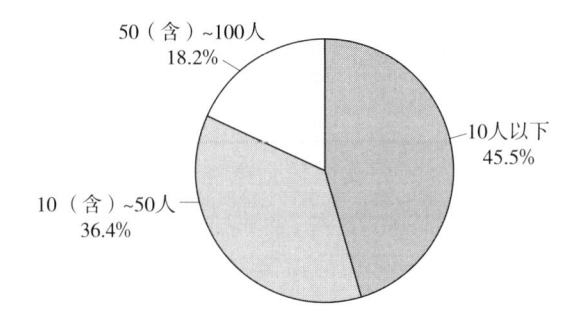

3）泉州产业以生产线为主导，控制系统、智能测控装置与部件和工业互联网成为泉州企业现在及未来的重点技术攻克方向。

从企业问卷第 6 题可以看出，泉州企业大多分布于产业生产层和执行层，部分企业也涉足网络层与感知层领域。其中，闽驱智达（泉州）科技有限公司是唯一一家涉及传感智能制造全领域的本地企业。进一步对二级分支细化，通过企业问卷第 8 题和第 30 题可以看出，控制系统、智能测控装置与部件和工业互联网是泉州企业涉及最多且未来 3~5 年还将加大研发力度的三个领域。结合泉州企业对全国传感智能制造高壁垒领域的调研结论，我们可以合理地推断出，泉州市传感智能制造企业正在且将持续在这三个领域重点进行技术难关的攻克。

【企业】6. 企业所属传感智能制造的环节【多选】

  A. 感知层 12，13.3%　　　　　B. 网络层 17，18.9%
  C. 执行层 29，32.2%　　　　　D. 生产层 32，35.6%

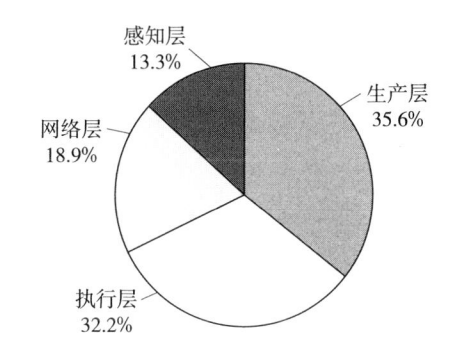

感知层 13.3%
生产层 35.6%
网络层 18.9%
执行层 32.2%

【企业】8. 企业在传感智能制造产业重点发展的领域【多选】

  A. 传感器 11，7.8%　　　　　B. 射频识别 3，2.1%
  C. 云计算 7，5.0%　　　　　D. 大数据 9，6.4%
  E. 工业互联网 20，14.2%　　　F. 控制系统 24，17.0%
  G. 伺服电机 13，9.2%　　　　H. 智能测控装置与部件 29，20.6%
  I. 高档数控机床 14，9.9%　　 J. 机器人 8，5.7%
  K. 3D 打印 3，2.1%

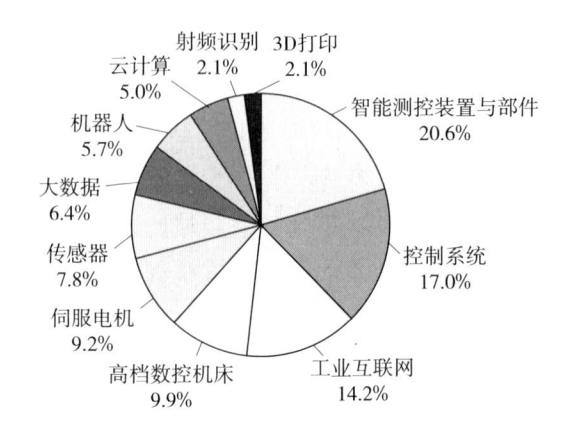

饼图数据：
- 智能测控装置与部件 20.6%
- 控制系统 17.0%
- 工业互联网 14.2%
- 高档数控机床 9.9%
- 伺服电机 9.2%
- 传感器 7.8%
- 大数据 6.4%
- 机器人 5.7%
- 云计算 5.0%
- 射频识别 2.1%
- 3D打印 2.1%

【企业】30. 企业在未来3~5年将加大研发力度的领域【多选】

A. 传感器 11，7.9%　　　　B. 射频识别 4，2.9%

C. 云计算 9，6.5%　　　　　D. 大数据 9，6.5%

E. 工业互联网 22，15.8%　　F. 控制系统 21，15.1%

G. 伺服电机 8，5.8%　　　　H. 智能测控装置与部件 24，17.3%

I. 高档数控机床 11，7.9%　　J. 机器人 11，7.9%

K. 3D打印 1，0.7%　　　　　L. 不了解 8，5.8%

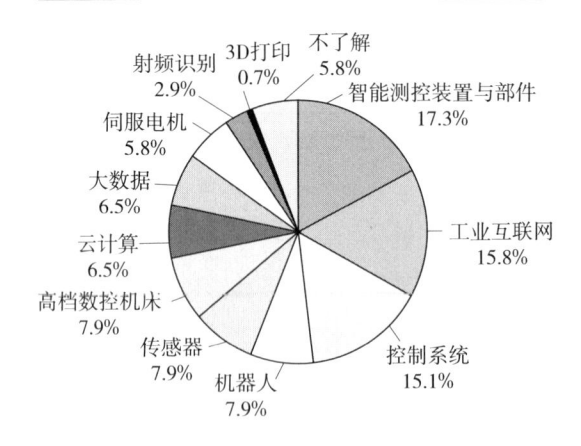

饼图数据：
- 智能测控装置与部件 17.3%
- 工业互联网 15.8%
- 控制系统 15.1%
- 高档数控机床 7.9%
- 传感器 7.9%
- 机器人 7.9%
- 云计算 6.5%
- 大数据 6.5%
- 伺服电机 5.8%
- 不了解 5.8%
- 射频识别 2.9%
- 3D打印 0.7%

4）在智能测控装置与部件、控制系统和工业互联网领域针对性地开展技术路线、专利壁垒等专利工作将有助于泉州企业开展研发工作。

从企业技术发展需求的角度，通过企业问卷第25题和第26题可以看出，目前泉州企业主要在智能测控装置与部件、控制系统和工业互联网这三个高壁垒领域有专利导航需求,并针对主要技术路线、主要专利壁垒、主要竞争对手技术动态、最新专利情报等进行深入挖掘与剖析。

【企业】25. 针对以下哪个技术方向的深入专利分析,将对企业开展研发工作或知识产权工作产生帮助【多选】

A. 传感器 14,9.5%　　　　B. 射频识别 7,4.7%
C. 云计算 5,3.4%　　　　D. 大数据 10,6.8%
E. 工业互联网 20,13.5%　　F. 控制系统 25,16.9%
G. 伺服电机 11,7.4%　　　H. 智能测控装置与部件 27,18.2%
I. 高档数控机床 11,7.4%　J. 机器人 9,6.1%
K. 3D打印 2,1.4%　　　　L. 不清楚 7,4.7%

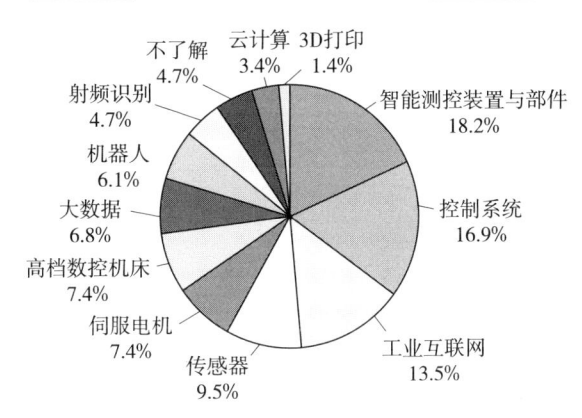

【企业】26. 企业希望在25题所选的技术方向上了解的内容【多选】

A. 主要技术路线 36,27.1%　　B. 主要专利壁垒 32,24.1%
C. 主要竞争对手技术动态 28,21.1%　D. 最新专利情报 32,24.1%
E. 其他个性化需求 5,3.8%

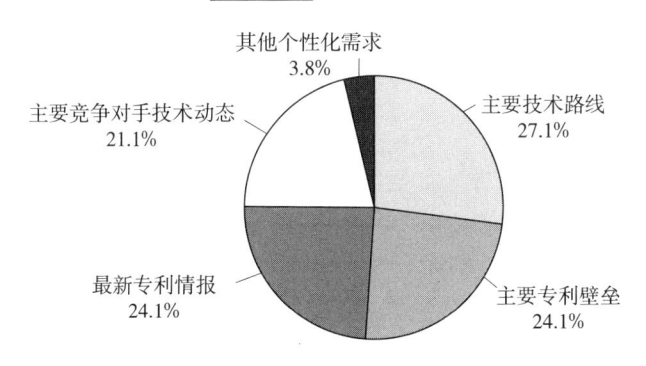

5）泉州高校／科研院所侧重对大数据、云计算优势领域和传感器等领域进行重点技术研发。

泉州高校／科研院所的第 2 题反映出大数据和传感器是其重点的技术研发方向。结合上述结论中泉州高校／科研院所对国内优势和壁垒领域的调研结果，我们不难看出：一方面，泉州高校／科研院所正充分利用自身发展优势，逐步迈进并巩固自身在大数据和云计算的优势地位；另一方面，尽管传感器是泉州高校／科研院所认为的高壁垒领域，但我们可以推断泉州高校／科研院所在该领域已经具备了技术发展的基础，并将持续在传感器技术领域发力。

【高校／科研院所】2. 高校／科研院所的研究领域【多选】

A. 传感器 <u>4，16.0%</u>　　B. 射频识别 <u>0，0.0%</u>

C. 云计算 <u>4，16.0%</u>　　D. 大数据 <u>5，20.0%</u>

E. 工业互联网 <u>3，12.0%</u>　　F. 控制系统 <u>3，12.0%</u>

G. 伺服电机 <u>1，4.0%</u>　　H. 智能测控装置与部件 <u>0，0.0%</u>

I. 高档数控机床 <u>1，4.0%</u>　　J. 机器人 <u>3，12.0%</u>

K. 3D 打印 <u>1，4.0%</u>

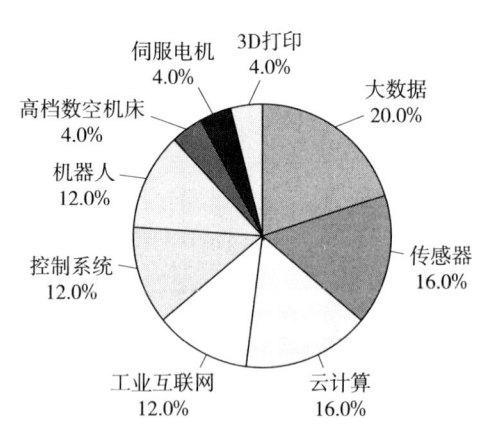

2.4.2　实地走访调研

1. 调研背景

线下实地走访调研的时间自 2022 年 7 月 20 日起至 2022 年 7 月 22 日止，

合计约 3 天。本次调研共走访企业／研究机构 10 家，包括西人马、泉州华数机器人有限公司、比邻三维科技等优势企业，另外还包括企业座谈会 1 次，高校研究机构座谈会 1 次。本次调研中，相关企业就自身的发展、研发、知识产权等情况进行了详细的介绍，并对泉州的产业发展提出了建议。本节以实地调研的共性问题为向导，进一步明晰泉州企业发展所存在的问题。实地走访调研名单如表 2-8 所示。

表 2-8 实地走访调研名单

调研形式	企业名称	所在地
企业座谈会	福建省铁拓机械股份有限公司	洛江区
	泉州精镁科技有限公司	洛江区
	福建省尚邑模具工业有限公司	洛江区
	泉州市世创机械制造有限公司	洛江区
	福建新源重工有限公司	洛江区
	泉州市劲力工程机械有限公司	洛江区
	泉州维盾电气有限公司	洛江区
	泉州宇诺机械有限公司	洛江区
	泉州东辰自动化设备有限公司	洛江区
	福建省微柏工业机器人有限公司	洛江区
	泉州市云箭测控与感知技术创新研究院	洛江区
实地走访	西人马联合测控（泉州）科技有限公司	洛江区
	泉州市丰阳精密模具有限公司	台商区
	福建省睿步智能装备有限公司	台商区
	泉州众德机械有限公司	晋江市
	福建省恺思智能设备有限公司	晋江市
	晋江晋腾机械有限公司	晋江市
	泉州华中科技大学智能制造研究院 泉州华数机器人有限公司	经济开发区
	泉州市比邻三维科技有限公司	经济开发区
	泉州市汉威机械制造有限公司	鲤城区

续表

调研形式	企业名称	所在地
高校研究机构座谈会	华侨大学	丰泽区
	泉州湖南大学工业设计与机器智能创新研究院	经济开发区
	福建（泉州）哈工大工程技术研究院	丰泽区
	闽南理工学院	石狮市
	仰恩大学	洛江区
	泉州天津大学集成电路及人工智能研究院	丰泽区
	泉州师院	丰泽区
	福州大学	福州市

2. 调研结论

1）企业重视研发创新，产品与本地特色契合度高，整体营商环境良好。

丰阳精密与中科院海西研究所成立了联合研发中心，做设备、工艺方面的改进，相关产品与泉州本地制鞋企业配套，志在引领本地制鞋行业实现产业升级。华数机器人已研制成功的制鞋生产线，将在泉州本地制鞋企业中推广应用。睿步智能和众德机械的产品均会根据客户需求进行改进研发，且众德机械表示泉州营商环境较好，适合企业驻足发展。

2）泉州本地产业链配套不完整，产业缺乏联动性，大部分核心零部件依靠进口。

西人马表示在泉州本地缺乏其供应商，终端产品在本地企业中使用率较低。众德机械表示其核心零部件大多依赖进口，本地零部件使用率较低。存在同样情况的还包括汉威机械，核心零部件主要采购自国际大厂，泉州本地缺乏能够提供零部件的企业。

3）企业研发队伍人才不足，高端人才"抢"不过，招不进，且本地产学研用通道不畅通。

西人马表示在泉州本地难以招聘到传感器芯片制造业的高端人才，因此将研究机构设立在北京、上海等地。睿步智能表示本地人才招聘难，企业研发地设置在东莞。华数机器人的研发团队主要来自华中科技大学的硕博士，主要以客座的形式，本地高端人才存在招募难的问题。铁拓机械表示与长安大学、重庆交通大学、山东大学进行过协同创新，尚未与本地高校进行过合作。仅新源重工表示正在与华侨大学在VCU技术层面开展合作。

4）企业知识产权布局能力弱，本地缺乏有实力的知识产权服务机构。

丰阳精密表示正在有意识地进行专利布局，但申请能力不足，缺乏专业指导，专利申请以实用新型为主。多数企业表示公司未成立知识产权团队，相关工作由技术人员负责，本地知识产权服务机构在协助专利申请、布局、运营方面实力较弱。

第3章

全球传感智能制造产业专利态势及发展方向

本章将对全球传感智能制造产业专利态势及发展方向展开分析。

3.1 全球传感智能制造产业专利态势

3.1.1 专利申请趋势

1. 全球专利申请趋势

从全球专利申请趋势看,得益于传感器技术的迭代发展,全球产业进入高速发展期。

全球传感智能制造领域近年来飞速发展,相关技术专利申请整体稳步上升。截至检索日,将全球传感智能制造领域相关专利按扩展同族取一后,共有167685项专利代表。其中,发明专利共申请115429项,占比68.8%,含授权47318项,授权率达41.0%。本书将以167685项专利为基础,分析传感智能制造产业技术的发展情况。

图3-1展示了传感智能制造全球专利申请量的变化趋势。可以看出,传感智能制造产业的年申请量呈现稳步提升的趋势,总体可以以1972年和2009年为界,划分为技术萌芽期、缓慢增长期和高速发展期三个阶段。

第3章 全球传感智能制造产业专利态势及发展方向

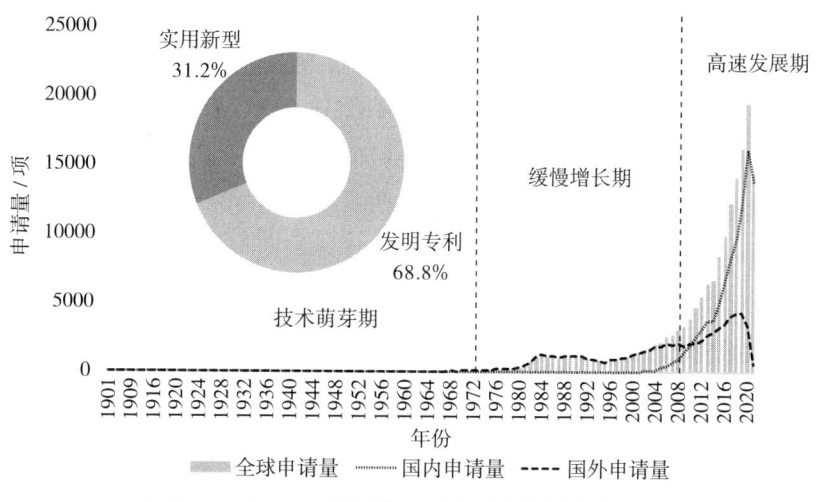

图3-1 传感智能制造全球专利申请量变化趋势

（1）技术萌芽期（1901—1971年）

技术萌芽期是指某领域技术刚刚进入研发人员视野，尚处于理论研究阶段，专利大多数是原理性的基础性发明专利的时期。就传感智能制造领域而言，其技术萌芽期大致为1901—1971年。1970年美国未来学家阿尔文·托夫在 *Future Shock* 一书中提出了"以类似于标准化和大规模生产的成本和时间，提供客户特定需求的产品和服务"的全新的生产方式的设想。这种设想被认为是传感智能制造最初的定义。从传感智能制造产业各技术分支来看，传感器是传感智能制造产业的基石，其作用如同人体中的感觉器官，是产业在技术萌芽期的技术研发重点方向，共有928项传感器领域的专利在该时期产生，占总专利申请量的79.9%，而数控机床、机器人等领域由于缺乏技术支撑，难以获得持续性发展，这一时期的智能制造产业呈现出传感器领域"一枝独秀"的发展态势。从专利申请主体来看，领域内专利申请主体主要来自美国、德国、英国等发达国家。通用电气、霍尼韦尔和西门子等公司在传感器这一崭新的工业化领域开展了大量技术研发工作，申请了多项相关专利，研制出铂电阻温度计等多款产品，是当时的重点研发主体。值得注意的是，由于传感器领域在当时尚属技术起步阶段，相关技术的研发难度较大，因此当时的产品主要为利用结构参量变化来感受和转化信号的、较为简易的第一代结构式传感器产品。

057

(2) 缓慢增长期（1972—2008 年）

受惠于萌芽期的技术积累，传感智能制造领域在 1972 年左右逐步迈入缓慢增长期，相关专利申请量有所增加。由图 3-1 可以看出，在传感智能制造的缓慢发展期内，国内创新主体的话语权较低，国内市场主要由国外创新主体把持。1972—2008 年，全球累计有 39764 项相关专利产出。其中，传感器领域以 12517 项专利申请量位居传感智能制造领域相关专利量的榜首。值得注意的是，缓慢增长期的传感器技术不再局限于利用结构参量变化来感受和转化信号的结构式传感器，而是向以多材料、多类别的传感器方向发展。20 世纪 70 年代，材料某些特性（如热电效应、霍尔效应、光敏效应等）制成的固体传感器技术得到大力发展，热电偶传感器、霍尔传感器、光敏传感器等多类别单功能传感器相继问世。为了能够更好地服务工业，研发人员不断尝试将单功能传感器进行组合，最终成本低、可靠性高、性能好、接口灵活的集成传感器得以问世。

得益于传感器技术的蓬勃发展，技术不断迭代，传感智能制造产业中的伺服电机、数控机床和控制系统等领域也得到了长足的发展：德国 MANNES-MANN 公司在 1978 年的汉诺威贸易博览会上推出 MAC 永磁交流伺服电动机和驱动系统；数控机床的数控系统微处理器运算速度大幅提高，功能不断完善，可靠性进一步提高；控制系统领域相关技术由直接数字控制器（DDC）进阶成为集散控制系统（DCS）；在缓慢增长期的 37 年间，伺服电机、数控机床和控制系统分别产出 9033 项、6383 项和 2144 项专利，专利申请与日俱增，传感智能制造产业各分支呈现出"百花齐放"的盛况。

20 世纪 90 年代开始，智能制造的研究获得了欧、美、日等工业发达国家和地区的普遍重视，1991 年，日、美、欧共同发起实施了"智能制造国际合作研究计划"，该计划提出"智能制造系统是一种在整个制造过程中贯穿智能活动，并将这种智能活动与智能机器有机融合，将整个制造过程从订货、产品设计、生产到市场销售等各环节以柔性方式集成起来的能发挥最大生产力的先进生产系统"。随着研究计划的实施，在 20 世纪 90 年代后国外申请量也迎来一个小幅度的增长。

(3) 高速发展期（2009 年至今）

2008 年国际金融危机以后，发达国家意识到以往去工业化的弊端，制定了"重返制造业"的发展战略。与此同时,云计算、大数据等一批信息技术发展的前沿科技也带动了制造业的智能化转型。以美、德、日、韩为首的发达国家给予一系列的政策支持,以抢占国际制造业科技竞争的制高点,传感智能制造产业迈入高速发展期,相关专利申请量实现井喷式增长,2009年当年的专利申请量达4312项,10年间专利申请量累计增加31616项。值得关注的是,在传感智能制造产业的高速发展期,我国国内创新主体专利申请量于2011年首次超过国外,成功在部分技术分支取得了技术话语权。

2. 在华专利申请趋势

从在华专利申请趋势看,数控机床提振"中国制造"发展进程,政策利好国产化步伐加快。

国内传感智能制造领域近年来飞速发展,相关技术专利申请整体稳步上升。截至检索日,通过对在华布局专利进行筛选,并按扩展同族取一,共得到108847项专利代表。其中,发明专利共申请59164项,占比54.4%,含授权21534项,授权率达39.8%,如图3-2所示。本小节将以108847项专利为基础,结合产业信息等多维度信息,分析国内传感智能制造产业技术的发展情况。

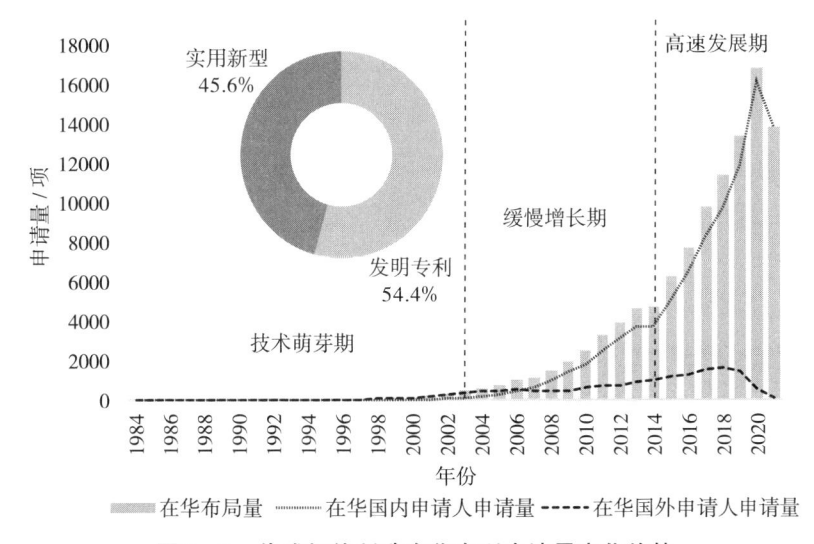

图3-2 传感智能制造在华专利申请量变化趋势

(1) 技术萌芽期（2003 年以前）

国内制造业发展略晚于全球整体水平，结合市场规模、专利数据和技术发展情况，将 2003 年前划分为国内传感智能制造产业的技术萌芽期，在这一时期内，国外创新主体在国内市场占据了主导地位，相关申请量是我国创新主体的近 2 倍。我国对传感智能制造的应用研究始于 20 世纪 80 年代，杨叔子院士认为智能制造系统是"通过智能化和集成化的手段来增强制造系统的柔性和自组织能力，提高快速响应市场需求变化的能力"。另外，吴澄院士、周济院士等都提出了类似的见解。随着应用研究工作的进展，我国企业从数字化制造开始推进，一大批数字化的生产线、车间以及工厂得以建立。而在 20 世纪 90 年代末期，随着互联网技术的不断成熟，我国制造企业不断推进互联网与制造业的融合，涌现出一批成功实现网络化升级的企业。

在这一阶段，从技术层面上来说，数控机床和传感器是我国的重点发展领域，我国创新主体在这两个方向的专利申请占比分别为 49.2% 和 32.4%，其余领域技术储备尚不充足、专利申请量较少。我国数控机床技术起源于 1958 年，北京第一机床厂与清华大学合作研发出了中国第一台数控铣床，此后开启了国内数控机床技术的发展，"七五"期间，国家发布"数控一条龙"项目，针对 5 种机床主机和 3 种数控系统进行技术吸收学习，"八五"期间，成功开发出具有当时国际先进技术水平的中华 I 型数控系统。就传感器领域而言，在国家政策的大力扶持下，国内新建了安徽基地、陕西基地、黑龙江基地等一大批敏感元件与传感器生产基地，为后续传感器领域的蓬勃发展奠定了坚实的基础。

(2) 缓慢增长期（2004—2014 年）

在缓慢增长期，国内传感智能制造产业相关专利量涨势明显。我们可以注意到，代表在华国内申请人申请量的曲线和代表在华国外申请人申请量的曲线于 2007 年左右交于一点，在此之后，在华国内申请人的专利申请量大幅递增，这说明我国传感智能制造产业的专利申请人成功取得了国内传感智能制造领域的技术话语权。

从技术分支的角度看，高档数控机床分支 11 年间累计新增 6861 项专利，2012 年当年的相关专利量首次破千，是这一时期发展最为迅速的产业。这得益于我国机床企业的高速发展。一方面，我国机床厂在这一时期积极"走出国门",到发达国家进行技术并购。如沈阳机床在德国设立技术研发中心,大连机床、沈阳机床、北一机床分别并购 Ingersoll(美国)、Schiess(德国)和 Waldrich-Coburg(德国)等企业。另一方面,国内市场对中高档数控机床需求激增,机床企业加大产品研发力度,"十一五"期间金属切削机床中的数控机床产量达 72.8 万台,与"十五"期间相比增长 281%,产量数控化率从 2006 年的 15% 提高至 2010 年的 30%。

网络层工业互联网等技术领域在这一时期也取得了飞速发展。2010 年,腾讯开放平台接入首批应用,腾讯云正式对外提供云服务;华为公司依托其资本和云计算研发实力,于 2011 年发布华为云平台,开始面向广大企事业用户提供包括云主机、云托管、云存储等云服务和解决方案。物联网、云计算、大数据、人工智能等新技术的快速发展,推动着智能技术与制造技术的深度融合,促进了我国制造业新一轮的改革和转型。

(3)高速发展期(2015 年至今)

在这一时期,国家接连发布多项政策支持制造业智能化转型,地方政府也纷纷顺应政策趋势,提出本土化制造业智能化转型方针。伴随利好政策的导向和地方发展方针的扶持,越来越多的科研人员投身到传感智能制造产业相关技术的研发工作中,技术难关不断被攻克。如在 2021 年成功研发的高性能纳米薄膜金属基压力传感器达到了国际先进水平,意味着我国在高端压力传感器领域取得了重大突破,又一项"卡脖子"技术和产品实现了国产替代;决定工业机器人加工精度的 RV 减速器相关技术也在 2021 年获得突破性进展,摆脱了日本在该领域对我国的技术压制。在这一时期,2020 年在华专利布局量达到 16802 项,其中我国创新主体的申请量占比达到 96.4%,2021 年的占比更是达到了 99%,可见我国创新主体在国内市场已占据了主导地位。相信随着越来越多的技术难题被攻破,国内市场或将迎来新一波的发展高潮。

3.1.2 国家/地区分析

1. 主要国家/地区专利流向

从各国专利流向看,全球化专利布局趋势明显,我国存在明显专利流动"逆差"。

美、日、韩等发达国家有着明确的全球化专利布局的格局，而中国申请人基本只在本国布局，专利海外布局意识较差。数据显示，在中国申请的95363件专利中，在其他国家布局的仅有2883件，占比不足5%。反观美、日、韩三国和包括德国在内的欧专局，其专利申请人大量在本国以外的国家/地区布局，积极构建专利壁垒、抢占当地市场。中国是全球制造业大国，制造业增加值规模已连续十二年位居世界首位，2021年的制造业增加值规模达到31.4万亿元。由表3-1可以看出，为了抢占国内传感智能制造市场，以美国为首的发达国家/地区积极在我国进行专利布局，以期抢占国内市场，可见国内市场竞争极为激烈。其中，美国专利申请人共在我国布局了7562项传感智能制造领域专利，位居各国家/地区之首，欧盟各国位居其次（3744项）。

表3-1　传感智能制造产业五局流向情况　　　　　　　　　　　单位：项

国家/地区	中国（流出）	美国（流出）	日本（流出）	欧专局（流出）	韩国（流出）	总计（流入）
（流入）中国	92480	7562	3418	3744	589	107793
（流入）美国	1525	29641	6426	6348	1435	45375
（流入）日本	424	6203	23322	2621	419	32989
（流入）欧专局	732	10162	2795	6735	405	32989
（流入）韩国	202	2580	1606	1002	4617	10007
总计（流出）	95363	56148	20450	37567	7465	

2. 主要技术原创国产业布局

从主要技术原创国产业布局看，美国和日本仍位于价值链高端，我国技术层次结构存在一定劣势。

对传感智能制造相关专利的优先权国家进行分析后发现，专利数量排名前3的国家依次为中国、美国和日本，合计占全球相关专利近九成。

1）中国高档数控机床领域专利产出领先，射频识别RFID、伺服电机布局明显不足。

由图3-3可以看出，生产线领域，特别是高档数控机床方向，是中国专利申请人的重点研发方向，专利量高达40341项，实用新型专利占据了绝大多数。一方面，实用新型无须经过实质审查便可获得授权，相比发明申请而言技术含量低且专利稳定性差，实用新型的超高占比说明国内高档数控机床领域相关专利面临"量多而质不优"的窘境；另一方面，我国在该领域的专利多为机床构型、附属系统这两个技术门槛较低的方向，整体尖端技术专利占比较低。事实上，在该领域我国的技术先进度确实存在不足，例如我国在数控系统领域就长期受到日本"卡脖子"技术的压制，技术突破较为艰难。

此外还需要注意到，我国科研人员在射频识别RFID、伺服电机等领域的研发能力明显不足，技术先进度与外国有较大差距，还需各创新主体的持续投入和相关政策的扶持。

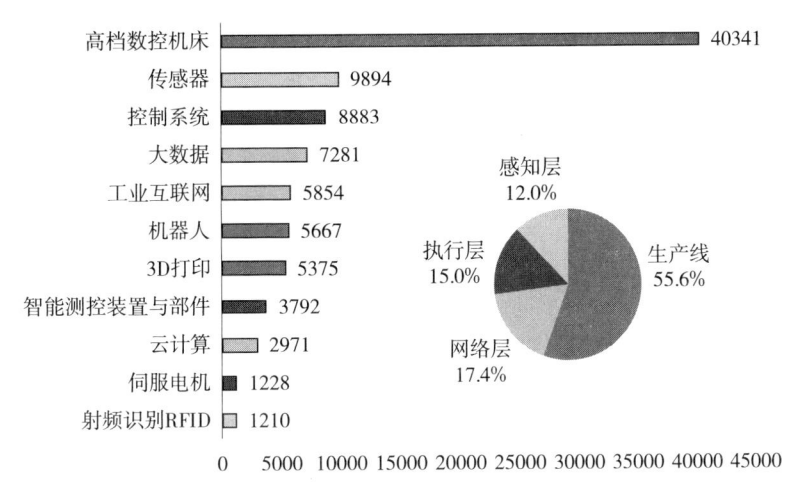

图3-3 中国传感智能制造产业二、三级分支的全球产业布局

2) 美国专利产出侧重于感知层和网络层，传感器领先优势明显。

由图3-4可以看出，尽管感知层仅有传感器和射频识别RFID两个三级分支，但合计专利占比却高达41.5%，特别是传感器这一分支的专利量以9979项专利的断层式差距位居申请量榜首。主要原因有以下两方面：首先，美国作为传感器的起源国家，其在传感器领域占据着绝对的技术先发优势；其次，美国出资近3亿美元推动传感器等制造业共性技术的发展，通过构建"小精尖"企业和巨头企业互补发展的优良发展架构牢牢把握住传感器这一传感智能制造业发展命脉。

除此之外，美国专利申请人对云计算、大数据等近年来新兴的网络层技术备受关注，相关专利量占比达到 33.9%。作为云计算和大数据技术的"先行者"，美国占据了市场主导地位，2017 年美国云计算市场占据全球 59.3% 的市场份额且增速高达 20%。亚马逊、微软、IBM 和谷歌公司是全球产业的四大巨头。其中，2017 年亚马逊 AWS 收入 175 亿美元，增速达到 43%，服务规模超过全球 IaaS 领域第 2~15 名厂商总和的 10 倍，数据中心布局美国、欧洲、巴西、新加坡、日本和澳大利亚等地，服务全球 190 个国家和地区。

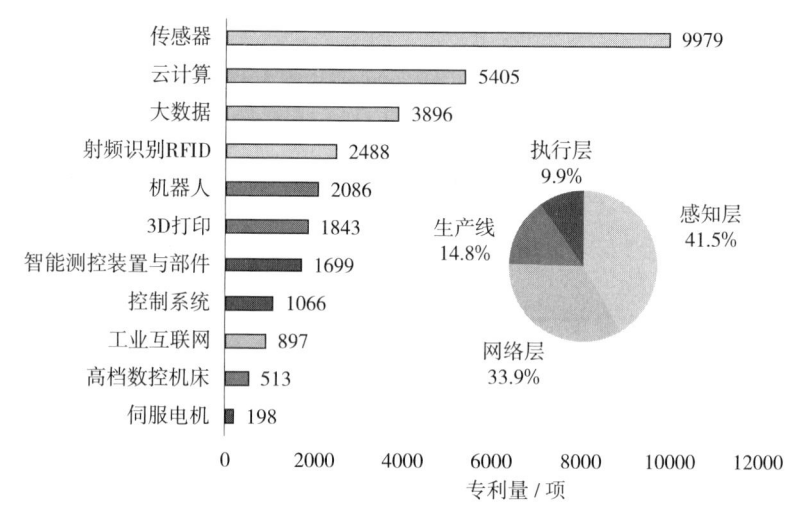

图 3-4　美国传感智能制造产业二、三级分支的全球产业布局

3）日本的研究领域主要集中于执行层和感知层，网络层布局明显不足。

由图 3-5 可以看出，日本专利申请人的研究领域主要集中于执行层，相关专利占比高达 45.8%。进一步下落到三级分支可以看出，伺服电机是主要的技术研发方向，专利申请人在该方向开展了大量技术攻关工作，产出专利众多。日本的数控机床和工业机器人全球闻名，全球营收排名前 10 位的机床制造商有 4 家来自日本，包括山崎马扎克、天田、大隈和牧野，日本工业机器人更是占到全球供应量的 45%，而伺服电机作为工业机器人和数控机床中的重要部件，在产业发展中起着重要作用。目前，日系机器人用伺服微电机以短小精致著称，以多摩川的 TBL-imini 系列伺服微电机为代表的伺服电机大量用于机器人制造领域。

值得注意的是，日本网络层的专利产出仅占 2.2%，大数据、云计算和工业互联网的专利产出均不足 300 项，远落后于美国和中国，可见日本网络层的发展明显不足。

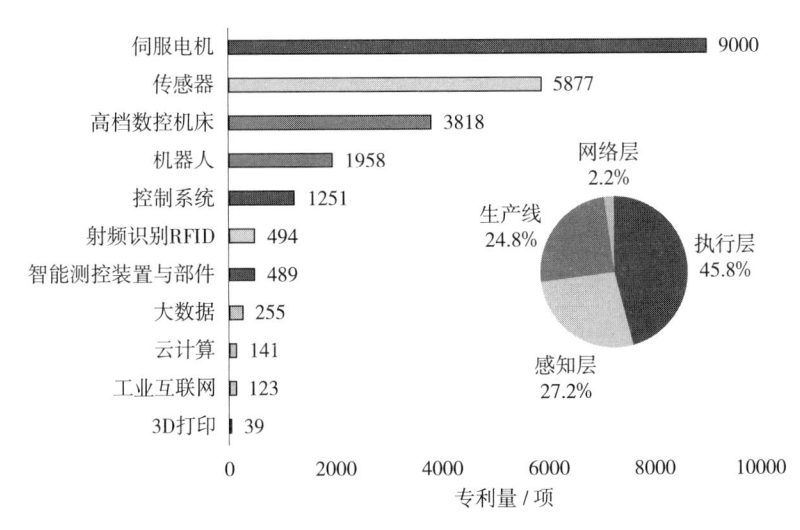

图 3-5　日本传感智能制造产业二、三级分支的全球产业布局

3. 主要国家市场壁垒

从主要市场国市场壁垒看，不同国家市场壁垒有较大差异，传感器是中、美、日市场共同的高壁垒技术。

通常来说，专利的最长保护期为自申请日起 20 年，考虑到国内专利包含实用新型这一申请类型，其技术含量较发明专利有所不足，且未经过专利实质审查阶段，专利稳定性也有待提高。因此本节仅针对中、美、日三国近 20 年有效发明专利申请量进行了筛选统计，如表 3-2 所示，并据此分析各国可能存在的专利壁垒。

表 3-2　各技术分支在不同国家的有效发明专利布局情况　　单位：项

二级技术分支	三级技术分支	近 20 年有效发明申请量（2002—2021 年）		
		中国	美国	日本
感知层	传感器	11160	12256	5604
	射频识别 RFID	1844	3254	1080

续表

二级技术分支	三级技术分支	近20年有效发明申请量（2002—2021年）		
		中国	美国	日本
网络层	云计算	3668	5904	556
	大数据	7269	4465	879
	工业互联网	3975	1693	418
执行层	控制系统	6131	1367	873
	智能测控装置与部件	3114	2188	619
	伺服电机	775	502	1583
生产线	高档数控机床	9105	1021	1450
	机器人	5207	3851	1868
	3D打印	5091	2864	734
合计		57339	39365	15664

从表3-2中可以看出，在中、美、日三个国家中，传感器专利申请量分别以11160项、12256项和5604项专利均位列各分支专利量第一；中国专利申请人侧重研发高档数控机床相关技术，专利量达9105项，云计算是美国专利申请人大力研发的方向，在该领域拥有近6000项专利（5904项），日本专利申请人则更多地将精力投入机器人（1868项）和伺服电机（1583项）领域。需要说明的是，虽然申请量并不等同于专利壁垒的数量，但是其一定程度上能够说明技术密集的程度，在一定意义上能够给予企业关于专利壁垒的启示。

以技术方向的角度来看，传感器在中、美、日三国都有较高技术壁垒，赛微电子、霍尼韦尔、欧姆龙等企业是该领域的市场霸主；射频识别RFID在美国专利壁垒较高，美国意联科技公司是行业内领先的供应商，其射频识别芯片、标签、阅读器和专业服务相关的技术及产品辐射全球；云计算在美国和中国专利壁垒较大，阿里巴巴、腾讯云、网易云以及美国亚马逊的AWS等企业的名声享誉全球；大数据、工业互联网在中国专利壁垒较大，以华为为首的中国企业依托自身技术实力在全球占据了较高的市场份额。此外，从专利数据中我们还可以看出，智能测控装置与部件在中国和美国技术壁垒较大，伺服电机在日本有较高专利壁垒而在中国进行技术布局则较为容易，3D打印则与之相反，在中国壁垒较高而在日本相对容易进行技术布控。

3.1.3 创新主体分析

1. 全球创新主体现状

从全球创新主体看，日、德、美老牌制造企业排位靠前，中国制造企业全球市场竞争力有待提高。

通过综合研判专利量、市场占比等多个因素，我们筛选得到了全球传感智能制造产业创新主体排名前15位的巨头企业清单，如表3-3所示。巨头企业是指对行业内其他企业具有很深的影响、号召力和一定的示范引导作用的企业。目前，全球传感智能制造产业排名前15位的支柱企业分布在中国（1家）、日本（7家）、美国（3家）、德国（2家）、韩国（1家）、瑞士（1家）。传感智能制造产业的专业性特点决定了企业具有市场集中度高、不同领域差异化、专业化竞争的特征，巨头企业充分利用专利布局抢占技术制高点，控制着核心技术和产品市场，专利实力与企业的市场竞争地位相一致。

表3-3 排名前15位的全球创新主体

排名	企业	国别	专利量/项
1	日立	日本	1699
2	三菱	日本	1386
3	西门子	德国	1267
4	发那科	日本	1109
5	东芝	日本	1024
6	伊姆西IP控股有限责任公司	美国	859
7	松下	日本	813
8	国家电网	中国	810
9	霍尼韦尔	美国	725
10	罗伯特·博世有限公司	德国	696
11	三星	韩国	670
12	ABB（瑞士）股份有限公司	瑞士	645
13	国际商业机器公司	美国	537

续表

排名	企业	国别	专利量/项
14	精工爱普生株式会社	日本	530
15	株式会社电装	日本	530

进一步地，我们以全球传感智能制造产业各领域专利申请人的申请量为依据，在各二级分支分别筛选出 3 家头部企业，如表 3-4 所示。可以看出，表中企业均来自美、日、德这三个传感智能制造产业强国，10 家企业中有 5 家为日本企业、3 家为美国企业，德国则有 2 家企业上榜。通过对这 10 家企业的市场地位进行调研，可以看出除思杰系统有限公司专注于云计算领域的技术研发外，其余 9 家企业的产品均覆盖多个领域。10 家企业中有 7 家企业入围全球 500 强，而思杰系统有限公司和发那科公司则是各自领域内的佼佼者，分别位列全球 100 家最具创新力的企业第 39 名和全球工业机器人企业第 1 名，同样具有强劲的市场竞争力。

表 3-4　全球传感智能制造产业各领域头部企业的相关专利量、产业地位及产品领域

二级分支	创新主体	国家	申请量/项	世界 500 强排名（2021 年）	主要产品涉及领域
感知层	日立集团	日本	546	95	传感器 射频识别 RFID 大数据 控制系统 智能测控装置与部件 伺服电机 高档数控机床
	霍尼韦尔国际公司	美国	455	374	传感器 智能测控装置与部件
	博世集团	德国	445	98	传感器 大数据

续表

二级分支	创新主体	国家	申请量/项	世界500强排名（2021年）	主要产品涉及领域
网络层	思杰系统有限公司	美国	463	—	云计算
	西门子	德国	414	150	大数据 工业互联网 控制系统 智能测控装置与部件 3D打印
	微软公司	美国	367	33	云计算 大数据
执行层	日立集团	日本	743	95	传感器 射频识别RFID 大数据 控制系统 智能测控装置与部件 伺服电机 高档数控机床
	三菱集团	日本	679	51	传感器 控制系统 智能测控装置与部件 伺服电机 高档数控机床 机器人
	东芝集团	日本	552	420	传感器 控制系统 伺服电机 高档数控机床

续表

二级分支	创新主体	国家	申请量/项	世界500强排名（2021年）	主要产品涉及领域
生产线	发那科公司	日本	632	—	控制系统 伺服电机 高档数控机床 机器人
	大隈股份有限公司	日本	378	—	高档数控机床
	三菱集团	日本	368	51	传感器 控制系统 智能测控装置与部件 伺服电机 高档数控机床 机器人

2. 重要创新主体专利布局

由表3-3我们获得了传感智能制造产业的巨头企业清单。本节以排名前三的三菱、日立和西门子公司作为研究对象，从专利、市场等角度进行多维度深入剖析，深入挖掘这三家巨头企业的专利布局及发展态势。

（1）三菱集团

三菱集团的产业主要集中在钢铁、电气、汽车领域，旗下的核心企业三菱电机成立于1921年，是一家有着近百年历史和深厚技术基因的制造企业。自1971年开始在传感智能制造领域有相关专利产出，累计申请专利1368项，执行层（包括控制系统、智能测控装置与部件和伺服电机）是其技术研发的重点领域，在1983年前后达到该领域的申请峰值，之后专利申请量有所下降，四大二级分支专利布局数量趋于均衡，如图3-6所示。2003年前后，三菱电机发布了e-Factory工厂自动化与信息化解决平台，融合自动化和IT技术，充分发挥"人、机器和IT的协同"，实现柔性生产，帮助企业推动并实现传感智能制造。在此之后，三菱集团进一步进行技术迭代，将"e-Factory"升级为"e&eco—factory"，为实现"在缺省基于PLC通信网关的工况下控制系统与工厂MES系统的无缝集成"奠定了扎实的技术基础。

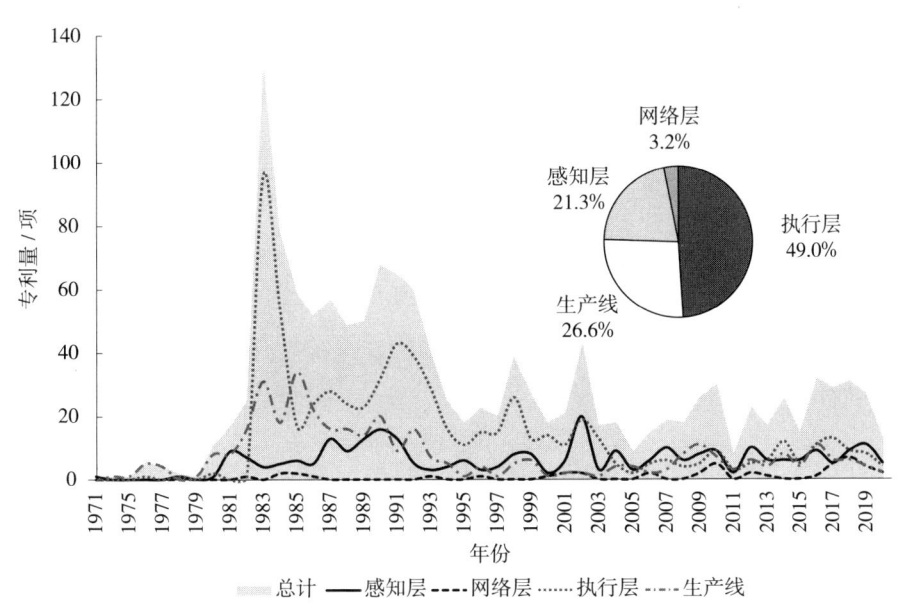

第3章 全球传感智能制造产业专利态势及发展方向

图3-6 三菱集团二级分支专利占比及发展趋势

（2）日立集团

日立集团积极在中国谋求发展，在中国设立了专门负责传感智能制造领域业务的产业系统事业统括本部。总的来看，日立集团的申请峰值也出现在20世纪80年代初期，在20世纪90年代后期回落明显，进入21世纪后，日立每年的专利申请量趋向于稳定，申请重点从执行层转向感知层，发展趋势如图3-7所示。

就传感智能制造领域技术分支的专利申请占比而言，日立集团重视执行层领域（包括控制系统、智能测控装置与部件和伺服电机）和感知层领域（包括传感器和射频识别RFID）的发展，研发出了MES（制造企业生产过程执行管理系统）和SCADA（数据采集与监视控制系统）等工业制造领域的智能系统。在这两个领域的专利量占总量的43.7%和32.1%。日立集团在传感智能制造领域的先进技术也得到了国内企业的认可。2014年，日立集团开始阶段性地为石药集团的3个车间导入MES和SCADA智能系统。在石药集团计划全面打造智能化工厂的需求下，日立集团与石药集团签订了深化传感智能制造战略合作备忘录，构建了长期战略合作伙伴关系。2019年5月，日立集团与石药集团以2个代表车间为对象共同开展了MES系统与SCADA系统的实施，辅助石药集团落实全集团的智能化工厂的建设工作。

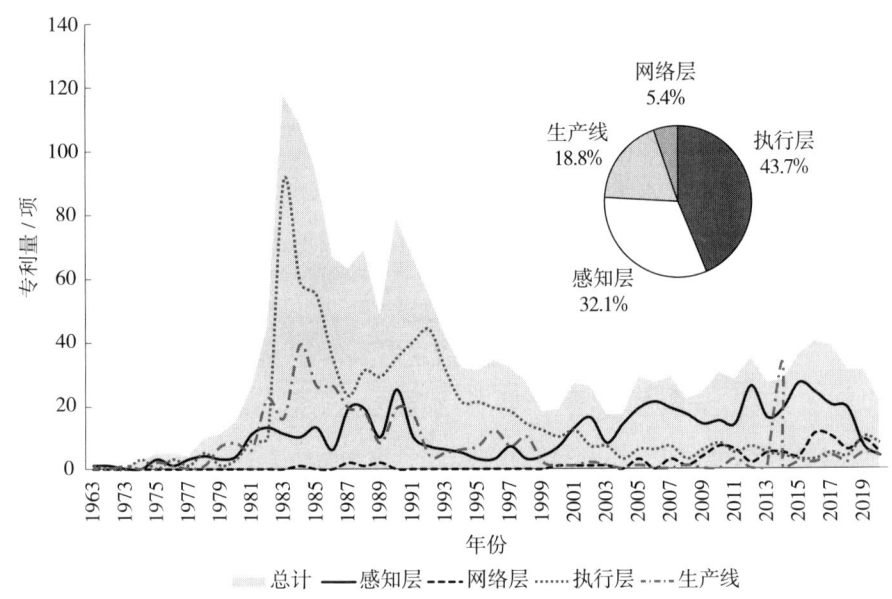

图3-7 日立集团二级分支专利占比及发展趋势

（3）西门子股份公司

作为德国首屈一指的大型跨国企业，西门子在德国工业4.0的进程中，承担了主要的推动者和领导者的角色，被认为是德国第四次工业革命的典范。不同于以往单纯依靠电气工程技术，西门子已将信息技术作为业务主驱动。其瞄准物联网、云计算、大数据等技术，集成了目前全球先进的生产管理系统，以及生产过程软件套件和各类硬件。如西门子产品生命周期管理（PLM）软件、工业设计软件（Comos）、全集成自动化工程软件（TIA）、过程控制系统SIMATIC PCS 7、仿真软件Simit和Teamcenter协同产品数据管理平台，这些数字化的企业软件共同构成了西门子工业4.0的解决方案。

从专利趋势来看，西门子公司在传感智能制造领域的年专利申请量在小幅波动中节节攀升，四大二级技术分支的专利量都呈现震荡中上涨的趋势，如图3-8所示。其中，执行层（包括控制系统、智能测控装置与部件和伺服电机）和网络层（包括云计算、大数据、工业互联网）是西门子公司的主要发展领域，相关专利占比高达 33.8% 和 32.7%。协同创新是西门子公司在研发过程中常采用的技术提升手段，西门子公司频频与中国的高校、企业进行技术合作研发。2022 年 1 月 13 日，西门子与同济大学签署合作框架协议，深化双方在科技创新和人才培养等领域的合作，基于共建的工程实践中心，该中心推动数字产业化，加强在"工业 4.0 及智能制造"方面的联合研发。2022 年 3 月 3 日，西门子与南京三迭纪医药科技有限公司（下称三迭纪）签署战略合作协议，双方建立了长期战略合作关系，西门子将为三迭纪提供自动化、数字化领域全球先进的技术解决方案与产品，助力其全球创新的 MED 3D 打印工艺的药物研发和生产设备的开发，共同推进中国制药技术的连续化、数字化和智能化发展。

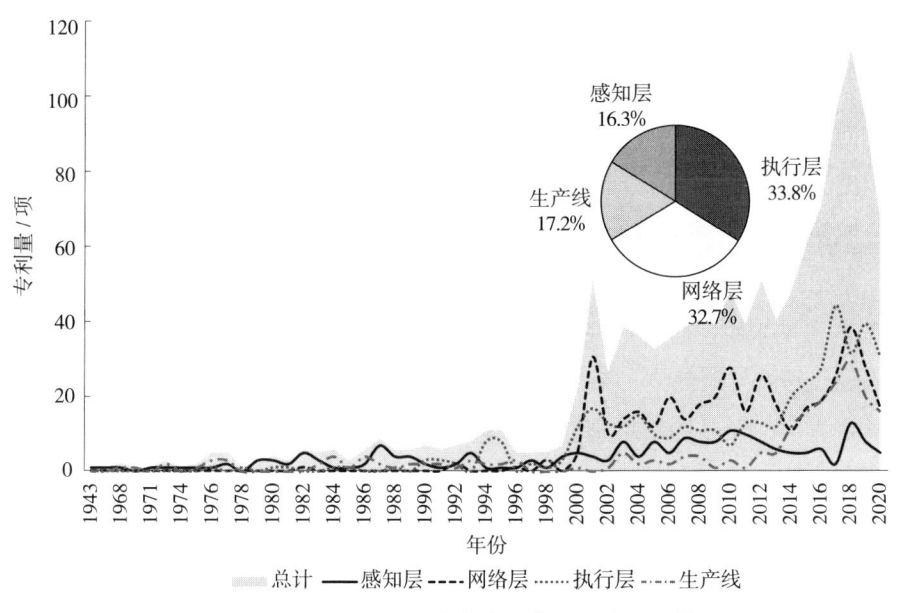

图 3-8　西门子二级分支专利占比及发展趋势

3.2　全球传感智能制造产业发展方向

本节以专利控制力为依据，通过分析全球、发达国家、龙头企业的产业结构调整方向明晰全球产业发展变化，结合关键产品突破方向，预测产业结

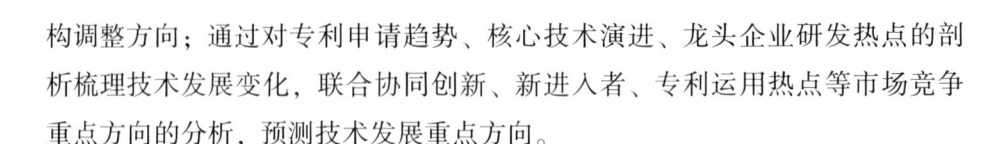

构调整方向；通过对专利申请趋势、核心技术演进、龙头企业研发热点的剖析梳理技术发展变化，联合协同创新、新进入者、专利运用热点等市场竞争重点方向的分析，预测技术发展重点方向。

3.2.1 产业链发展方向

1. 产业结构调整方向

1) 全球产业结构迎来大调整，网络层协同生产线增速换挡重构传统制造业创新体系。

早在1968年，美国发明家迪克·莫利（Dick Morley）便发明了可编程序控制器（PLC），并开始在通用汽车公司的自动变速器制造中部署它们，开启了控制器精确控制制造链中各个生产环节的时代，开始了传感智能制造的雏形。截至检索日，全球传感智能制造产业中感知层、网络层、执行层和生产线方面专利申请量分别为38633项、30560项、32097项和69375项。

图3-9展示了1971年之后传感智能制造产业的结构变化，从中可以看出，起初10年间感知层为重点发展方向，结构占比达到49.0%，其次为生产线，结构占比为34.1%，而网络层尚处于起步阶段，占比仅为1.3%。从近50年的发展来看，感知层经历了发展期和平稳期，并在2001—2010年协同网络层迎来一波发展热潮，结构占比达到40.9%，近10年来处于平稳阶段，结构占比为18.2%；网络层则经历了萌芽期和发展期，进入21世纪发展加快，结构占比从4.7%提升至20.0%，目前仍处于发展阶段，结构占比保持在近20.0%；执行层的发展高峰发生在20世纪80年代和90年代，结构占比均超40%，产品更新换代加快，随后进入平稳期，近10年来结构占比进一步减少，仅为15.1%；而生产线则经历了发展期和平稳期后，又进入发展高峰，2011年以来结构占比达到45.9%，较上一个10年增长了近26%，机器人和3D打印技术的发展可能是支撑生产线进入发展高峰的重要原因。总体来说，全球传感智能制造产业发展重心从感知层转向了生产线，同时网络层发展加速，目前全球传感智能制造产业形成了一个以生产线为主，感知层、网络层、执行层协同发展的格局，共同助力传感智能制造产业高质量发展。

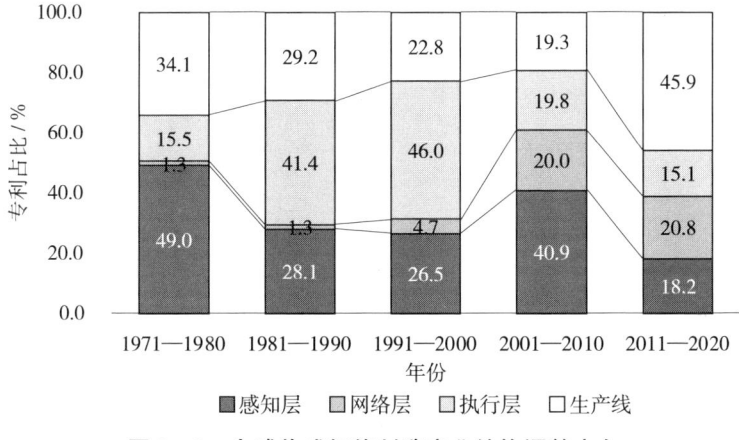

图 3-9 全球传感智能制造产业结构调整方向

2）发达国家产业结构受工业化进程影响，美、德加速发展网络层以构建智能生态体系，日本持续向感知层和生产线调整以提高生产力。

产业发展处于全球领先梯队的发达国家，其产业结构的发展一定程度上能反映产业发展特点，对产业结构未来调整方向的分析具有较强的借鉴意义。本节选取传感智能制造产业较为发达的美国、日本和德国作为分析对象，从中找出发达国家的产业发展特点。

第一，美国产业结构由感知层向网络层加速调整。美国是一个发达的工业国家，传感智能制造产业的发展也走在世界前列，在整个产业中，美国在感知层、网络层、执行层和生产线方面专利申请量分别为12467项、10250项、3229项和4603项。图3-10展示了1971年以来美国传感智能制造产业结构变化，可以看出，美国产业结构在1971—2010年一直偏向于感知层，甚至在1971—1980年的占比高达69.1%，并且美国在20世纪80年代初还成立了国家技术小组（BGT），帮助政府组织和领导大公司、国有企业和机构的传感器技术的发展，足见其对感知层极高的重视程度。

从美国近50年的产业结构发展来看，感知层逐渐成熟，从20世纪70年代初期的69.1%下降至近10年的29.2%。与感知层发展不同的是网络层，从20世纪70年代初期的3.3%持续增长，近10年间结构占比已达到42.9%，发展势头迅猛，而美国的GE公司也是最早提出工业互联网的企业。美国在执行层方面一直保持着一定的产业占比，发展高峰期集中在20世纪90年代，占比为21.4%。生产线方面则经历了从发展到平稳再到发展的变化，这可能与美国去工业化后又开始扶持实体工业有关。美国传感智能制造产业经历了感知层发展为核心到网络层为主体的过程，目前产业结构呈现以网络层发展为主，感知层和生产线并行稳定发展的态势。

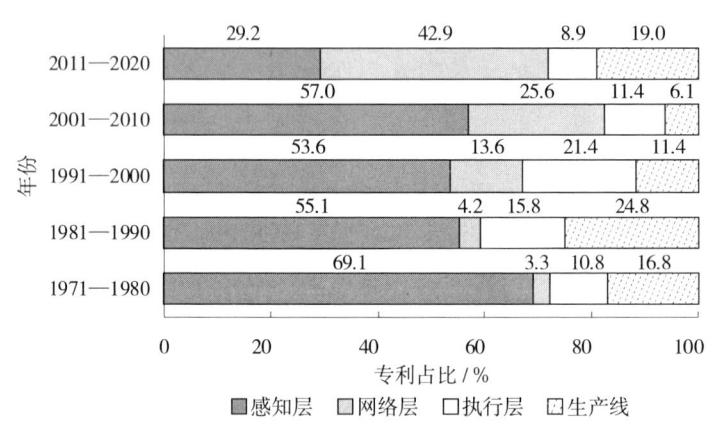

图3-10 美国传感智能制造产业结构调整方向

第二，日本产业结构由执行层向感知层和生产线调整，网络层发展缓不济急。日本凭借着坚实的工业基础以及政府的主导作用，在美国的大力支持下，成为仅次于美国的第二大经济体。据当时的数据统计，日本经济得以快速发展其中最主要的原因在于机床产业的出口，机床的出口直接带动了日本政治、经济、文化、教育等各个方面的发展。图3-11中日本在1971年传感智能制造产业结构变化也反映了这一点，高档数控机床所在生产线分支在20世纪70年代的结构占比中达到了40.7%，高档数控机床约占其中的91.6%。而伺服电机作为数控机床的重要部件，其所在的执行层分支也在日本传感智能制造产业结构中占据了重要位置，占比达到了26.2%，其中伺服电机约占其中的75.2%。另外，日本也十分重视感知层的发展，早在1979年的《对今后十年值得注意的技术》中就将传感器列为首位，结构占比达到32.9%。从申请量来看，日本在感知层、网络层、执行层和生产线方面专利申请量分别为6371项、519项、10757项和6235项，可见感知层、执行层和生产线均是日本较为关注的重点。

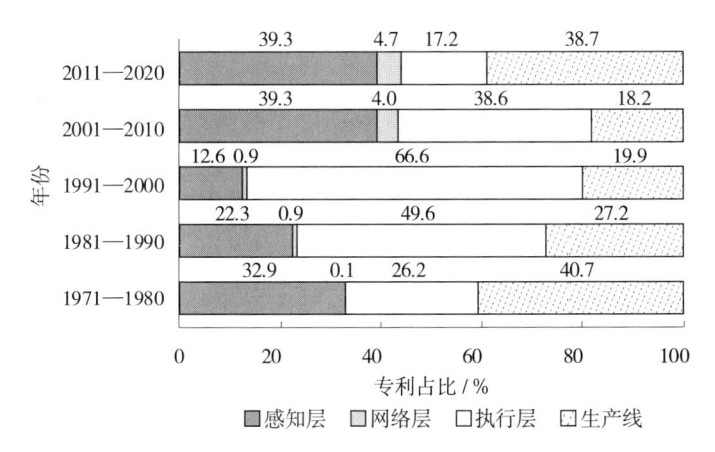

第 3 章　全球传感智能制造产业专利态势及发展方向

年份	感知层	网络层	执行层	生产线
2011—2020	39.3	4.7	17.2	38.7
2001—2010	39.3	4.0	38.6	18.2
1991—2000	12.6	0.9	66.6	19.9
1981—1990	22.3	0.9	49.6	27.2
1971—1980	32.9	0.1	26.2	40.7

图 3-11　日本传感智能制造产业结构调整方向

从日本近 50 年的产业结构发展来看，感知层在逐步成熟后又迎来二次发展，近 30 年结构占比逐步扩大，近 20 年则保持在 39.3%。网络层则一直保持着低速发展，50 年间结构占比从 0.1% 发展至 4.7%。执行层则经过了爆发式增长后趋于成熟，90 年代发展高峰时结构占比达到 66.6%。而生产线则是经历了稳定发展后，近 10 年间发展加快，目前占比达到 38.7%。总体来看，日本传感智能制造产业仍保持了生产线和感知层并重发展的产业格局，目前产业结构呈现生产线和感知层并行主导，执行层稳步发展的态势。总体来说，日本近 50 年的产业结构以部件设备发展为主，网络发展被忽略。

第三，德国产业结构坚持感知层主导地位，由生产线向网络层和执行层调整。生产线在 20 世纪 70 年代德国的产业结构中占据主导位置，占比达到 60.7%，这与德国在高档数控机床的投入密不可分，早在 1956 年德国便研制出了其第一台数控机床，此后开始了蓬勃的发展。20 世纪 70 年代的德国，其感知层在产业结构中也占据着不小的比例，达到 34%，一方面德国对传感器的发展极为重视，尤其在军用方面，一直将军用传感器视为优先发展的技术；另一方面得益于数控机床发展的需求。在德国的整个产业中，感知层、网络层、执行层和生产线方面专利申请量分别为 1800 项、1014 项、544 项和 1464 项，可见感知层和生产线在德国传感智能制造中的重要作用。

从德国近 50 年的产业结构发展来看，如图 3-12 所示，感知层一直保持着 30% 左右的结构占比。网络层则发展迅速，从 20 世纪 70 年代的 0.5% 发展至目前的 23.4%，这与德国工业 4.0 战略的实施密不可分，德国工业 4.0 战略的一个核心便是"智能+网络化"。执行层在近 40 年中一直保持着 10% 的结构占比。相比之下，德国生产线的发展让位于网络层，从 20 世纪 70 年代的 60.7% 回落至目前的 26.6%。然而事实上，不管是感知层还是生产线，德国制造的相关产品在市场上一直拥有较大的市场份额，德国生产线产业结构占比的下降恰恰说明了德国生产线技术逐渐成熟，发展稳定。总体来看，德国的产业结构经历了从生产线独大到感知层、网络层、执行层和生产线齐头发展的变化，目前德国产业结构中的网络层借助工业 4.0 战略开始腾飞，基础工业优势依然明显，感知层、网络层、执行层和生产线同步发展。

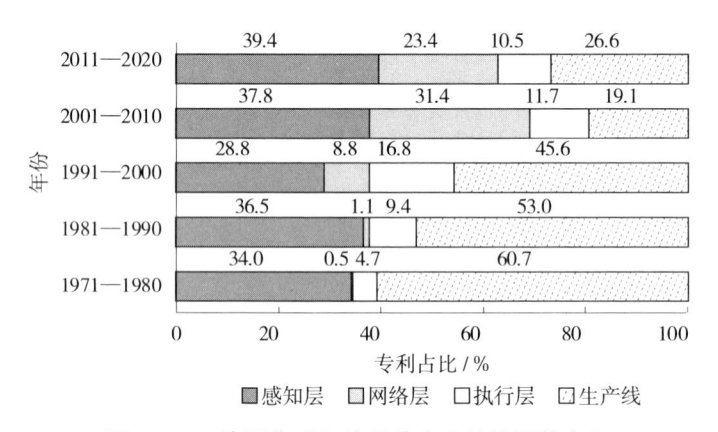

年份	感知层	网络层	执行层	生产线
2011—2020	39.4	23.4	10.5	26.6
2001—2010	37.8	31.4	11.7	19.1
1991—2000	28.8	8.8	16.8	45.6
1981—1990	36.5	1.1	9.4	53.0
1971—1980	34.0	0.5	4.7	60.7

图 3-12　德国传感智能制造产业结构调整方向

3）龙头企业产业结构差异化战略明显，网络层打开长期成长空间。

本节综合申请量排名、产业结构情况等选取了三家综合性企业，即日本日立、三菱和德国西门子做进一步分析，通过追踪三家企业的研发热点变化来获悉龙头企业的产业结构调整方向。下面将以 5 年为一个统计周期，分析三家企业近 30 年来的研发热度变化。

第一，日立产业结构中感知层强势发力，网络层渐有崛起。日立是一家日本的综合跨国集团，作为一家超级大企业，日立很早就打造出一个完整的工业体系，涉及的产业从核电站、铁路、军工，到家电、医疗、物流、通信、金融以及各种黑科技，如图 3-13 所示，涵盖了生活的方方面面。

图3-13 日立公司主营范围

从日立传感智能制造近30年的发展来看，如表3-5所示，20世纪90年代日立以执行层的技术发展为主，平均占比超60%，除此之外，生产线和感知层同步发展，相比之下，网络层尚处于技术起步阶段，结构占比不足1%。进入21世纪后，感知层占比迅速提高，并连续15年占比超60%，相应技术水平快速提高，如2015年日立推出了一款米粒大小的超小型传感器，能瞬间感知金属等材料发生的变化，可用于监控整个工厂设备。近5年来，日立的研发重点从感知层转向网络层，结构占比较上一个5年提升了10%，相关成果也较为丰富，于2016年推出了一款物联网平台产品Lumada，该产品提供了边缘装置与连线功能的整合、串流与批次资料的处理、进阶分析、人工智能、模拟工具、可重复使用的解决方案蓝图与企业服务。总体来看，日立的发展方向经历了从执行层到感知层再到网络层的转变，近5年各分支均有技术产出，相比而言感知层和网络层技术研发优势明显，或将成为日立未来一段时间内的发展重点。

表3-5 日立传感智能制造产业结构调整方向

企业	时间	二级分支				总体趋势
		感知层	网络层	执行层	生产线	
日立	1991—1995年	13.5%	0.0%	68.6%	17.9%	
	1996—2000年	18.2%	0.8%	55.3%	25.8%	
	2001—2005年	60.3%	5.2%	30.2%	4.3%	
	2006—2010年	65.2%	11.4%	22.7%	0.8%	
	2011—2015年	65.8%	14.2%	15.5%	4.5%	
	2016—2020年	44.6%	24.7%	19.9%	10.8%	

第二，三菱产业结构中感知层和生产线并行提速，网络层上行潜力显现。三菱集团已有100多年的历史，主营范围除了造船厂外，还涉及采矿、银行、保险、仓储、贸易、钢铁、玻璃、电气设备、飞机、石油和房地产等，在日本工业现代化的过程中扮演着举足轻重的角色。

三菱近30年的发展与日立相当，如表3-6所示，20世纪90年代初期的发展以执行层为重点方向，进入21世纪后转向感知层，随后的15年间感知层的结构占比始终在30%以上，近5年间网络层发展迅速，结构占比相比上一个5年提升了10.5%。三菱与日立相比而言，在产业结构上更加均衡，近5年中，感知层、执行层和生产线的结构占比相当，发展更加均衡。总体来看，三菱的发展经历了从执行层到感知层再到网络层的转变，未来三菱或将在保证感知层、执行层和生产线技术产出的同时，依旧将网络层作为发展重点。

表3-6 三菱传感智能制造产业结构调整方向

企业	时间	二级分支				总体趋势
		感知层	网络层	执行层	生产线	
三菱	1991—1995年	14.9%	0.5%	66.3%	18.3%	
	1996—2000年	19.4%	1.6%	64.3%	14.7%	
	2001—2005年	38.0%	3.7%	46.3%	12.0%	
	2006—2010年	36.1%	8.3%	26.9%	28.7%	
	2011—2015年	33.7%	3.4%	34.8%	28.1%	
	2016—2020年	28.5%	13.9%	33.6%	24.1%	

第三，西门子产业结构中执行层和生产线共振发展，网络层先发布局成果斐然。西门子是全球电子电气工程领域的领先企业，业务集中在工业、能源、医疗、基础设施与城市四大业务领域，至今已有近170年的历史。西门子作为欧洲的一家企业，其发展路径与日立、三菱有着明显的区别。

西门子在20世纪90年代的发展以执行层为主，结构占比达到40%以上，这期间西门子也连续发布了多款自动化系列产品，如1994年发布的自动化系列产品SIMATIC S7，1996年发布的过程控制系统SIMATIC PCS7等。20世纪90年代后期直到2010年，西门子的发展重点转向网络层，并在2016年展示了其网络层的代表产品——基于云端的开放式物联网操作系统MindSphere 3.0版本。随着网络层技术的发展，近10年间西门子有意将发展重点转向执行层和生产线，两者的产业结构相较于上一个5年均有大幅度的提升。总体来看，西门子的发展经历了从执行层到网络层，再到如今网络层、执行层和生产线同步发展的变化，如表3-7所示。

表3-7 西门子传感智能制造产业结构调整方向

企业	时间	二级分支				总体趋势
		感知层	网络层	执行层	生产线	
西门子	1991—1995年	22.7%	4.5%	47.7%	25.0%	
	1996—2000年	31.1%	20.0%	40.0%	8.9%	
	2001—2005年	14.1%	43.5%	36.6%	5.8%	
	2006—2010年	19.2%	47.2%	27.1%	6.5%	
	2011—2015年	13.4%	34.8%	36.4%	15.4%	
	2016—2020年	7.2%	27.4%	41.8%	23.6%	

2. 关键产品突破方向

从各三/四级分支看关键产品的突破方向，如表3-8所示，对各三/四级分支2001—2020年的年复合增长率进行统计，可见每一种产品均呈现增长的态势，说明传感智能制造产业近20年来广受各创新主体的重视，专利产出处于不断递增状态，市场竞争日趋激烈。

表3-8 传感智能制造产业三／四级产品分支年复合增长率

二级分支	三级分支	四级分支	2001—2020年申请量／项	年复合增长率
感知层	传感器	温度传感器	4681	6.0% ☆
		压力传感器	5359	3.7% ☆
		流量传感器	4275	2.1% ☆
		MEMS传感器	10397	14.7% ☆
	射频识别	读写器	2892	7.8% ☆
		电子标签	3874	9.7% ☆
网络层	云计算	基础设施即服务	3873	13.3% ☆
		平台即服务	2069	37.5% ☆
		软件即服务	3625	8.1% ☆
	大数据	数据采集	7280	18.4% ☆
		数据计算	3513	26.1% ☆
		数据挖掘	3255	12.9% ☆
	工业互联网	现场总线网络	4795	6.6% ☆
		工业以太网	2586	8.9% ☆
		工业无线网	1760	25.9% ☆
执行层		控制系统	980	12.4% ☆
		智能测控装置与部件	811	12.1% ☆
		伺服电机	304	1.9% ☆
生产线		高档数控机床	9049	23.3% ☆
		机器人	1505	18.1% ☆
		3D打印	1390	36.1% ☆

1）AI时代来临，小型化、智能化的MEMS传感器成为主流技术。

温度传感器、压力传感器、流量传感器是制造业常用的三类传感器，而MEMS传感器是指采用微电子和微机械加工技术制造出来的新型传感器，涉及电子、机械、材料、物理学、化学、生物学、医学等多种学科与技术。从四类传感器的发展来看，2005年后，MEMS传感器专利申请量逐渐超过其他三类传感器，成为传感器的主导产品，2020年在传感器中的占比更是超50%。

而温度传感器、压力传感器和流量传感器近 20 年来专利产出一直保持稳定增长，如图 3-14 所示。

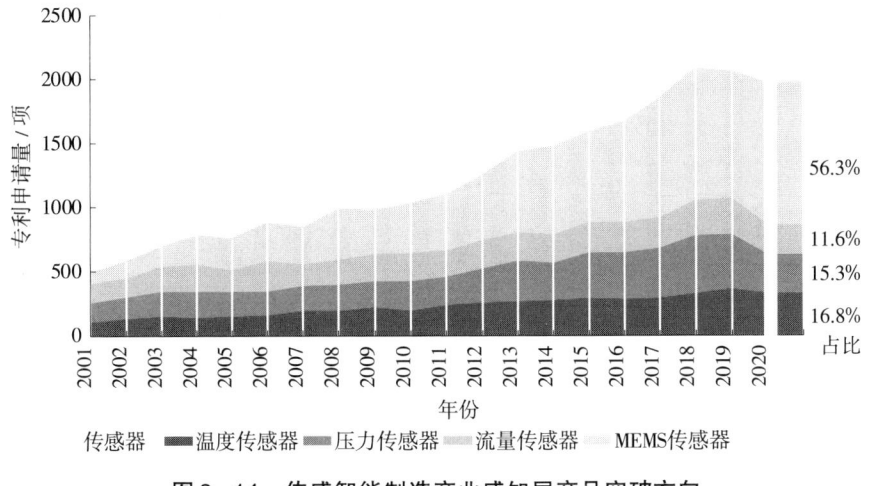

图 3-14 传感智能制造产业感知层产品突破方向

2）在 IaaS 和 SaaS 发展如火如荼之后，PaaS 迎来黄金发展期。

云计算包括基础设施即服务（IaaS）、平台即服务（PaaS）和软件即服务（SaaS），基础设施即服务通过 Internet 为用户提供基础资源服务和业务快速部署能力，此模式下消费者掌控操作系统、存储空间、已部署的应用程序及网络组件，但并不掌控云基础架构；平台即服务是构建在基础设施之上的软件研发平台，此模式下消费者使用主机操作应用程序，但并不掌控操作系统、硬件或运作的网络基础架构；软件即服务是一种通过 Internet 提供软件的模式，消费者使用应用程序，但不掌握操作系统、硬件或者网络基础架构。从三种服务的专利发展来看，PaaS 2012 年以来专利增速明显，IaaS 成熟度逐渐提升，SaaS 保持相对稳定，如图 3-15 所示，说明拥有一定自主设计权的服务更受市场青睐。

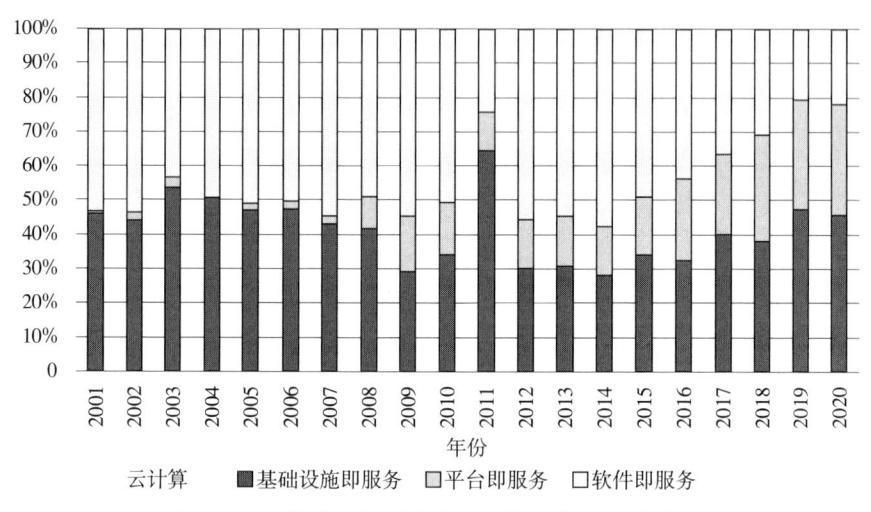

图 3-15　传感智能制造产业网络层产品突破方向

3）产业升级带来智能测控装置与部件新一轮增长，3D 打印牵手高档数控机床加速变革智能制造生产方式。

执行层主要包括控制系统、智能测控装置与部件以及伺服电机。控制系统是一个统称，用于描述不同类型的控制系统和相关仪器，包括用于操作和自动化工业过程的设备、系统、网络和控件，目前常见的有监控和数据采集（SCADA）系统、分布式控制系统（DCS）、过程控制系统（PCS）、可编程序控制器系统（PLC）等。控制系统的发展经历了 20 世纪 50 年代到 70 年代的数字化时期、80 年代的标准化时期、90 年代的电脑化时期、21 世纪初的网络化时期到 2010 年后的智能化时期。从图 3-16 所示的控制系统的发展也可以看出，控制系统在 2001 年后结构占比稳定，后进入智能化时期发展加速，目前处于稳定发展时期。控制系统是工厂自动化系统的重要组成部分，能通过各类的闭环控制技术确保过程变量遵循设定点，在执行层中占据重要位置。

智能测控装置与部件则以控制器为核心，将计算机技术和检测技术有机结合，不仅能解决传统仪表不易或不能解决的问题，还能简化仪表电路，提高仪表的可靠性，更容易实现高精度、高性能、多功能的目的。1983 年，美国霍尼韦尔公司向制造工业率先推出了新一代智能型压力变送器，这标志着模拟仪表向数字化智能仪表的转变。从图 3-16 可以看出，进入 21 世纪后，智能测控装置与部件一直保持着稳定的结构占比，近 5 年间结构占比有所增长，这与微电子、计算机、网络和通信技术的飞速发展密不可分，如5G技术的发展。

伺服电机起步也较早，1978年便进入了实用化阶段，到20世纪80年代中后期，各公司都已有完整的系列产品，如日本安川电机的D系列、R系列。2015年以来，由于下游行业工业机器人的兴起，成为全球伺服电机需求量增长的新动力，2020年全球伺服电机年需求量为3873万台，同比增长3.2%。

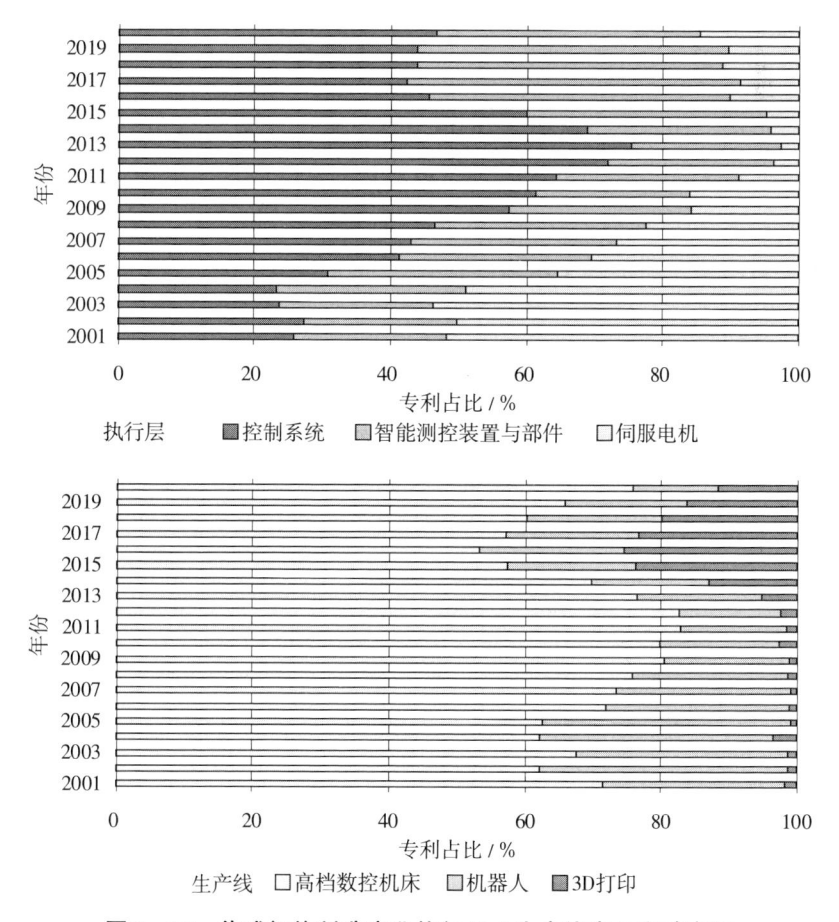

图3-16 传感智能制造产业执行层/生产线产品突破方向

生产线主要包括高档数控机床、机器人和3D打印。高档数控机床是工业生产制造中不可或缺的设备，它使生产变得更有效率。数控机床研究起步较早，在1952年美国麻省理工学院就成功研制出世界上第一台数控铣床，之后数控机床迎来快速发展。从图3-16可以看出，近20年来高档数控机床在传感智能制造产业生产线中扮演着重要角色，每年的专利产出占比均超过50%，尤其是近5年来结构占比得到了进一步提升，目前已超70%。机器人与数控机床的发展几乎同步，1954年美国戴沃尔便提出了工业机器人的概念，并在1959于美国诞生了第一台工业机器人，开创了机器人发展的新纪元。目前工业机器人主要应用在焊接、搬运、码垛、装配等领域，也可与机床配套使用，工业机器人近20年来的发展趋向于平稳，近10年来的结构占比均在10%左右。3D打印的发展较晚，1986年才开发出第一台商业3D印刷机，而3D打印在工业上的应用还得推迟到2010年左右，2010年第一辆3D打印机打印出的汽车Urbee才问世，从图3-16中也可看出，3D打印在传感智能制造产业的大规模发展从2012年后才开始。从上述分析可以看出，生产线的发展依然以高档数控机床为主，机器人和3D打印协同发展。

3.2.2 创新链发展方向

1. 技术发展热点方向

1）从专利申请趋势看，大数据、高档数控机床和机器人是当前以及未来几年的研发热点。

图3-17以3年为一个统计周期，展示各三级分支近20年的申请量变化趋势。可以看出，各三级分支总体均呈现稳步增长的态势，其中如传感器、射频识别、工业互联网、智能测控装置与部件以及3D打印分支近3年申请量略有回落，这一方面与专利公开时间有关，另一方面可能与相关技术的成熟度有关，如具备信号输出的传感器最早可追溯到19世纪70年代，由西门子制造出的第一支铂电阻温度计，经过百余年的发展，传感器技术早已成熟并且向着无线、智能方向发展，相应的专利产出减缓。相应地，大数据、高档数控机床和机器人三个技术分支近3年增幅明显，申请量分别为5215项、22323项和4059项，分别是上一个3年的1.6倍、2.2倍和1.1倍，且从近20年的发展趋势看处于连续增长状态，可见大数据、高档数控机床和机器人或是未来几年的发展热点。

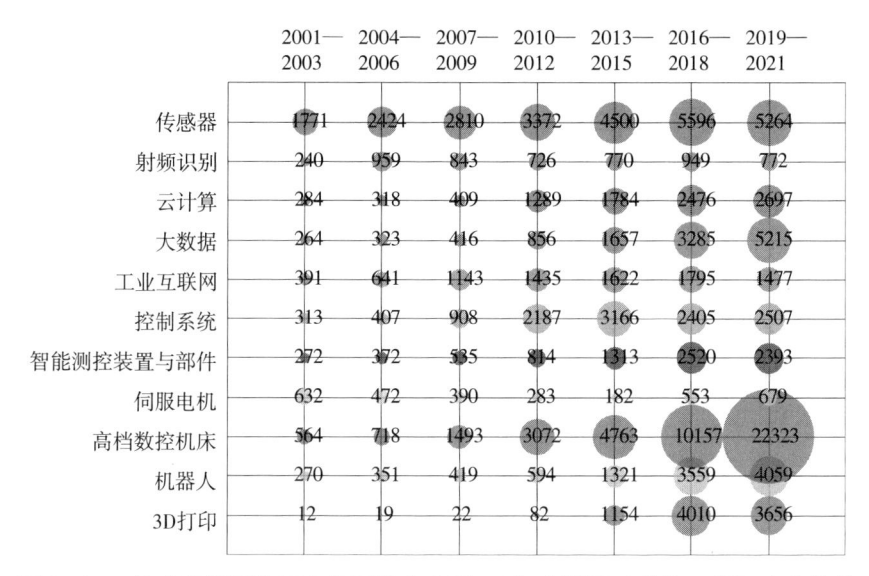

	2001—2003	2004—2006	2007—2009	2010—2012	2013—2015	2016—2018	2019—2021
传感器	1771	2424	2810	3372	4500	5596	5264
射频识别	240	959	843	726	770	949	772
云计算	284	318	409	1289	1784	2476	2697
大数据	264	323	416	856	1657	3285	5215
工业互联网	391	641	1143	1435	1622	1795	1477
控制系统	313	407	908	2187	3166	2405	2507
智能测控装置与部件	272	372	535	814	1313	2520	2393
伺服电机	632	472	390	283	182	553	679
高档数控机床	564	718	1493	3072	4763	10157	22323
机器人	270	351	419	594	1321	3559	4059
3D打印	12	19	22	82	1154	4010	3656

图 3-17 传感智能制造产业各三级分支近 20 年申请量（单位：项）变化趋势

2）从核心技术演进看，传感器、射频识别、云计算和大数据已形成一定技术壁垒。

引用次数和同族专利数是国内外学者进行核心专利筛选的常用指标。专利对现有技术的引用体现了科学和技术发展规律，同样体现了科学、技术的累积连续性与技术传承性，还体现了学科之间及技术领域间的交叉和渗透，因而高度关注和重视专利引文的价值，尤其重视专利被引频次。同时，随着申请专利保护国家数量的增加，专利成本也在增加，因此所申请的专利必须具有经济价值、高技术质量的特性，因而同族专利数量在一定程度上反映出这项技术的重要性。本小节从引用次数和同族专利数出发，筛选出同族专利被引数大于 10 次且同族专利量大于 20 项的专利作为传感智能制造产业的核心专利进行分析，通过关注这些重点专利文献，统计分析其中记载的该技术方向上的核心技术或者基础技术分布情况，能够为技术发展热点方向研判提供有益参考。

图 3-18 中展示了各三级分支的重点专利申请量以及各分支重点专利申请量占各分支专利申请总量的比例。从重点专利申请量看，传感器一骑绝尘，重点专利申请量达到 980 项，是其他分支的 2 倍以上。结合重点专利占比来

看，传感器的占比排名第四，仅次于射频识别、大数据和云计算，由此可见，传感器技术含量高且传承性强，是核心技术的演进热点。除了传感器，射频识别、云计算以及大数据的重点专利申请量仅次于传感器，且重点专利申请量占比位列前三，可见不管在重点专利申请量还是重点专利申请量占比方面均占据优势，说明这三个分支技术门槛高，存在一定技术壁垒，是未来需要各创新主体持续关注的技术分支。

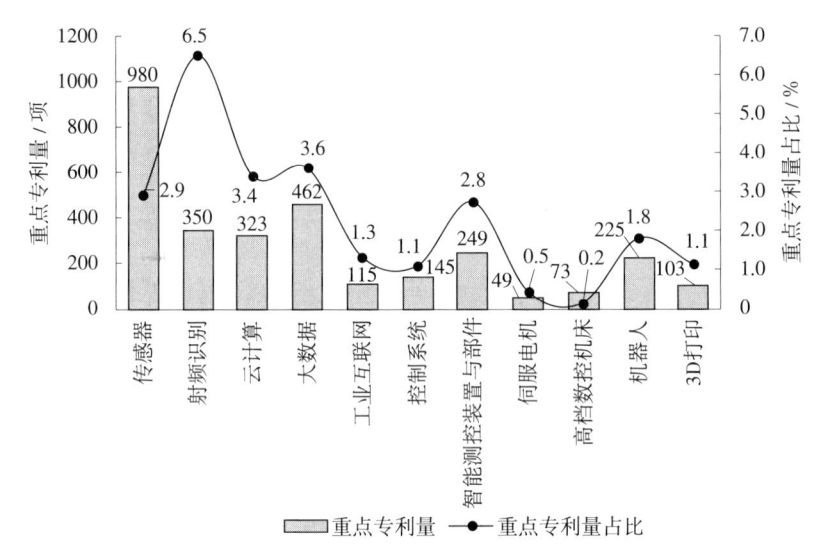

图3-18 传感智能制造产业各三级分支重点专利量和占比情况

3）从龙头企业布局看，日立、三菱和西门子十分看好大数据和3D打印的发展。

本小节依然选取了日立、三菱和西门子三家龙头企业自2016年后的各分支新申请量及新申请占各分支的比例来分析龙头企业的研发热点。从前述章节的分析可知，日立和三菱在2001—2015年一直将感知层作为研发热点，日立在这15年中在感知层的产出占比甚至超60%，而西门子早期的研发热点一直放在执行层，1996—2010年转向网络层，近5年间执行层略有增长的趋势。

结合表3-9中数据可以看出，日立和三菱近些年在感知层的专利产出仍超过其他分支，尤其是在传感器分支，申请量分别达到75项和38项；而西门子在执行层的产出也是其他分支之最，仅智能测控装置与部件分支的新申请量就达到了142项,可见西门子对执行层的研发热情之浓。从新申请占比看,三家龙头企业少有地表现出了高度的一致性,网络层大数据分支的新申请占比均超50%,3D打印的新申请占比均超70%,同时西门子在机器人方面的新申请占比也达到了60.7%,这与三家企业近些年的产业发展方向大致相同。总体来说,三家企业近些年在保持优势技术的同时,纷纷投向大数据和3D打印方面,可见十分看好大数据和3D打印的发展。

表3-9 传感智能制造龙头企业研究热点方向

二级分支	三级分支	日立 新申请量/项	日立 占比/%	三菱 新申请量/项	三菱 占比/%	西门子 新申请量/项	西门子 占比/%
感知层	传感器	75	14.9	38	14.1	29	15.9
感知层	射频识别	1	2.3	1	4.0	5	20.0
网络层	云计算	2	15.4	0	0.0	7	30.4
网络层	大数据	34	53.1	17	51.5	70	65.4
网络层	工业互联网	5	35.7	2	28.6	55	19.1
执行层	控制系统	16	9.4	26	24.8	67	46.5
执行层	智能测控装置与部件	18	36.0	16	26.7	142	42.8
执行层	伺服电机	0	0.0	5	1.0	8	47.1
生产线	高档数控机床	4	1.7	8	3.1	18	22.8
生产线	机器人	9	8.6	19	14.3	51	60.7
生产线	3D打印	5	100.0	6	85.7	44	74.6

2. 市场竞争重点方向

1) 从协同创新看,传感智能制造市场竞争激烈,工业互联网、控制系统、传感器领域尤为突出。

协同创新申请是指由两个或两个以上申请人共同合作完成一项专利技术的研发创新并共同申请专利的专利申请。需要协同创新的技术往往具备较高的技术门槛,市场竞争更加激烈,通常是产业发展的重要技术方向。

图3-19展示了传感智能制造产业各三级分支协同创新申请量及协同创新

占比情况，可以看出，传感器的协同创新申请量最大，达到2676项，是众多创新主体的竞争热点，其他技术分支的创新申请量均在1000项上下。而从协同创新占比看，有9个技术分支的占比在7.0%及以上，说明传感智能制造产业具备一定的技术门槛，一定程度上阻断了实力较弱创新主体的进入，市场主要由较强实力创新主体把控，市场竞争将尤为激烈。其中，工业互联网和控制系统的协同创新占比最高，分别为9.8%和9.4%，可见上述分支逐渐受到各类研究主体的重视，通过联合攻关向该技术方向持续投入，并通过联合申请形式对技术加以保护。

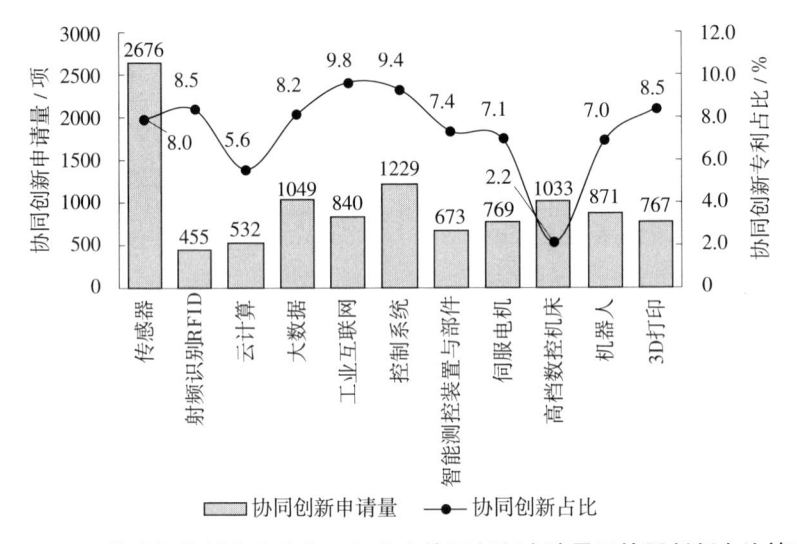

图3-19 传感智能制造产业各三级分支协同创新申请量及协同创新占比情况

2）从新进入者看，3D打印、高档数控机床、大数据和机器人具备更强的市场吸引力。

产业发展全过程都伴随着创新主体的不断加入和退出，尤其是在产业发展的成长期，不断有新企业加入竞争中来，因此从产业新进入者的数量分布中，可以看出产业竞争的重点和热点方向。本小节统计了2016年开始在传感智能制造方面进行布局的新创新主体（新进入者）数量及新进入者占各分支申请人总数的比例情况。

如图3-20所示，高档数控机床的新进入者数量最多，达到了13053位，占比也达到了68.9%，可见随着高档数控机床市场需求的增长，越来越多的创新主体加入了高档数控机床的市场竞争中。从新进入者占比看，3D打印以80.1%的占比位列第一，这与3D打印技术起步较晚、市场前景广阔、吸引力大有关。最早的商业性3D打印制造技术在1986年由美国发明家查尔斯·赫尔兴起，而数控机床以及机器人的技术发展最早可追溯到20世纪50年代，相比于3D打印技术早了近30年。除高档数控机床和3D打印外，大数据和机器人均吸引了众多新进入者的参与，相比于机器人，大数据的起步也较晚，出现于20世纪90年代，也表现出很强的市场吸引力。

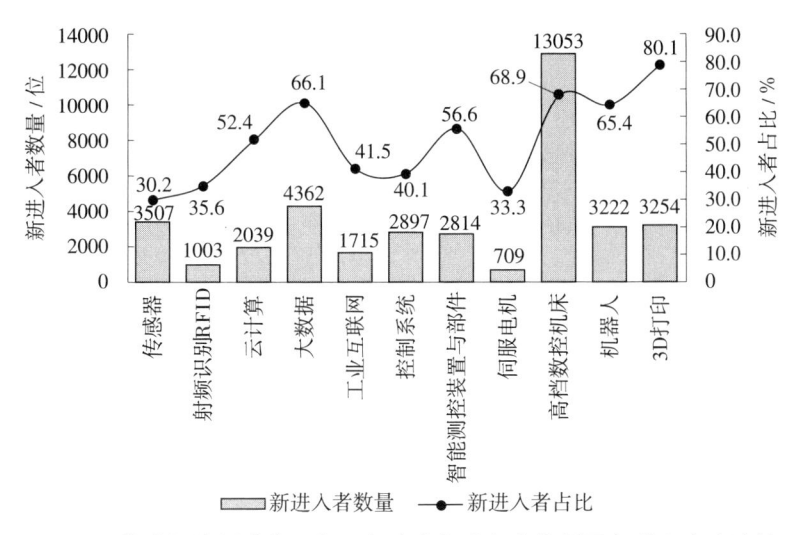

图3-20 传感智能制造产业各三级分支新进入者数量及新进入者占比情况

3）从专利运营看，云计算领域专利多元变现成亮点，专利转让成为传感器、射频识别和伺服电机的有效"创造"方式。

专利运营是指专利权人对专利权的资本管理与运作，主要包括诉讼、许可、质押、转让等方式。专利运营的活跃程度从一个侧面反映了创新主体或技术方向的创新生命力，还能体现该创新主体的综合技术实力，表3-10展示了各三级分支的专利运营情况。

表 3-10 传感智能制造产业各三级分支专利运营热点方向

二级分支	三级分支	转让	质押	许可	诉讼	无效	专利运营事件合计占比
感知层	传感器	29.0%	8.4%	2.4%	0.4%	0.1%	36.0%
	射频识别	28.8%	12.8%	1.3%	0.7%	0.2%	38.1%
网络层	云计算	34.0%	39.1%	0.5%	0.3%	0.1%	58.1%
	大数据	16.3%	6.6%	0.7%	0.4%	0.0%	20.9%
	工业互联网	18.8%	4.4%	2.0%	0.2%	0.0%	22.9%
执行层	控制系统	14.5%	1.8%	1.3%	0.2%	0.1%	16.8%
	智能测控装置与部件	14.8%	3.2%	1.0%	0.4%	0.1%	17.7%
	伺服电机	39.3%	0.7%	0.6%	0.4%	0.1%	40.2%
生产线	高档数控机床	17.5%	2.4%	1.2%	0.2%	0.1%	20.6%
	机器人	19.5%	3.7%	0.8%	0.0%	0.0%	22.6%
	3D打印	14.0%	2.1%	1.4%	0.2%	0.0%	16.8%

从各三级分支的专利运营类型来看，转让是最活跃的运营活动，如云计算、伺服电机的转让占比分别达到34%和39.3%，传感器和射频识别的转让率也接近30%，说明这四个分支相比于其他分支来说市场竞争更加激烈，各创新主体希望通过购买垄断专利来获得市场份额。质押活动的活跃度仅次于转让，其中云计算的质押占比高达39.1%，这可能与云计算领域中的企业大多为成长速度快但更容易出现流动资金不足的互联网企业有关。

从各技术分支看，云计算的运营活跃度最高，运营事件合计占比高达58.1%，其次为伺服电机，合计占比也达到了40.2%，射频识别和传感器凭借38.1%和36.0%紧随其后。从中可以推测出，云计算分支中参与竞争的新兴企业较多，需要通过购买或质押自身专利来抢占市场份额或回笼发展资金；伺服电机、传感器和射频识别行业技术门槛高，业内企业更希望以购买专利的手段来提升自身技术水平。

3.3 小结

1. 全球传感智能制造产业专利态势

1）从申请趋势来看，全球产业进入高速发展期，政策利好国产化步伐加快。

传感智能制造是制造业未来的发展方向，全球传感智能制造领域近年来飞速发展，相关技术专利申请整体稳步上升。截至检索日，将全球传感智能制造领域相关专利按扩展同族取一后，共有167685项专利代表。从专利增长趋势来看，2009年后传感智能制造产业迈入高速发展期，相关专利申请量实现井喷式增长，10年间专利申请量累计增加31616项。

就国内而言，国内传感智能制造产业发展起步略晚于全球水平。2005年国务院正式印发《中国制造2025》，随后出台多项政策支持制造业智能化转型，地方政府也纷纷顺应政策趋势，提出本土化制造业智能化转型方针，激发了市场的活跃度，相关专利申请量骤增，在18年间共新增91670项专利。可以预见，国内传感智能制造产业相关专利量还将进一步增加。

2）从国家势力来看，不同国家市场壁垒有较大差异，美国和日本仍位于价值链高端，我国存在明显专利流动"逆差"。

经统计，专利数量排名前3位的国家依次为中国、美国和日本，合计占全球相关专利的近九成。中国是全球制造业大国，以美国为首的发达国家（地区）积极在我国进行专利布局，以期抢占国内市场。具体到三级分支来看，由于产业发展起步较早且专利研发门槛相对较低，生产线领域的高档数控机床方向是中国专利申请人的重点研发方向，累计申请专利40341项。但在射频识别RFID等感知层基础领域和云计算等新兴网络层领域，我国科研人员的研发能力有所不足，累计专利申请量不足3000项，突破"卡脖子"技术仍须努力。作为传感器的起源国家，美国在传感器领域占据着绝对的技术先发优势，政府出资近3亿美元推动传感器等制造业共性技术的发展，累计在中国、日本、德国等多国申请了9979项专利，构建了坚实的专利壁垒，牢牢把握住了传感器这一制造业的发展命脉；日本为了解决社会老龄化的问题，将自身的发展重点着眼于机器人和伺服电机这一机器人领域的核心零件,分别累计申请专利 1958 项和 9000 项。

3)从创新主体来看,日、德、美老牌制造企业排位靠前,中国制造企业全球市场竞争力有待提高。

当前,全球传感智能制造产业发展形势火爆,创新和应用成果此起彼伏。专利申请人方面,各二级分支排名前三的申请人均为企业申请人。在 10 家企业中有 4 家为日本企业、3 家为美国企业,德国和中国则分别有 2 家和 1 家企业上榜。10 家巨头企业中有 7 家进入了世界 500 强,其余企业也在各自的技术分支上获得了不菲的成就。这些业内巨头企业,充分利用专利布局抢占技术制高点,控制着核心技术和产品市场,专利实力与企业的市场竞争地位相一致。

2. 全球传感智能制造产业发展方向

(1)产业链发展方向

1)全球产业结构迎来大调整,网络层协同生产线增速换挡重构传统制造业创新体系,发达国家受工业化进程影响,龙头企业差异化战略下发展重心各有不同。

全球传感智能制造产业的生产线自 2011 年后进入发展高峰,结构占比达到 45.9%,较上一个 10 年增长了近 26%,是目前产业的发展重心;网络层在进入 21 世纪后发展加快,结构占比从上一个 10 年的 4.7% 提升至 20%,并在 2011 年后保持在 20.8%。

美国、日本和德国均具备坚实的工业基础,是全球排名靠前的工业强国。美国传感智能制造产业近 50 年来感知层的发展让步于网络层,网络层的结构占比从 20 世纪 70 年代的 3.3% 上升至近 10 年的 42.9%,同时感知层的结构占比从 69.1% 下降至 29.2%。日本传感智能制造产业在 20 世纪 70 年代呈现感知层、执行层、生产线并行发展的格局,近 50 年来,执行层曾一度爆发式增长,20 世纪 90 年代占比达到 66.6%,近 10 年来感知层结构占比下降至 17.2%,总体依然呈现感知层、执行层、生产线并行发展的格局。德国感知层发展稳定,近 50 年来一直保持着 30% 左右的结构占比,而生产线发展逐渐让步于网络层,目前呈现感知层、网络层、执行层和生产线齐头发展态势。

日立、三菱和西门子是传感智能制造领域的佼佼者，日立近10年来发展重点从感知层转向网络层，网络层近5年的结构占比提升10.5%。三菱的发展趋势与日立保持同步，近5年的发展重点也转向网络层，结构占比较上一个5年也提升了10.5%。西门子的发展侧重点则有所不同，2001—2010年一直以网络层的发展为主，近10年间发展势头更加偏向于执行层和生产线。

2）小型化、智能化的MEMS传感器成为主流技术，PaaS迎来黄金发展期，产业升级带来智能测控装置与部件新一轮增长，3D打印牵手高档数控机床加速变革智能制造生产方式。

感知层中制造业常见的温度传感器、压力传感器、流量传感器近20年来专利产出一直保持稳定增长。而2005年后，MEMS传感器专利申请量逐渐超过其他三类传感器，成为传感器的主导产品，2020年在传感器中的占比超50%，发展势头迅猛。

网络层中云平台包括基础设施即服务（IaaS）、平台即服务（PaaS）和软件即服务（SaaS），从三种即服务的发展来看，平台即服务增速明显，软件即服务成熟度逐渐提升，基础设施即服务保持相对稳定，说明拥有一定自主设计权的服务更受市场青睐。

执行层中智能测控装置与部件发展有赖于计算机与网络的发展，并随着计算机和网络的发展而发展，尤其是在2010年后，随着工业物联网、工业互联网的兴起，两者的结构占比有了进一步的提升。

生产线主要包括高档数控机床、机器人和3D打印。近20年来高档数控机床在传感智能制造产业生产线中扮演着重要角色，每年的专利产出均超过50%，尤其是近5年来结构占比得到了进一步提升，目前已超70%。工业机器人近20年来的发展趋向于平稳，近10年来的结构占比均在10%左右。3D打印在传感智能制造产业的大规模发展从2012年后才开始，目前工业应用前景良好。

（2）创新链发展方向

1）大数据、高档数控机床和机器人研究热度不断攀升，传感器、射频识别、云计算和大数据技术壁垒已现，龙头企业看好大数据和3D打印的发展。

大数据、高档数控机床和机器人近20年来呈现连续增长态势，且近3年增幅明显，申请量分别为5215项、22323项和4059项，分别是上一个3年的

1.6倍、2.2倍和1.1倍,可见大数据、高档数控机床和机器人的研究热度不断攀升。传感器重点专利申请量一骑绝尘,达到980项,是其他分支的2倍以上,而射频识别、云计算以及大数据不管在重点专利申请量还是重点专利申请量占比方面均占据优势,说明这四个分支专利技术壁垒较高,技术突破难度大,是未来需要各创新主体持续投入的技术分支。日立、三菱和西门子2016年后在传统优势技术上仍保持着较高的申请量,除此之外,网络层大数据分支的新申请占比均超50%,3D打印的新申请占比均超70%,可见十分看好大数据和3D打印的发展。

2) 传感智能制造市场竞争激烈,3D打印、高档数控机床、大数据和机器人具备更强的市场吸引力,云计算行业专利多元变现成亮点,专利转让成为传感器、射频识别和伺服电机的有效"创造"方式。

传感智能制造产业的十一个分支中约有九个技术分支的协同申请量占比超7.0%,说明传感智能制造产业具备一定的技术门槛,一定程度上阻断了实力较弱的创新主体的进入,市场主要由实力较强的创新主体把控,竞争将尤为激烈。其中,高档数控机床的新进入者数量最多,达到了13053位,占比也达到了68.9%,3D打印和大数据作为新兴的技术,市场吸引力较大,分别以80.1%和66.1%的新进入者占比位列第一和第三,机器人的新进入者占比也达到了65.4%。云计算质押活动活跃,质押占比达到了39.1%,专利变现需求较大,另外,云计算、伺服电机的转让占比分别达到34%和39.3%,传感器和射频识别的转让率也接近30%,可见这四个分支相比于其他分支来说市场竞争更加激烈,各创新主体希望通过购买垄断专利来获得市场份额,技术提升需求强烈。

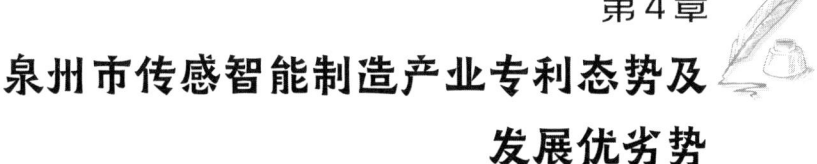

第4章
泉州市传感智能制造产业专利态势及发展优劣势

本章立足泉州市传感智能制造产业发展现状,将其与福建、其他城市乃至全国的产业发展趋势作对比,以定位泉州市传感智能制造产业在省内、全国所处的地位和水平,进而明确泉州市传感智能制造产业发展定位,掌握泉州市产业发展中存在的产业结构、技术布局等方面的优势和差距。

4.1 泉州市传感智能制造产业专利态势

4.1.1 专利申请态势

截至检索日,泉州市传感智能制造产业共检索得到 2801 项专利,其中有效专利 1404 项、有效率 50.1%。其中发明专利共计 978 项,占比 34.9%,低于国内的发明专利占比 48.2% 及福建省的 36.7%,含有效发明专利 274 项,有效率为 28.0%。从图 4-1 中的专利申请趋势来看,泉州市传感智能制造产业专利 2015 年前处于缓慢增长期,2015 年后随着《泉州制造 2025》等一系列政策加码,相关专利申请进入高速发展期,此后专利量始终保持在百项以上。

传感智能制造产业受重视的程度与日俱增。由表 4-1 中分阶段统计泉州市传感智能制造产业近 20 年技术分支专利申请占比可以看出,随着技术的迭代发展,传感智能制造领域研发重点逐步由感知层向生产线领域迁移,生产线领域的专利占比在 2012—2016 年首次突破 50%,在 2017—2021 年这 5 年间热点进一步向生产线领域转移,专利占比高达 72.7%。

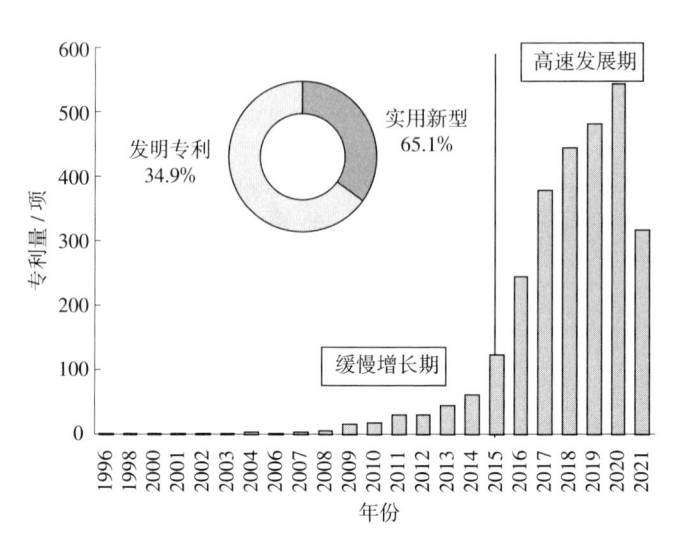

图4-1 泉州市传感智能制造产业专利申请趋势

表4-1 泉州市2002年以来传感智能制造技术领域热点变化

优先权年区间	感知层	网络层	执行层	生产线
2002—2006	75.0%	12.5%	0.0%	12.5%
2007—2011	36.0%	2.7%	22.7%	38.7%
2012—2016	28.9%	2.9%	10.9%	57.2%
2017—2021	19.3%	3.7%	4.3%	72.7%

4.1.2 地域分析

1. 中国传感智能制造产业分布情况

伴随我国"工业4.0"政策的陆续颁布和对高端工业重视程度的与日俱增，我国制造业也加速了向传感智能制造的转化。从专利数据来看，截至检索日，我国31个省（区、市）（本书分析不包括我国港澳台地区）均有传感智能制造相关专利申请。对各地区的专利申请数量进行横向比较，大致可以分为三个梯队。江苏、广东、浙江、北京、山东和上海位于第一梯队，专利申请超过5000项；福建、辽宁、安徽、四川等13个地区位于第二梯队，专利申请超过1000项；其余的广西、吉林等地区位于第三梯队。可以看出，福建省的传感智能制造产业以4408项专利申请位居第二梯队第一，与同一梯队的辽宁、安徽，特别是黑龙江、江西等省份相比有较大优势。

从排名前列的省（区、市）的地理位置看，专利申请量排名前10位的省（区、市）均处于国内智能制造生态圈中，如表4-2所示，以江苏、浙江、上海为代表的长三角地区，以广东为代表的珠三角地区，以北京、山东为代表的环渤海地区，相关产业创新能力不断增强，现已具备了打造世界级产业集群的发展基础。与此同时，巨头企业有力带动了区域产业创新实力的提升，如江苏省的天奇股份、广东省的格力电器、北京市的北方高业科技有限公司等。值得肯定的是，福建省在国内非智能制造生态圈省份中位列第一，且与长三角和珠三角地区紧密相邻，发展前景一片向好。

表4-2 各省（区、市）一级分支专利申请量与排名

排名	省（区、市）	专利申请量/项	排名	省（区、市）	专利申请量/项
第一梯队（申请量>5000项）	江苏	16498	第三梯队（申请量<1000项）	广西	769
	广东	14658		吉林	720
	浙江	8288		山西	685
	北京	7379		贵州	675
	山东	5835		云南	664
	上海	5835		甘肃	417
第二梯队（1000项≤申请量≤5000项）	福建	4408		宁夏	278
	辽宁	4243		内蒙古	261
	安徽	3858		新疆	192
	四川	3302		海南	100
	湖北	3138		青海	52
	陕西	2900		西藏	16
	天津	2874			
	重庆	2147			
	河南	2035			
	湖南	1971			
	河北	1583			
	黑龙江	1320			
	江西	1118			

具体到二级分支可以发现，由于我国各省（区、市）的资源禀赋、经济结构和发展速度不同，各省（区、市）目前在传感智能制造产业二级分支上的专利申请数量也有所差异。从总申请量排前15位的省（区、市）各二级分支的专利申请量来看，各省份均侧重于发展生产线领域相关技术，专利申请量与其他分支领域相比优势较为明显；网络层和执行层专利申请量差异不大，均具备一定发展潜力；感知层是各省（区、市）发展较为薄弱的领域，相关专利申请量亟待提升，具体情况如图4-2所示。

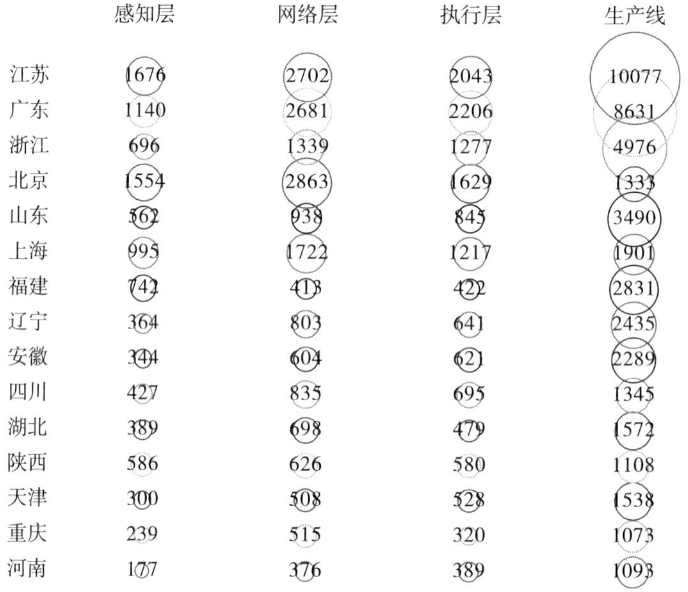

省份	感知层	网络层	执行层	生产线
江苏	1676	2702	2043	10077
广东	1140	2681	2206	8631
浙江	696	1339	1277	4976
北京	1554	2863	1629	1333
山东	562	938	845	3490
上海	995	1722	1217	1901
福建	742	413	422	2831
辽宁	364	803	641	2435
安徽	304	604	62	2289
四川	427	835	695	1345
湖北	389	698	479	1572
陕西	586	626	580	1108
天津	300	508	528	1538
重庆	239	515	320	1073
河南	177	376	389	1093

图4-2 申请总量排前15位的省（区、市）二级分支专利申请量分布（单位：项）

总的来看，随着国内制造业加快智能化进程，各省（区、市）间产业发展差距进一步彰显，生产线是各省（区、市）技术研发攻关的重点，而感知层发展基础较为薄弱、进步空间较大。福建省作为专利量排名第一的非智能制造生态圈省份，目前已经沉淀了扎实的技术发展底蕴，而其紧邻长三角和珠三角的优越地理区位将进一步助力省内传感智能制造产业的腾飞。

2. 福建省传感智能制造产业分布情况

截至检索日，福建省传感智能制造产业共检索得到4408项专利，泉州市以2801项专利位列各市第一，是福建省唯一一座在传感智能制造领域拥有超千项专利申请的城市。泉州市传感智能制造产业的蓬勃发展不仅得益于本地政府利好政策的大力扶持，还依赖于本地华侨大学、西人马等优势高校/企业对相关技术研发的高度重视。二者相辅相成，共同塑造了泉州在省内传感智能制造领域的领跑者地位。

整体来看，由于各市发展基础有所差异、重点发展产业不甚相同，因此在传感智能制造领域的专利申请量相差悬殊，专利申请量排第一位的泉州市是末位南平市的147倍有余，如表4-3所示。

表4-3 福建省各下辖市专利申请量与排名

排名	福建省下辖市	专利申请量/项
1	泉州	2801
2	厦门	611
3	福州	549
4	莆田	134
5	龙岩	105
6	漳州	94
7	三明	62
8	宁德	33
9	南平	19

从图4-3所示的福建省各下辖市的二级分支专利申请量中可以看出，泉州市侧重发展生产线方向，拥有1924项相关专利申请，而在感知层和执行层领域的申请量也高居榜首，与其余下辖市相比优势明显。厦门和福州作为专利总量排第二、第三的两个城市，生产线均是专利申请的主要领域，但总体来看四个二级分支的发展较为均衡。此外，漳州、三明、宁德和南平四个末位城市的专利申请情况较差，在感知层、网络层和执行层三个领域的专利申请量均出现不足10项甚至无专利申请的情况。

101

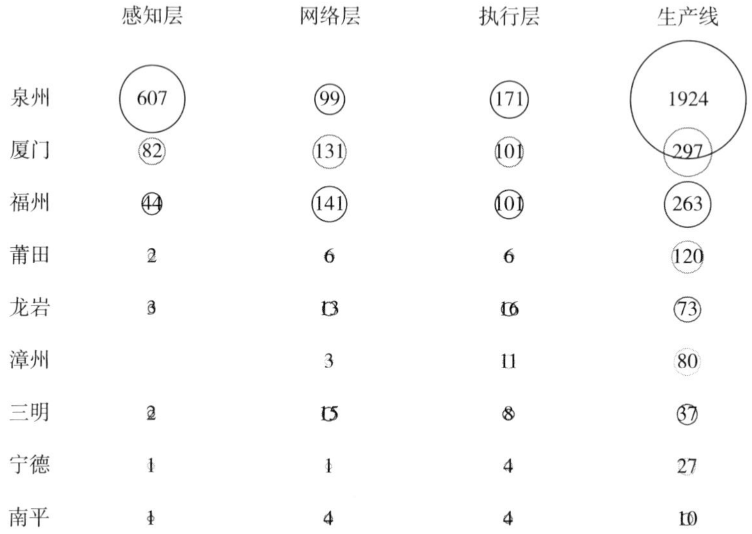

	感知层	网络层	执行层	生产线
泉州	607	99	171	1924
厦门	82	131	101	297
福州	44	141	101	263
莆田	2	6	6	120
龙岩	3	13	6	73
漳州		3	11	80
三明	2	15	8	37
宁德	1	1	4	27
南平	4	4	4	10

图 4-3 福建省各下辖市的二级分支专利申请量（单位：项）

3. 泉州市传感智能制造产业分布情况

截至检索日，泉州市南安市、丰泽区、惠安县等 13 个县级行政单位均有传感智能制造领域相关专利申请，各区县之间专利申请量差异明显，如表 4-4 所示。其中，南安市和丰泽区分别以 547 项、512 项专利位列前两名。惠安县、晋江市、鲤城区等 6 个区县专利申请量超百件，而安溪县、永春县和台商投资区等 5 个区县专利申请量稍显不足。值得注意的是，晋江市的年专利申请量增长迅猛，这或与晋江市政府投资超 200 亿元、大力推动传统制造业向智能制造变革有直接关系。

表 4-4 泉州市各下辖区专利申请量与排名

排名	泉州市下辖区	专利申请量／项
1	南安市	547
2	丰泽区	512
3	惠安县	450
4	晋江市	378
5	鲤城区	235

续表

排名	泉州市下辖区	专利申请量/项
6	石狮市	178
7	洛江区	149
8	泉港区	109
9	安溪县	97
10	永春县	68
11	德化县	30
12	金门县	25
13	台商投资区	23

具体到各县级行政单位的二级分支申请量分布来看，如图4-4所示，南安市在感知层、生产线领域的申请量领跑于其他区县，丰泽区除了积极在感知层和生产线进行布局外，还专注于网络层和执行层相关技术的研发工作，在专利申请量上大幅领先。总体来看，生产线是各区申请的集中技术领域，包括台商投资区在内的各县级行政单位均在该领域有20项及以上的专利产出，且均为申请量最高的技术分支。同时，我们也需要注意到专利申请量排名靠后的安溪县、金门县和台商投资区在网络层或执行层尚无相关专利申请，存在技术缺失，相关技术有待进一步完善。

	感知层	网络层	执行层	生产线
南安市	99	6	27	415
丰泽区	89	49	46	328
惠安县	67	4	19	360
晋江市	96	23	31	228
鲤城区	92	6	19	123
石狮市	47	2	7	119
洛江区	54	2	10	83
泉港区	25	2	5	77
安溪县	14	0	4	79
永春县	14	1	2	51
德化县	7	5	4	17
金门县	1	0	0	24
台商投资区	2	0	1	20

图4-4 泉州市各下辖区的二级分支专利申请量（单位：项）

4.1.3 创新主体分析

泉州市传感智能制造产业排名前9位的创新主体的申请情况如图4-5所示，具体而言，企业和高校／科研院所各占半壁江山，华侨大学以超百项专利申请（132项）断层式高居榜首，是第二名哈工大工程技术研究院（泉州）的两倍有余。西人马、七洋机电等泉州本地企业专利申请量均不足40项，虽相较本地其他企业优势明显，但从全省乃至全国来看，仍有较大进步空间。

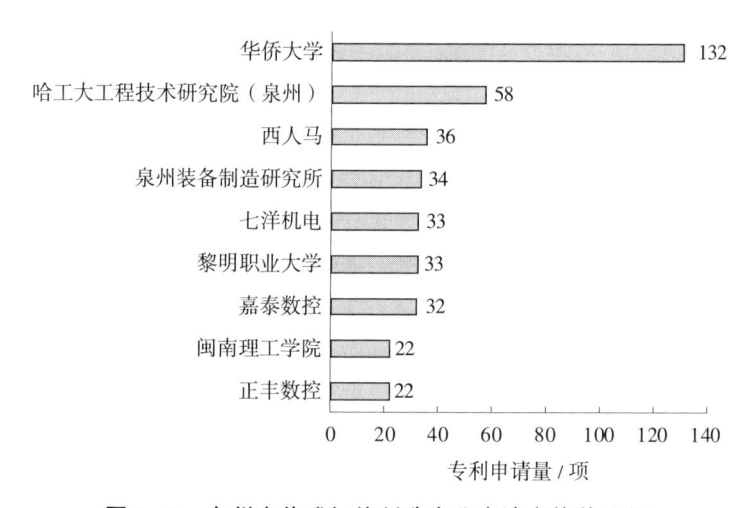

图4-5 泉州市传感智能制造产业申请主体前9位

申请主体	专利申请量/项
华侨大学	132
哈工大工程技术研究院（泉州）	58
西人马	36
泉州装备制造研究所	34
七洋机电	33
黎明职业大学	33
嘉泰数控	32
闽南理工学院	22
正丰数控	22

从图4-6中二级分支的具体情况来看，华侨大学是唯一一家同时进入4个二级分支前2名的申请主体，说明其在泉州传感智能制造领域发展良好且已经拥有了较为雄厚的技术储备。具体到各二级分支来看，七洋机电和西人马公司侧重传感器领域的技术突破，是感知层的佼佼者；网络层是泉州申请主体的弱势领域，除华侨大学在该领域有17项专利外，其余申请主体申请量均不足5项；就执行层而言，专利申请量超5项的申请主体均属高校／科研院所，西人马作为上榜企业，申请量不足5项；生产线是泉州本地专利申请主体的申请热点领域，专利申请量显著多于其余三个二级分支。同样地，生产线领域的头部专利申请主体仍为高校／科研院所。

第4章 泉州市传感智能制造产业专利态势及发展优劣势

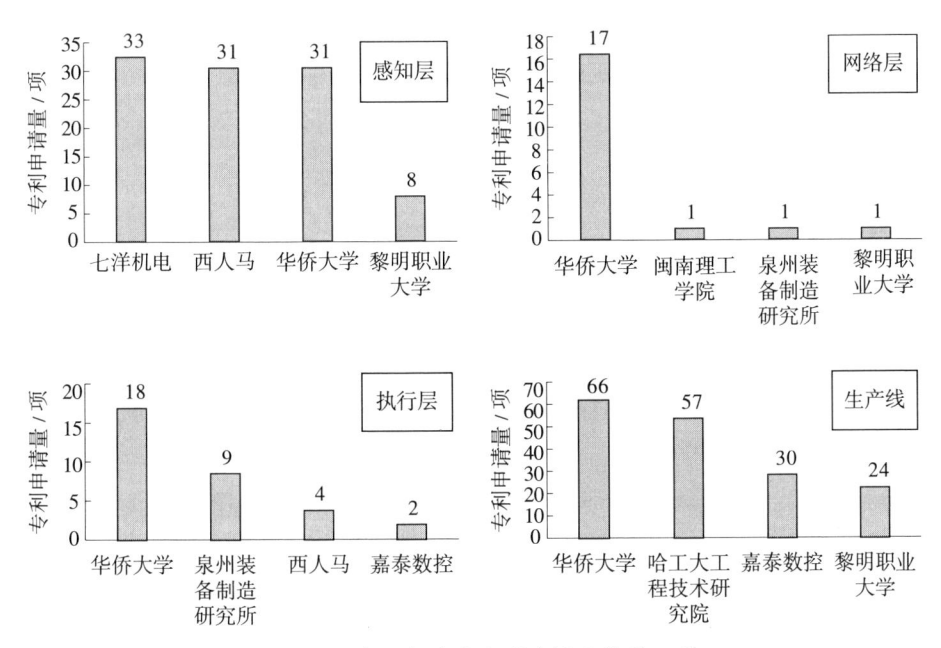

图4-6 各二级分支专利申请主体前4位

1. 西人马

从图4-7西人马公司的年专利申请量及专利类型占比来看，西人马公司自2018年起开始有专利申请，此后的年专利申请量基本维持在10项以上（2022年数据未完全统计）。从专利类型来看，西人马公司的专利类型以实用新型专利为主，占比达到63.9%，发明专利占比相对较少，仅为36.1%。

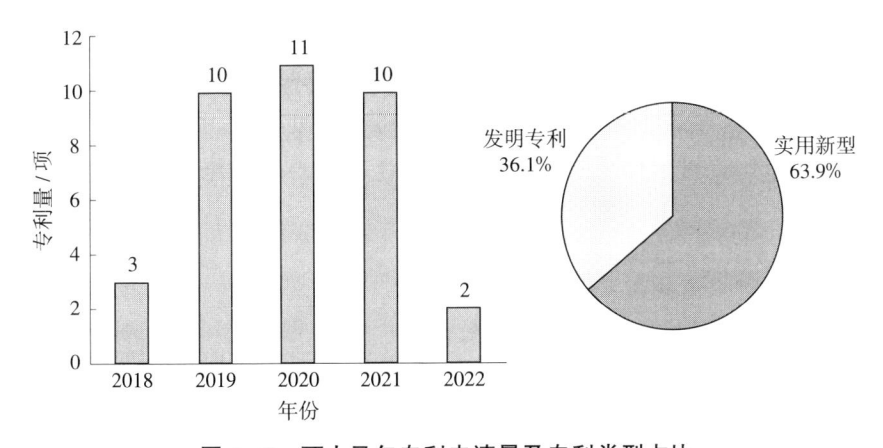

图4-7 西人马年专利申请量及专利类型占比

2. 华侨大学

从图4-8所示的华侨大学的年专利申请量及专利类型占比来看，华侨大学自1998年起开始有专利申请，于2019年达到申请量巅峰（27项），此后的专利申请量逐渐减少。从专利类型来看，技术含量更高的发明专利是华侨大学的主要专利申请类型，占总数的65.6%，而实用新型专利占比为34.4%。

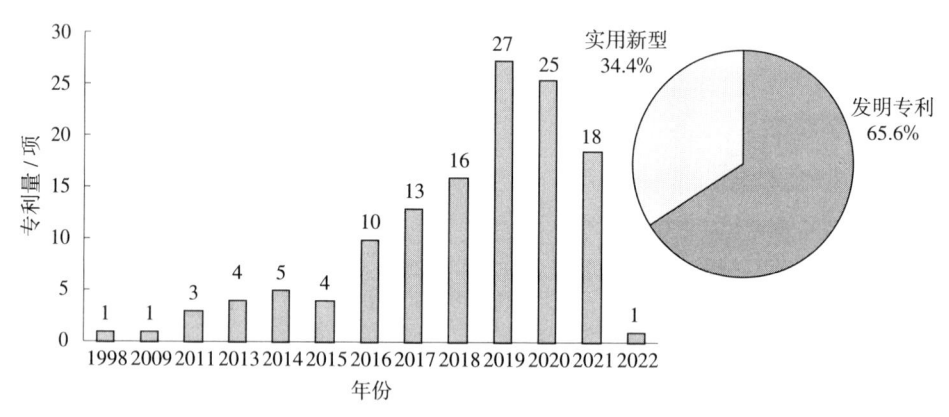

图4-8 华侨大学年专利申请量及专利类型占比

4.2 泉州市传感智能制造产业发展优势与劣势

4.2.1 产业结构优势与劣势

产业结构是产业发展在宏观层面的反映，合理的产业结构对产业发展具有重要的作用。本节基于专利视角，从泉州市的专利申请量和申请人数量入手，分析泉州市传感智能制造产业中存在的产业结构方面的优势和差距。

1. 以专利申请量看产业结构优劣势

从全球、主要国家、福建和泉州市各产业环节的专利申请量配置看，如图4-9所示，泉州在感知层的申请量占比为20.3%，与全球平均水平22.6%相当，超过国内和福建省的占比，但不及全球其他发达国家，可见泉州感知层领域在国内具备一定竞争力。泉州网络层和执行层方面占比分别为2.6%和6.1%，远低于全球、国内和福建的水平，反映出网络层和执行层是泉州产业的薄弱环节。泉州在生产线领域占比达到71.0%，处于国内领先水平，且高于全球和发达国家水平，是泉州市传感智能制造方面的优势领域。总体来说，泉州在感知层和生产线方面具备发展基础，而网络层和执行层应当成为泉州市智能制造产业亟须发展的领域。

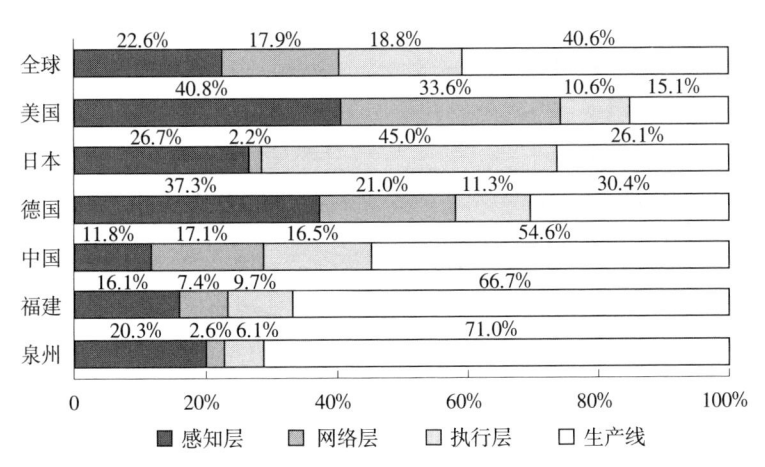

图4-9 泉州市传感智能制造产业专利申请量二级分支结构定位

具体到三级分支，如表4-5所示，在优势分支感知层和生产线方面，泉州传感器和射频识别的占比分别为13.8%和6.6%，高于国内平均水平，但较发达国家仍有差距；泉州高档数控机床、机器人和3D打印方面的占比分别为22.4%、38.6%和9.7%，三者中机器人的发展优势明显，高于全球和其余国家的水平，高档数控机床和3D打印较其他发达国家相比也具备一定优势。相比之下，网络层和执行层成为泉州产业发展的薄弱环节，网络层和执行层各三级分支的占比远低于全球、发达国家和国内水平。总体来看，网络层和执行层应当成为泉州市传感智能制造未来发展之重。

表4-5 泉州市传感智能制造产业专利申请量三级分支结构定位

二级分支	三级分支	全球	美国	日本	德国	中国	福建	泉州
感知层	传感器	19.4%	32.3%	24.6%	36.4%	10.4%	11.3%	13.8%
	射频识别	3.1%	8.1%	2.1%	0.8%	1.3%	4.8%	6.6%

续表

二级分支	三级分支	全球	美国	日本	德国	中国	福建	泉州
网络层	云计算	5.5%	17.5%	0.6%	1.8%	3.1%	1.5%	0.6%
	大数据	7.4%	12.9%	1.1%	4.5%	7.7%	3.8%	1.3%
	工业互联网	5.0%	3.0%	0.5%	14.8%	6.3%	2.2%	0.7%
执行层	控制系统	7.6%	3.8%	5.3%	2.9%	10.2%	4.3%	1.3%
	智能测控装置与部件	5.3%	6.9%	2.3%	6.6%	5.4%	4.9%	4.2%
	伺服电机	6.3%	0.6%	37.6%	2.0%	1.3%	0.7%	0.8%
生产线	高档数控机床	27.9%	1.7%	16.1%	19.2%	42.5%	31.3%	22.4%
	机器人	7.2%	7.2%	9.8%	6.6%	6.0%	26.3%	38.6%
	3D打印	5.2%	6.0%	0.2%	4.5%	5.7%	8.9%	9.7%

目前国内传感智能制造形成了环渤海地区、长三角地区、珠三角地区、中西部地区的四大各具特色的产业聚集区，长三角地区以苏州、南京和杭州为代表，珠三角地区以深圳和广州为代表，中西部地区则以成都为代表。将泉州与苏州、南京、杭州、深圳、广州和成都等各区代表性城市进行比较，进一步把握泉州市传感智能制造产业发展的优势与不足。

从二级分支看，如图4-10所示，以苏州、南京和杭州为代表的长三角地区，以深圳和广州为代表的珠三角地区以及以成都为代表的中西部地区，在传感智能制造产业的结构上表现出一致性，生产线结构在产业中占据主导地位，占比遥遥领先。而感知层、网络层以及执行层中以网络层发展为主，且大部分地区的执行层发展优于感知层。反观泉州的传感智能制造结构占比，生产线结构占比达到71.0%，感知层、网络层和执行层中以感知层发展为主，网络层和执行层两者的结构占比不足10%，远低于其他重点城市的结构占比，成为泉州市传感智能制造产业发展中的短板领域。

从三级分支看，如表4-6所示，泉州的产业发展优势集中在感知层和生产线的各三级分支，传感器的结构占比达到13.8%，仅次于南京的17.2%；射频识别、机器人和3D打印的结构占比分别为6.6%、38.6%和9.7%，在七个重点城市中均排名第一；高档数控机床则稍显不足，七个重点城市中排名最末。除高档数控机床外，网络层的云计算、大数据和工业互联网，以及执行层的控制系统、智能测控装置与部件、伺服电机均处于七个重点城市的末

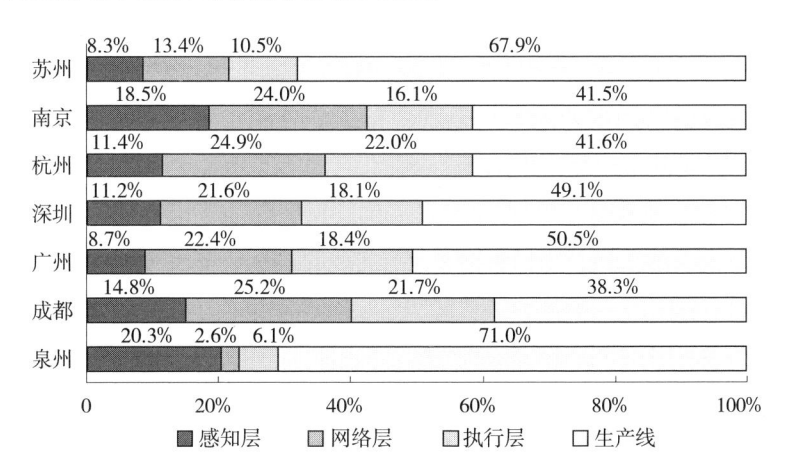

尾，可见泉州网络层和执行层的劣势明显。

图4-10 重点城市传感智能制造产业专利申请量二级分支分布

表4-6 重点城市传感智能制造产业专利申请量三级分支分布

二级分支	三级分支	苏州	南京	杭州	深圳	广州	成都	泉州
感知层	传感器	8%	17.2%	9.9%	9.3%	6.7%	13.2%	13.8%
	射频识别	0.6%	1.1%	1.5%	1.9%	1.9%	1.5%	6.6%
网络层	云计算	7.2%	3.5%	4.7%	6.3%	4.6%	4.7%	0.6%
	大数据	3.3%	12.9%	12.0%	10.3%	11.2%	12.6%	1.3%
	工业互联网	2.8%	7.5%	8.3%	5.0%	6.6%	7.9%	0.7%
执行层	控制系统	6.3%	9.3%	15.0%	11.1%	10.5%	14.6%	1.3%
	智能测控装置与部件	3.4%	6.1%	5.7%	4.3%	7.2%	6.5%	4.2%
	伺服电机	1.1%	1.0%	1.5%	2.9%	1.1%	1.0%	0.8%
生产线	高档数控机床	59.5%	27.1%	31.1%	36.1%	33.3%	26.3%	22.4%
	机器人	5.1%	6.4%	5.7%	7.1%	7.9%	3.4%	38.6%
	3D打印	3.0%	7.7%	4.7%	5.7%	9.1%	8.3%	9.7%

2. 以申请人数量看产业结构优劣势

从全球、主要国家、福建和泉州市各产业环节的专利申请人数量配置看，如图4-11所示，从二级分支看，泉州申请人优势依然集中在感知层和生产线。其中感知层的申请人结构占比为26.8%，高于全球和国内水平，而生产线更是以61.4%的申请人结构占比超越美、日、德等发达国家。在网络层和执行层方面，专利申请人数量则略显不足，仅为3.3%和8.5%，远低于全球和国内水平。结合申请量看，泉州四个二级分支中生产线的产业成熟度更高，以61.4%的申请人数量申请了71.0%的专利量。

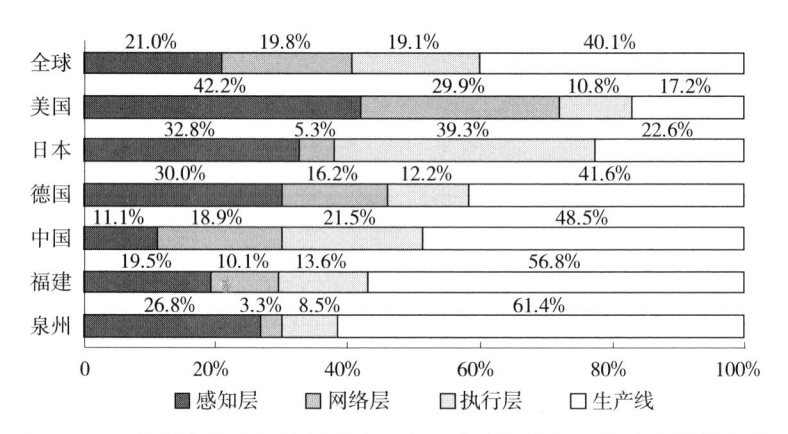

图4-11 泉州市传感智能制造产业专利申请人数量二级分支结构定位

具体从三级分支看，如表4-7所示，泉州的申请人数量优势体现在传感器、射频识别、高档数控机床、机器人和3D打印方面，传感器申请人数量结构占比17.3%，高于全球和国内水平；射频识别为8.9%，仅次于美国；高档数控机床则以20.3%的结构占比高于美国和日本；机器人和3D打印分别以33.7%和7.5%的占比超过全球和发达国家水平。在网络层和执行层的各三级分支中，泉州短板明显，均低于国内平均水平。结合申请量可看出，产业成熟度较高的生产线中，机器人分支较高档数控机床和3D打印而言表现出更高的成熟度。

表4-7 泉州市传感智能制造产业专利申请人数量三级分支结构定位

二级分支	三级分支	全球	美国	日本	德国	中国	福建	泉州
感知层	传感器	16.3%	31.0%	27.1%	26.8%	8.8%	13.0%	17.3%
	射频识别	3.9%	9.8%	3.7%	1.7%	1.8%	6.1%	8.9%
网络层	云计算	5.5%	13.1%	2.0%	2.0%	3.7%	2.4%	0.9%
	大数据	9.3%	14.2%	2.6%	5.6%	9.1%	4.8%	1.6%
	工业互联网	5.8%	3.2%	1.3%	9.5%	6.9%	3.0%	0.9%

续表

二级分支	三级分支	全球	美国	日本	德国	中国	福建	泉州
执行层	控制系统	10.1%	3.3%	6.7%	3.9%	13.4%	6.1%	2.2%
	智能测控装置与部件	7.0%	7.4%	3.1%	6.1%	7.4%	6.7%	5.5%
	伺服电机	3.0%	0.9%	30.8%	3.4%	1.7%	1.0%	1.2%
生产线	高档数控机床	26.6%	2.8%	13.8%	26.6%	35.8%	27.5%	20.3%
	机器人	6.9%	7.7%	8.3%	7.9%	6.2%	22.4%	33.7%
	3D打印	5.7%	6.7%	0.7%	6.5%	5.2%	6.9%	7.5%

进一步从重点城市定位泉州申请人现状，如图4-12所示，除泉州外有五大重点城市在申请人结构占比中表现出惊人的一致性，即生产线申请人占据主导，均超35%，网络层和执行层的申请人结构占比相当，感知层相对不足，均在10%左右。反观泉州，同样以生产线的申请人为主导，结构占比为61.4%，但感知层的申请人结构占比仅次于生产线为26.8%，网络层和执行层的申请人明显不足，结构占比仅为3.3%和8.5%，可见引进或培育网络层和执行层的创新主体将助力泉州市传感智能制造产业更快更健康地发展。

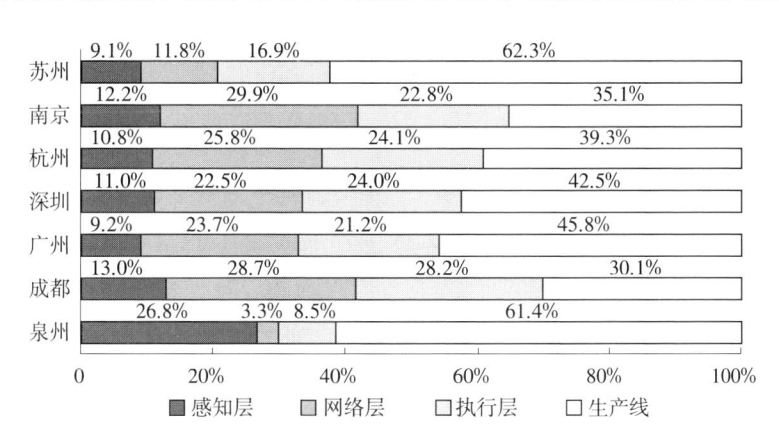

图4-12 重点城市传感智能制造产业专利申请人数量二级分支分布

具体到三级分支，如表4-8所示，泉州专利申请人主要集中在传感器、射频识别、高档数控机床、机器人和3D打印，其中传感器和射频识别以17.3%和8.9%的占比居七个重点城市的首位；高档数控机床的申请人占比虽然达到20.3%，但远小于苏州的50.8%，与其他城市相比也并不占优势；机器人和3D打印则分别以33.7%和7.5%的申请人占比在七个重点城市中排名第一，其中尤其以机器人的申请人占比优势明显。泉州在网络层和执行层的各三级分支的申请人数量明显不足，尤其是大数据和控制系统，如深圳、广州以及成都在这两个分支上的申请人占比均超10%，而泉州不足3%，可见网络层和执行层是泉州亟待发展的技术方向。

表4-8　重点城市传感智能制造产业专利申请人数量三级分支分布

二级分支	三级分支	苏州	南京	杭州	深圳	广州	成都	泉州
感知层	传感器	7.7%	9.9%	8.5%	8.1%	6.3%	10.2%	17.3%
	射频识别	1.0%	1.6%	2.1%	2.6%	2.6%	2.0%	8.9%
网络层	云计算	2.1%	6.2%	6.5%	5.9%	6.1%	6.1%	0.9%
	大数据	5.7%	15.6%	14.3%	11.7%	12.5%	14.5%	1.6%
	工业互联网	4.3%	9.0%	6.2%	5.7%	6.1%	8.4%	0.9%
执行层	控制系统	10.6%	13.2%	15.1%	15.0%	12.3%	18.2%	2.2%
	智能测控装置与部件	5.3%	8.5%	7.5%	6.1%	8.2%	9.2%	5.5%
	伺服电机	1.9%	1.8%	2.2%	3.2%	1.5%	1.6%	1.2%
生产线	高档数控机床	50.8%	21.5%	28.5%	28.7%	31.3%	20.4%	20.3%
	机器人	6.5%	6.1%	5.4%	7.1%	6.3%	3.7%	33.7%
	3D打印	4.1%	6.6%	3.8%	6.0%	6.7%	5.7%	7.5%

总结来看，泉州市传感智能制造产业结构整体上呈"沙漏型"，在感知层和生产线方面，专利申请量和申请人数量分布与全国重点城市相比具备优势，在国际上也具有一定的竞争力，产业布局可与美、日、德等制造强国一较长短；然而在网络层和执行层方面则相对薄弱，研发实力与产业集聚明显不足，与国内乃至全球水平差距较大。从具体技术层面来看，泉州在传感智能制造领域已形成了自身的产业特色，传感器、射频识别、机器人和3D打印优势明显，产业布局领跑国内，已呈现集约化发展态势。与此同时，泉州市也存在产业短板，云计算、大数据、工业互联网产业环节缺失，企业培育不足，是泉州市传感智能制造产业发展亟须解决的问题。

4.2.2 企业实力优势与劣势

企业实力是企业在技术和各种实践活动领域中不断提供具有经济价值、社会价值、生态价值的新思想、新理论、新方法和新发明的实力。本节将对泉州市企业进行创新实力定位，旨在掌握泉州市传感智能制造产业发展已有的优势和存在的不足，从而能够提出更有针对性的企业培育建议。

泉州目前共687家企业在传感智能制造领域进行了专利布局，图4-13展示了包括泉州在内的七个重点城市的企业数量情况，以及企业数量占总申请人数量的占比情况。可以看出，泉州目前的企业数量与其他六个城市相比排名最末，在企业数量占比上也不及其他六个城市，可见泉州市传感智能制造方面企业参与度不高。相比之下，苏州和深圳两城市中在传感智能制造领域申请专利的企业达到近2000家，占比也超过了90%，是七个城市中企业参与积极性最高的两个城市，两城市的企业培育政策或可供泉州企业借鉴。

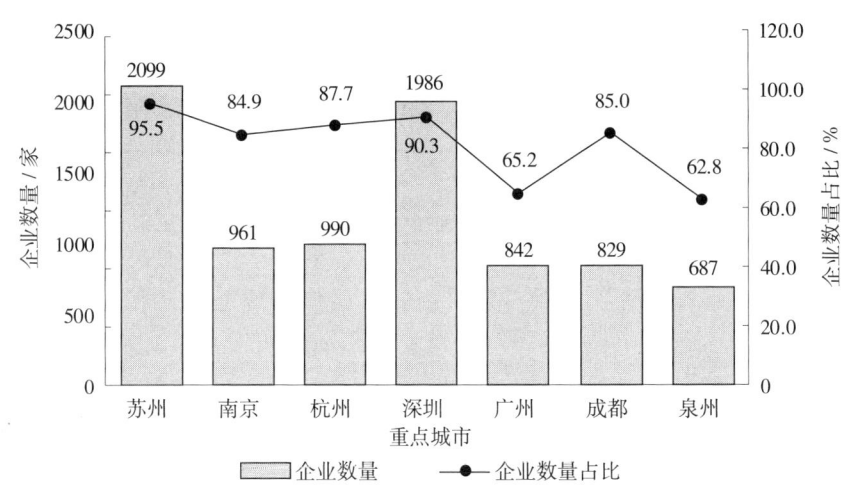

图4-13 重点城市传感智能制造产业企业数量分布

具体从三级分支看，如图4-14所示，泉州的传感智能制造企业主要集中在传感器、射频识别、高档数控机床、机器人和3D打印方面，其中机器人方面的企业达到257家，占泉州企业数量的37.4%，其次是传感器和高档数控机床，均在150家左右。与其他六个城市相比，机器人和射频识别方面的企业数量优势明显，本地发展动力强劲；传感器方面仅次于深圳和苏州，产业

113

基础扎实。其余方向与六大城市相比均有所不足，尤其是云计算、大数据、工业互联网、控制系统、智能测控装置与部件以及高档数控机床方面，如泉州在云计算方面仅8家企业，仅为深圳的6%，积极引进和培育本地网络层和执行层企业，将有助于泉州传感智能制造健康发展。

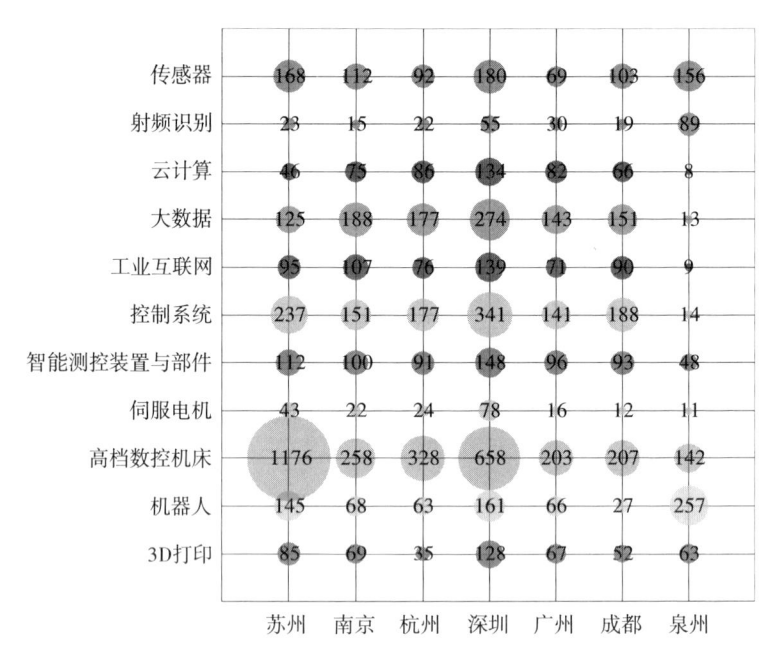

	苏州	南京	杭州	深圳	广州	成都	泉州
传感器	168	112	92	180	69	103	156
射频识别	23	15	22	55	30	19	89
云计算	46	75	86	134	82	66	8
大数据	125	188	177	274	143	151	13
工业互联网	95	107	76	139	71	90	9
控制系统	237	151	177	341	141	188	14
智能测控装置与部件	112	100	91	148	96	93	48
伺服电机	43	22	24	78	16	12	11
高档数控机床	1176	258	328	658	203	207	142
机器人	145	68	63	161	66	27	257
3D打印	85	69	35	128	67	52	63

图4-14 重点城市传感智能制造产业企业数量（单位：家）三级分支分布

从企业的专利申请量来看，泉州企业申请传感智能制造相关专利1676项，在七个重点城市中排名最末，与排名第一的苏州市相比差距较大，如图4-15所示。企业所持专利占比方面，泉州以62.7%排名第六，仅优于广州，反映出目前泉州市传感智能制造企业创新实力还稍显不足，专利更集中于非生产主体的科研机构/自然人中，科研成果多数停留于实验室研究阶段，与苏州、深圳等城市相比产业化水平较低。

从三级技术分支的企业专利申请量分布来看，如图4-16所示，泉州市的射频识别和机器人的申请量在七个重点城市中均名列第一，企业创新实力强劲。传感器和3D打印的申请量在七个重点城市中排名中等，拥有一定的产业基础。相比而言，云计算、大数据、工业互联网、控制系统、智能测控装置与部件、伺服电机和高档数控机床的企业创新实力较弱，与创新实力突出的苏州和深圳相比差距显著。

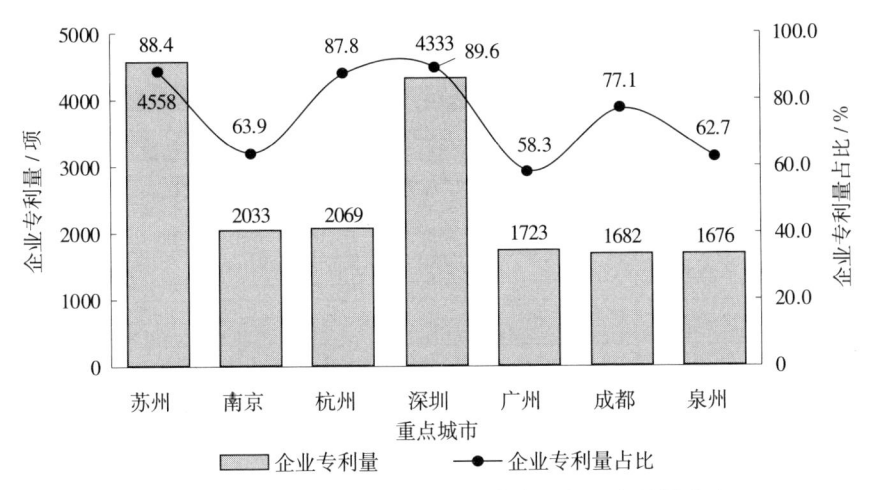

图4-15 重点城市传感智能制造产业企业专利量分布

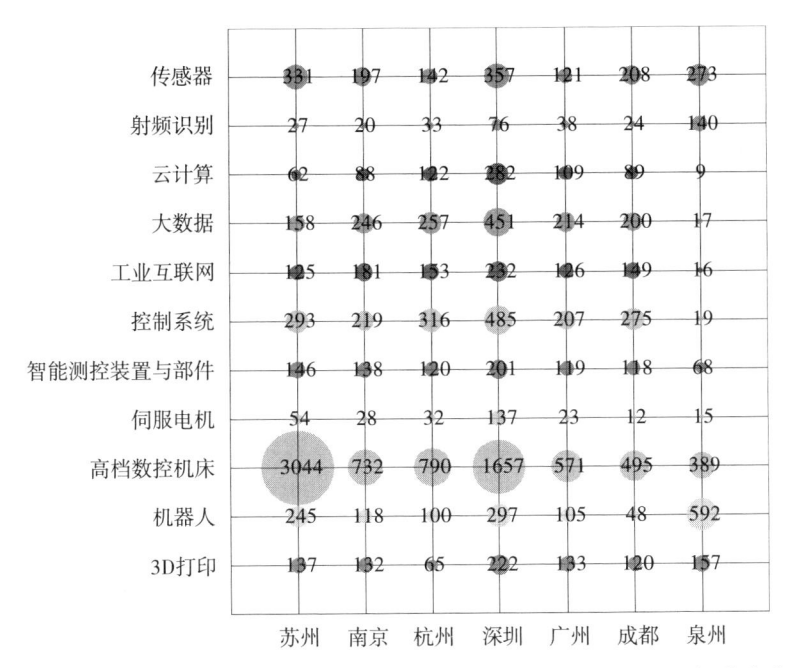

领域	苏州	南京	杭州	深圳	广州	成都	泉州
传感器	331	197	142	357	121	208	273
射频识别	27	20	33	76	38	24	140
云计算	62	88	122	282	109	89	9
大数据	158	246	257	451	214	200	17
工业互联网	125	181	153	232	126	149	16
控制系统	293	219	316	485	207	275	19
智能测控装置与部件	146	138	120	201	119	118	68
伺服电机	54	28	32	137	23	12	15
高档数控机床	3044	732	790	1657	571	495	389
机器人	245	118	100	297	105	48	592
3D打印	137	132	65	222	133	120	157

图4-16 重点城市传感智能制造产业企业专利量（单位：项）三级分支分布

从企业的申请量区间分布来看，如表4-9所示，泉州687家参与传感智能制造领域创新的企业中，尚未发现专利申请量超过50项的企业，创新龙头企业明显不足。申请量在20~49项的企业约有6家，在七个重点城市中排名中等，但与排名第一的苏州市差距较大，企业数量仅为苏州市的一半，中型创新企业数量较少，创新发展潜力有待进一步提升。

表4-9 重点城市传感智能制造产业企业专利量区间分布　　单位：家

城市	专利量1~4项	专利量5~9项	专利量10~19项	专利量20~49项	专利量>50项	总计
苏州	1916	125	46	12	0	2099
南京	877	46	36	2	0	961
杭州	906	66	13	4	1	990
深圳	1834	103	35	10	4	1986
广州	789	36	10	6	1	842
成都	761	51	15	1	1	829
泉州	613	48	20	6	0	687

通过以上分析，我们认为泉州在射频识别和机器人领域企业整体实力突出，对比其余六个重点城市在技术创新与企业集聚方面均占据优势；3D打印领域的创新主体相对不足，但企业技术实力强，领域内呈现集约化发展的趋势；云计算、大数据、工业互联网、控制系统、智能测控装置与部件、伺服电机等领域尚未形成一定规模的企业集群，缺少创新主体，缺乏技术创新，是泉州市未来应着重发展的传感智能制造领域。

进一步从重点城市的重点企业看，苏州、南京、杭州、深圳、广州和成都申请量靠前的企业中，成立年限均超过10年，技术沉淀深厚，主要涉及执行层和生产线，且均被认定为高新技术企业，如表4-10所示。相比之下，泉州西人马成立的时间相对较短，但资本雄厚，注册资本达到8394万元，主要涉及感知层。

表4-10 重点城市的重点企业情况

城市	企业名称	注册资本	涉及分支	成立年限	认定情况
苏州	强龙科技（苏州）有限公司	870.4万美元	高档数控机床	15年	新四板、苏州强龙、高新技术企业、瞪羚企业、科技型中小企业

续表

城市	企业名称	注册资本	涉及分支	成立年限	认定情况
南京	南京宁庆数控机床制造有限公司	2361.6万元	高档数控机床	18年	高新技术企业、专精特新企业、国家级专精特新小巨人企业
杭州	浙江中控技术股份有限公司	49682.3万元	工业互联网、控制系统	23年	高新技术企业、瞪羚企业、国家级企业技术中心、国家级技术创新示范企业
深圳	华为	4044113.2万元	传感器、云计算、大数据、工业互联网	35年	高新技术企业、国家级企业技术中心、国家级技术创新示范企业
广州	广州海思数控科技有限公司	500万元	高档数控机床	12年	高新技术企业
成都	成都飞机工业（集团）有限责任公司	172915.4万元	高档数控机床、机器人	24年	高新技术企业、国家级企业技术中心、国家级技术创新示范企业
泉州	西人马	8394.6万元	传感器	5年	高新技术企业、科技小巨人企业、专精特新企业、瞪羚企业

具体到各企业的三级分支，由图4-17中可见，各重点企业的侧重点不同，如强龙科技、宁庆数控、海思数控以及飞机工业均侧重于高档数控机床的发展，这与我国在数控机床领域的投入密不可分。从20世纪80年代开始，我国便开始组织数控技术攻关，并持续了多个五年计划，近些年更是出台各类政策促进机床行业的发展，如2017年的《战略性新兴产业重点产品和服务指导目录（2016版）》《关于深化"互联网+先进制造业"发展工业互联网的指导意见》等。我国在数控机床领域的投入，为国内数控机床企业的发展提供了机遇，可能因此各地的数控机床企业均具备较强的科研实力。杭州中控技术在控制系统和工业互联网领域经营多年，致力于工厂自动化领域的现场总线与控制系统的研究开发、生产制造、市场营销及工程服务。华为作为跨国企业，涉及分支最多，包括感知层、网络层以及执行层。泉州西人马则主要涉及传感器方面，预计后期还将向云计算和大数据方向发展。

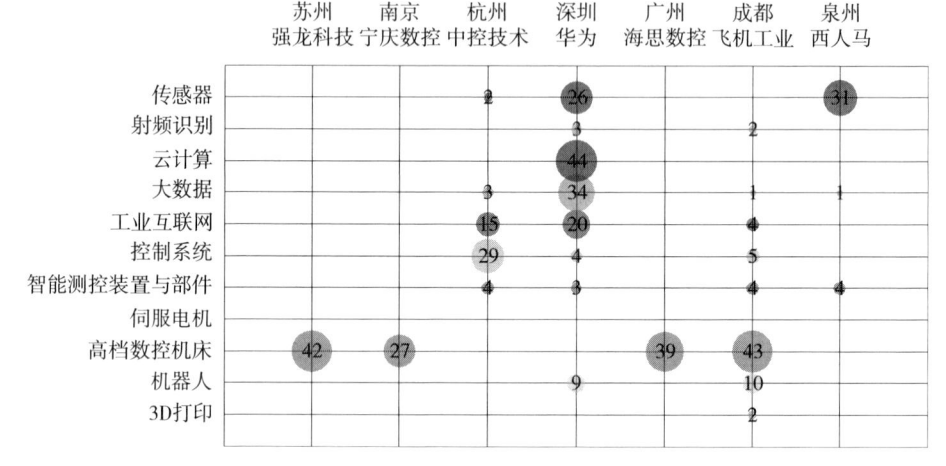

	苏州 强龙科技	南京 宁庆数控	杭州 中控技术	深圳 华为	广州 海思数控	成都 飞机工业	泉州 西人马
传感器			2	26			31
射频识别				3		2	
云计算				44			
大数据			3	34		1	1
工业互联网			15	20		4	
控制系统			29	4		5	
智能测控装置与部件			4	3			4
伺服电机							
高档数控机床	42	27			39	43	
机器人				9		10	
3D打印				2			

图 4-17 重点城市的重点企业技术分布情况（单位：项）

4.2.3 人才实力优势与劣势

人才是重要的创新资源，产业发展必然需要创新型人才的进入和推动。在传感智能制造产业的发展中，加大人才培养力度，迅速形成人才集聚效应，能为创新发展提供智力资源支撑。本节将对泉州市人才进行创新实力定位，从而能够提出更有针对性的人才培养建议。

1. 产业人才

产业人才是指行业内曾经从事企业核心技术研发，拥有行业领先技术成果，为产业发展作出了创新贡献的人。截至检索日，泉州市传感智能制造产业发明人共计937位，在七个重点城市中排名最末，与人才聚集态势明显的深圳相比，仅为深圳的三分之一，可见泉州人才较为匮乏。从产业人才人均专利申请量来看，泉州以人均专利申请量1.8项排名第一，可见泉州产业人才创新活跃度较强。具体情况如图4-18所示。

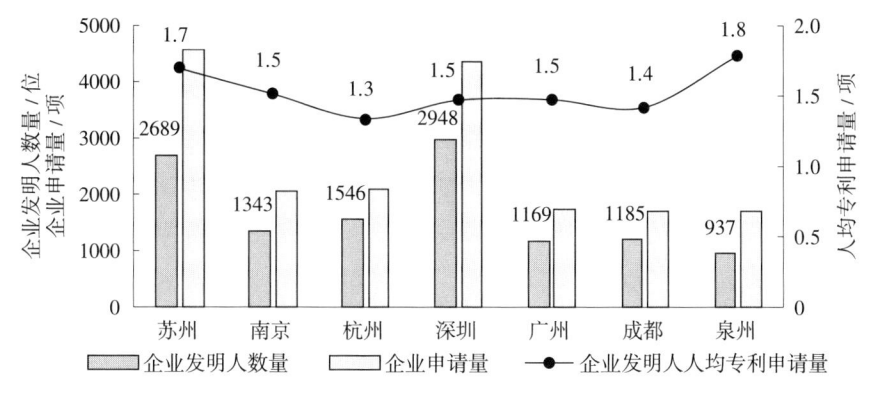

图 4-18 重点城市传感智能制造产业企业发明人情况

具体到三级分支，如图 4-19 所示，泉州市产业人才主要集聚于射频识别和机器人等技术领域，发明人数量均处于七个重点城市第一位，人才储备相对丰富。而其他领域产业人才相对匮乏，相比于其他城市呈现弱势，特别是云计算、大数据、工业互联网、控制系统、智能测控装置与部件、伺服电机和高档数控机床，产业人才储备与深圳市差距巨大，是泉州市未来引进与培育人才的重点方向。

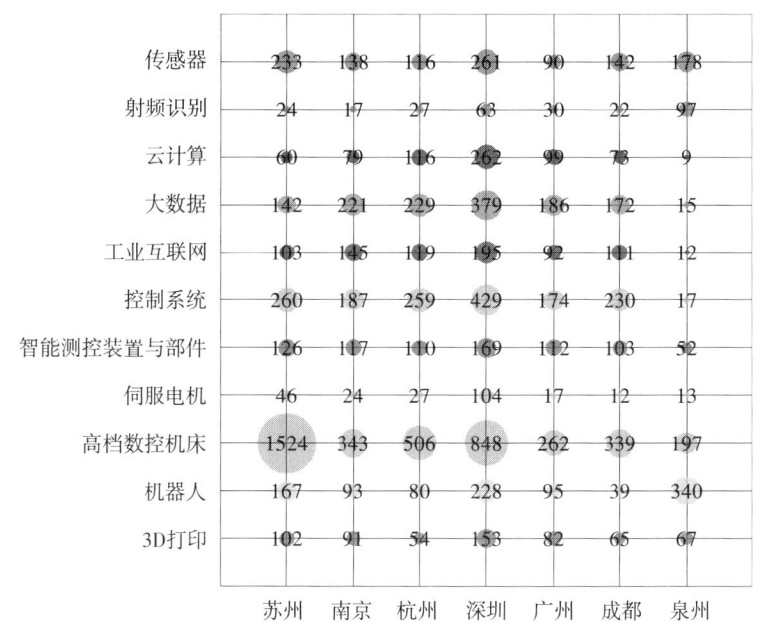

图 4-19 重点城市传感智能制造产业企业发明人三级分支分布（单位：位）

119

从表4-11中的泉州产业人才创新实力来看，泉州市在传感器、射频识别、智能测控装置与部件、机器人和3D打印等领域具有国内高精尖人才引领产业创新研发水平。例如，在传感器方面，西人马的聂泳忠，七洋机电的刘明生、蒋冬兰以及日新流量仪器仪表的梁鲁林名列全国前20名，是国内传感器方面的领先代表；机器人方面，南安建金工业设计的张秀平、华尔嘉（泉州）机械的蔡小强以22项申请并列第一，泉州市道正智能科技的黄俊雄和福建省国巨智能科技的何彬辉以11项申请并列第四，是国内机器人技术研发的引领者。而云计算、大数据、控制系统领域缺少产业创新研发的领军人才，泉州市相关发明人申请量不足3项，且在国内排名基本在100名之外，应引进培育相关产业技术研发的领头人以促进相关产业发展。

表4-11 泉州市传感智能制造产业各三级分支企业领军人才实力

三级分支	发明人	所属公司	申请量/项	全国排名
传感器	聂泳忠	西人马	29	2
	刘明生	泉州七洋机电有限公司	14	7
	梁鲁林	泉州日新流量仪器仪表有限公司	9	18
	蒋冬兰	泉州七洋机电有限公司	8	20
	蒋韵坚	泉州七洋机电有限公司	8	20
	黄金界	波尔（泉州）测控科技有限责任公司	5	44
射频识别	邱小林	中联创（福建）物联信息科技有限公司	7	1
	郭卓君	福建省卓展信息科技股份有限公司	5	4
	施长城	晋江市深沪键升印刷有限公司	5	4
	许爱平	泉州市诚兴信息科技有限公司	4	8
工业互联网	林少君	泉州立亿德智能科技有限公司	4	41
智能测控装置与部件	蔡崇开	泉州市冠航达电子科技股份有限公司	11	1
	聂泳忠	西人马	3	21
伺服电机	林秉正	泉州市汉威机械制造有限公司	3	22
高档数控机床	陈昌啸	泉州可睿特数控设备有限公司	15	69
	曾辉	泉州市顺辉数控科技有限公司	11	186

续表

三级分支	发明人	所属公司	申请量/项	全国排名
机器人	张秀平	南安建金工业设计有限公司	22	1
	蔡小强	华尔嘉（泉州）机械制造有限公司	22	1
	黄俊雄	泉州市道正智能科技有限公司	11	4
	何彬辉	福建省国巨智能科技有限公司	11	4
3D打印	陈伟民	福建省速卖通电子商务有限公司	11	6
	吴志平	泉州市超捷三维科技有限公司	9	9
	林逢春	泉州市比邻三维科技有限公司	7	20
	胡运平	安溪县贤彩茶叶机械有限公司	7	20
	朱姚胜	泉州市丰阳精密模具有限公司	6	26
	陈作珍	福建省支点三维科技有限公司	6	26

2. 科研骨干

科研骨干力量是指高校、科研院所等科研组织内部担任科研活动的核心力量，拥有领先创新成果且创新活动活跃的人才。经统计，泉州市传感智能制造高校科研院所发明人共计232位，在重点城市中排名第五，科研人才储备中等，但发明人人均专利申请量排名第一，人才技术创新活跃度高。值得注意的是，如苏州和深圳在科研骨干数量上虽然排名最末，但产业人才排名靠前，可见这两个城市产业发展相对成熟，而泉州科研骨干数量虽然与深圳相当，但产业发展与苏州和深圳相比仍有较大距离。详细情况如图4-20所示。

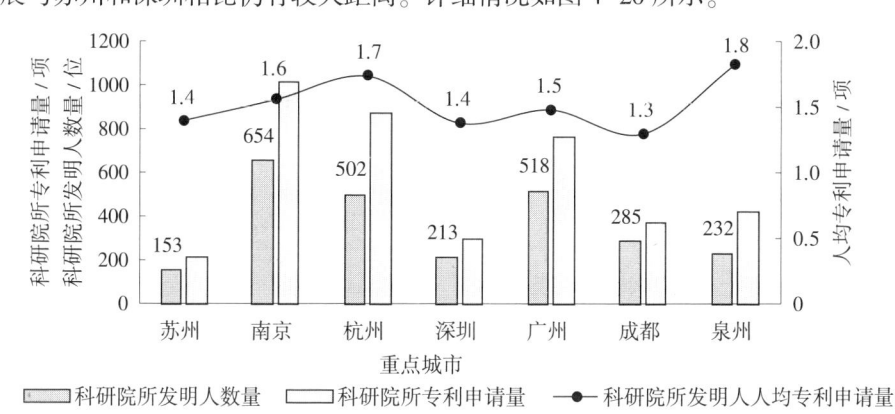

图4-20 重点城市传感智能制造高校科研院所发明人情况

具体从三级分支看，如图4-21所示，泉州市传感智能制造科研人才主要集聚于机器人领域，达到110位，其次为3D打印和传感器领域，分别为40位和38位。与其余重点城市相比，机器人的科研人才储备优势明显，射频识别略占优势，具有向产业人才转化的巨大潜力。其余技术方向均处于弱势，尤其是云计算、工业互联网和控制系统，与其他城市相比相差较大，是泉州市未来引进与培育人才的重点方向。

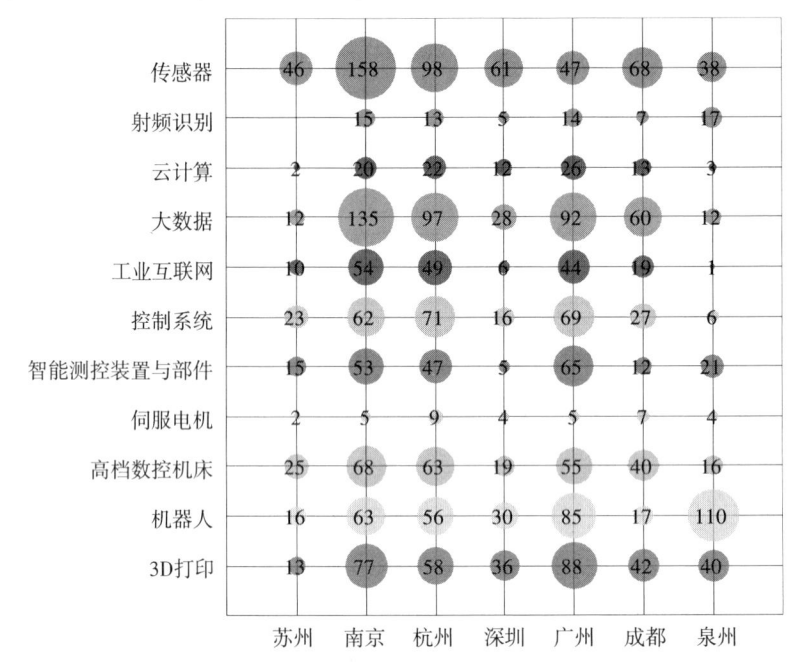

	苏州	南京	杭州	深圳	广州	成都	泉州
传感器	46	158	98	61	47	68	38
射频识别		15	13	5	14	7	17
云计算	2	20	22	12	26	13	3
大数据	12	135	97	28	92	60	12
工业互联网	10	54	49		44	19	1
控制系统	23	62	71	16	69	27	6
智能测控装置与部件	15	53	47		65	12	21
伺服电机	2	5	9	4	5	7	4
高档数控机床	25	68	63	19	55	40	16
机器人	16	63	56	30	85	17	110
3D打印	13	77	58	36	88	42	40

图4-21 重点城市传感智能制造高校科研院所发明人三级分支分布（单位：位）

从科研骨干的创新实力来看，如表4-12所示，泉州市高端科研人才资源储备匮乏，仅在大数据、智能测控装置与部件、机器人和3D打印等领域有若干科研骨干进行技术创新，且专利产出量均不足10项。

表4-12 泉州市传感智能制造产业各三级分支高校／研究所领军人才实力

三级分支	发明人	所属单位	申请量／项	全国排名
大数据	王田	华侨大学	4	13
	莫毓昌	华侨大学	3	22

续表

三级分支	发明人	所属单位	申请量/项	全国排名
智能测控装置与部件	罗继亮	华侨大学	5	4
机器人	温宽昌	福建（泉州）哈工大工程技术研究院	8	3
	尹方辰	华侨大学	8	3
	陈俊宏	福建（泉州）哈工大工程技术研究院	5	17
	詹伟刚	泉州中国兵器装备集团特种机器人研发中心	5	17
3D打印	卓东贤	泉州师范学院	7	11
	陈登龙	福建师范大学	6	16
	林鸿裕	黎明职业大学	6	16

总结来看，泉州市传感智能制造领域人才聚集程度低，产业人才和科研骨干数量在重点城市中排名均靠后，且各技术方向的领军人才数量不足，创新能力总体偏弱。同时，泉州还存在人才队伍结构失衡的问题，在传感器、射频识别、高档数控机床和机器人领域人才储备相对丰富，而在云计算、大数据、工业互联网、控制系统和伺服电机等领域人才储备不足20人。值得注意的是，泉州市传感智能制造产业人才整体创新活力较高，企业发明人人均专利申请量和科研骨干的人均专利申请量在重点城市中处于领先位置。未来，泉州市需对外积极引进云计算、大数据、工业互联网、控制系统和伺服电机等薄弱环节高精尖人才，提升本地人才实力。

4.2.4 协同创新优势与劣势

在经济全球化的背景下，一方面迫切要求企业缩短创新技术市场化的周期，形成强劲、持续竞争的优势，另一方面由于技术创新的复杂性、创新产品商业化的不确定性等因素增加了企业创新的投资和风险。而协同创新作为一种有效的创新模式和创新机制，缓解了这两方面的矛盾，企业、大学、科研院所的合作关系产生的协同效应可分担研发风险、加速技术推广应用和产业化、提升企业的核心竞争力。

从七个重点城市目前的协同申请量看，如图4-22所示，各城市在传感智能制造领域的协同创新活动并不活跃，排名第一的深圳协同创新申请量仅293项，占广东省总申请量的2.1%，与全球协同创新占比6.3%有一定的差距。而泉州的协同创新申请量以94项排名第五位，但与排名第一的深圳市相差较大，仅为深圳协同创新申请量的1/3。

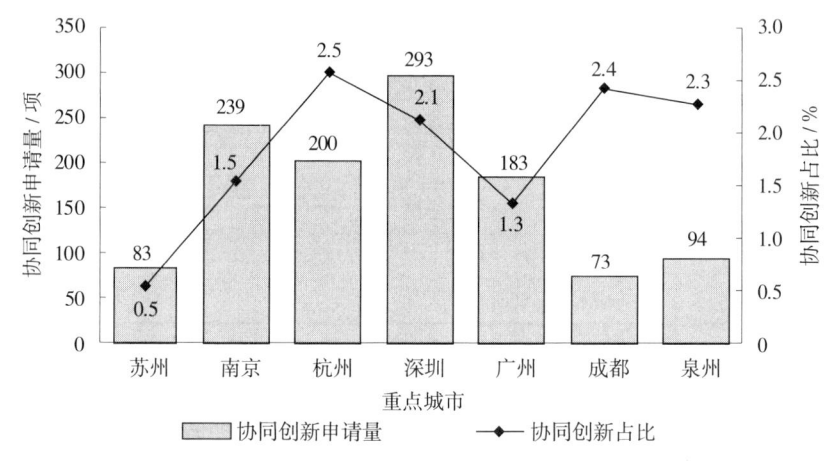

图4-22 重点城市传感智能制造领域协同创新申请量情况

协同创新主要发生在高校/研究所与企业之间（校-企）、企业与企业之间（企-企）、高校/研究所与个人之间（校-人）、个人与个人之间（人-人）以及高校/研究所与高校/研究所之间（校-校）。按照参与协同创新的主体进行分类，如图4-23所示，泉州的协同创新主要发生在校-企和企-企之间，其中校-企之间共协同创新49项，企-企之间共协同创新34项，其余类型不足6项。

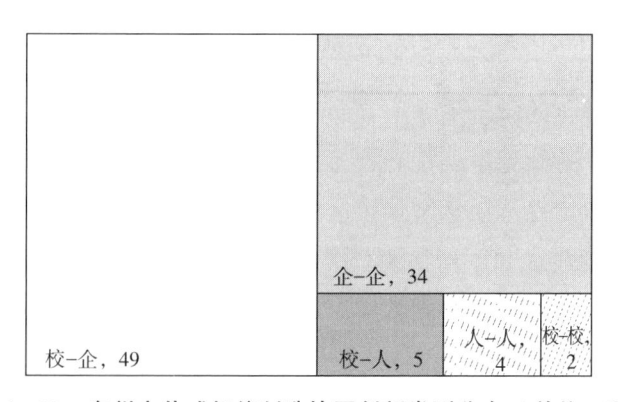

图4-23 泉州市传感智能制造协同创新类型分布（单位：项）

1. 高校／研究所与企业之间

泉州高校／研究所与企业之间的协同创新，主要发生在泉州中国兵器装备集团特种机器人研发中心、泉州华中科技大学智能制造研究院、华侨大学与本地企业之间，主要集中在机器人领域。泉州中国兵器装备集团特种机器人研发中心、泉州华中科技大学智能制造研究院均是泉州本地实力雄厚的机器人研究单位，华侨大学则是泉州本地的一所综合性大学，直属中央统战部领导，科研能力突出。泉州市高校／研究所与企业之间联合申请专利情况如表4-13所示。

表4-13 泉州市高校／研究所与企业之间联合申请专利情况（部分）

申请人	涉及专利数量/项
泉州中国兵器装备集团特种机器人研发中心｜福建新诺机器人自动化有限公司	15
泉州华中科技大学智能制造研究院｜泉州华数机器人有限公司	9
福建新诺机器人自动化有限公司｜泉州中国兵器装备集团特种机器人研发中心	7
华侨大学｜国富瑞（福建）信息技术产业园有限公司｜国富瑞数据系统有限公司	3
泉州华数机器人有限公司｜泉州华中科技大学智能制造研究院	2
福建南方路面机械股份有限公司｜华侨大学	2
华侨大学｜福建（泉州）哈工大工程技术研究院	2
福建（泉州）哈工大工程技术研究院｜华尔嘉（泉州）机械制造有限公司	2

2. 企业与企业之间

泉州企业与企业之间的协同创新，如表4-14所示，主要发生在泉州本地国有企业与本地国有企业之间，技术方向同样主要集中在机器人领域。如国网福建省电力有限公司泉州供电公司、国网福建省电力有限公司、福建和盛置信智能电气有限公司、国能（泉州）热电有限公司、福建晋江热电有限公司、神华（福建）能源有限责任公司、国能（连江）港电有限公司均是国家控股或全资企业，且其中大部分合作对象为兄弟企业，同属于一家母公司，如国网福建省电力有限公司泉州供电公司和福建和盛置信智能电气有限公司均由国家电网控股。

表4-14 泉州市企业与企业之间联合申请专利情况（部分）

申请人	涉及专利数量/项
国网福建省电力有限公司泉州供电公司｜国网福建省电力有限公司｜浙江清华长三角研究院｜福建和盛置信智能电气有限公司	6
国网福建省电力有限公司泉州供电公司｜福建和盛高科技产业有限公司｜福建（泉州）哈工大工程技术研究院｜泉州亿兴电力工程建设有限公司泉州经济技术开发区分公司	4
国能（泉州）热电有限公司｜北京中安吉泰科技有限公司	3
福建晋江热电有限公司｜神华（福建）能源有限责任公司｜国能（连江）港电有限公司	3

总结来看，泉州市依托本地重点高校科研院所，已经具备了一定人才资源与创新要素，拥有产学研用协同创新的基础与潜力。目前，泉州市传感智能制造专利联合申请主要是企业与高校科研院所之间的合作研发，特别是泉州中国兵器装备集团特种机器人研发中心、泉州华中科技大学智能制造研究院、华侨大学在机器人领域中与地方企业开展密切合作，科研成果直接应用于企业生产经营过程，支撑起机器人产品的技术研发与商业应用。但是泉州市产业协同创新仍较少，协同发展成效还不足，校企合作动力不强，企业之间联系较少，产业链上下游企业协同创新缺失。未来泉州市应强化企业创新主体地位，引导当地企业整合创新资源，促进各类创新要素向企业集聚，进一步加快构建产学研用深度融合的技术创新体系。

4.2.5 专利运营优势与劣势

专利运营的目的在于实现专利的经济价值，或保持市场竞争优势。经过多年的发展，专利运营的模式从最初简单的专利许可，逐步发展出专利拍卖、专利转让、专利质押、专利诉讼、专利池、专利联盟以及专利的资本化、证券化等多种形式。在经济全球化和区域经济一体化的背景下，未来专利运营的发展将更加多元。

从七个重点城市目前的专利运营占比看，如图4-24所示，泉州的专利运营占比为8.0%，位于七个重点城市中的第二位，运营活动相对较为活跃。排名第一的是江苏的南京市，运营占比为8.4%，其余城市的占比均在7%左右，苏州相对薄弱，仅为5.2%。但与全球相比，七个重点城市的专利运营活跃度还有待进一步提升，全球的专利运营活动占比已达到13.3%。

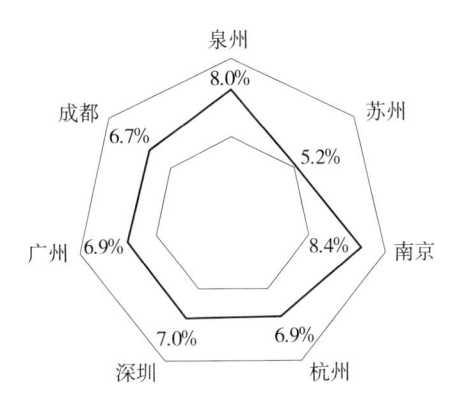

图4-24 重点城市传感智能制造领域专利运营占比情况

专利转让、质押和许可是七个重点城市主要的专利运营方式，从图4-25可见，转让是国内重点城市的主要专利运营方式，其余运营方式均不足50项。从泉州看，其专利转让量为186项，在七个城市中位列第四，专利质押量为22项，排名第三，专利许可则以7项申请排名第六。总体来看，泉州的专利运营活动在七个重点城市中处于中等位置，参与专利运营的主体有一定活跃度，专利运营活动基础良好。

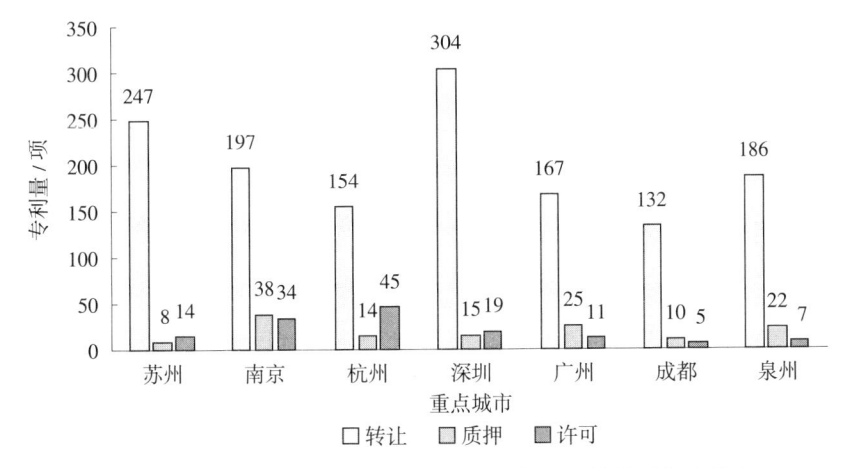

图4-25 重点城市传感智能制造领域专利运营类型分布情况

1. 转让情况

表4-15显示了泉州市传感智能制造领域专利转让的部分情况，可以看出，泉州市专利的转让方主要为企业，说明泉州的企业较为重视专利的变现，其中，福建省河兴智能科技用品有限责任公司是转让专利数量最多的创新主体，向泉州市河兴陈列用品有限公司转让了9项专利。相对而言，高校、科研院所参与专利对外转让较少。

表4-15 泉州市专利转让情况（部分）

转让方	受让方	数量/项	总计/项
福建省河兴智能科技用品有限责任公司	泉州市河兴陈列用品有限公司	9	9
厦门煜雄智能机器人有限公司	泉州市道正智能科技有限公司	8	8
蒋韵坚	泉州七洋机电有限公司	7	7
安徽扫宝智能科技有限公司	王兴民	1	6
	陈淑腾	1	
	骆碧卿	1	
	曾品珠	1	
	陈淑腾	1	
	曾品珠	1	
西人马（厦门）科技有限公司	西人马联合测控（泉州）科技有限公司	5	5
安庆里外里工业产品设计有限公司	黄志勇	1	4
	骆雪娥	1	
	泉州市泉港区顾乐居家具商行	2	
泉州摩科索达科技有限公司	惠安县螺阳邓先鹏建筑物清洁服务中心	1	4
	泉州台商投资区中栓机械技术有限公司	1	
	惠安县崇武镇石板然茶叶店	1	
	惠安县崇武镇芳鑫茶具商行	1	
福建泉州匹克体育用品有限公司	泉州匹克鞋业有限公司	4	4
安溪县尚品千艺模型有限公司	泉州千品千艺科技有限公司	4	4

续表

转让方	受让方	数量/项	总计/项
深圳市研本品牌设计有限公司	张保国	1	3
	安溪县桃舟乡同盛茶叶专业合作社	1	
	张保国	1	
漳州市锦成电力设备有限公司	石狮市乐成科技发展有限公司	3	3
泉州市拓迪派克电子有限公司	福建链物科技有限公司	3	3
哈尔滨工业大学	泉州万智科技合伙企业（有限合伙）	3	3
东莞市联洲知识产权运营管理有限公司	泉州市泉港区顾乐居家具商行	3	3

2. 质押情况

表4-16展示了泉州市专利质押情况，从中可以看出，泉州市通过专利质押融资的创新主体均为企业，质权人为银行和个人。其中泉州七洋机电有限公司、泉州台商投资区国钗商贸有限公司、福建恒劲科博测控技术有限公司、泉州小斑鹿科技有限公司等，分别向兴业银行股份有限公司泉州分行、中国建设银行股份有限公司泉州台商投资区支行、福建海峡银行股份有限公司泉州科技支行和张仕骁申请贷款融资，是质押专利最多的企业。

表4-16 泉州市专利质押情况

质押人	质权人	数量/项	总计/项
泉州七洋机电有限公司	兴业银行股份有限公司泉州分行	3	3
泉州台商投资区国钗商贸有限公司	中国建设银行股份有限公司泉州台商投资区支行	3	3
福建恒劲科博测控技术有限公司	福建海峡银行股份有限公司泉州科技支行	3	3
泉州小斑鹿科技有限公司	张仕骁	3	3
泉州市微柏工业机器人研究院有限公司	兴业银行股份有限公司泉州分行	2	2
泉州市晋源消防水暖有限公司	兴业银行股份有限公司南安支行	1	1
石狮市诚新电脑织唛有限公司	兴业银行股份有限公司石狮支行	1	1
石狮市星港塑胶包装有限公司	中国农业银行股份有限公司石狮市支行	1	1

续表

质押人	质权人	数量/项	总计/项
福建永恒能源管理有限公司	兴业银行股份有限公司泉州分行	1	1
泉州平旺科技有限公司	张淑兰	1	1
华尔嘉（泉州）机械制造有限公司	中国银行股份有限公司惠安支行	1	1
惠安中正网络科技有限公司	泉州市北极星服装贸易有限公司	1	1
江苏凯尔消防工程设备有限公司	南京银行股份有限公司南京分行	1	1

3. 许可情况

表4-17展示了泉州市专利许可情况，许可专利的创新主体主要为个人和企业，其中蒋韵坚为泉州七洋机电董事长，洪清德则是福建宏茂科技有限公司的现任法人、福建南美机械有限公司的前法人，可见微小企业的董事长技术创新实力突出。

表4-17 泉州市专利许可情况

许可方	被许可方	数量/项	总计/项
蒋韵坚	泉州七洋机电有限公司	2	2
洪清德	福建宏茂科技有限公司	1	2
	福建南美机械有限公司	1	
泉州正鑫机械有限公司	泉州隆硕纺织机械科技有限公司	1	1

总结来看，泉州市专利运营活跃度与国内重点城市相比较为活跃，但与全球水平相比差距较大。目前，泉州市实施专利转让、质押、许可的创新主体均主要为企业，高校/研究机构参与较少。一方面反映了泉州市企业在专利运营活动方面较为活跃，转化运用效益得到进一步提升；另一方面反映了泉州高校科研成果产业化、商业化应用较为薄弱，产学研合作转化成果的模式有待进一步探索。未来泉州市应积极挖掘区域内研发主体尤其是高校科研机构的专利运营需求，建立开放、流动、多元的公共服务体系，更加有效地激发区域创新活力。

4.3 小结

本章立足于专利数据,结合泉州市产业发展现状,对泉州市传感智能制造产业在全省及全国产业环境中所处位置进行了多维度的分析和研判,形成以下几点结论:

1)福建位居国内第二梯队首位,发展势头迅猛,泉州强势领跑福建产业发展。

福建省传感智能制造产业共涉及专利申请4408项,在31个省(区、市)中排名第七,位居第二梯队首位,与发展较好的长三角和珠三角地区紧密相邻,发展前景一片向好。进一步从二级分支的专利申请量来看,福建同大部分省份一样,均侧重于发展生产线领域相关技术,专利申请量与其他分支领域相比优势较为明显;网络层和执行层则是福建省的薄弱环节,申请量不及总申请量排名在后的辽宁、安徽、四川等省份;福建省在感知层具备一定发展潜力,申请量可与总申请量排名靠前的上海和山东一较高下。在福建省内,泉州市以2801项专利位列各市第一,侧重发展的生产线方向拥有近2000项相关专利申请,而在感知层和执行层领域的申请量也高居榜首,与其余市相比优势明显。

2)迎政策力推泉州加速产业发展,新基建添新动能,下设各区县创新聚焦生产线持续增长,头部企业有待壮大。

泉州市传感智能制造产业2015年后进入高速发展期,此后专利量始终保持在百项以上,研发重点逐步由感知层向生产线领域迁移,生产线领域的专利占比在2012—2016年首次突破50%,在2017—2021年这5年间热点进一步向生产线领域转移,专利占比高达72.7%。泉州市南安市、丰泽区、惠安县等13个县级行政单位均有传感智能制造领域相关专利申请,各区市县之间专利申请量差异明显,生产线是各区县申请的集中技术领域。泉州主要创新主体中企业和高校/科研院所各占半壁江山,但排名前三的均为高校/科研院所,西人马、七洋机电等泉州本地巨头企业专利申请量均不足50项。

3)泉州市传感智能制造产业结构失衡,呈现沙漏型,网络层和执行层亟待补齐。

泉州市传感智能制造产业结构失衡，产业发展呈现"两强两弱"的态势，网络层和执行层方面申请量占比分别为2.6%和6.1%，申请人数量占比也仅为3.3%和8.5%，远低于全球、国内和福建省的水平，也远落后于国内发展较好的苏州、南京、杭州等重点城市，是泉州产业结构的薄弱环节。而泉州在感知层的申请量占比为20.3%，申请人占比为26.8%，两者均超过国内、福建省和其他重点城市的同类占比，且与全球平均水平相近，尤其是射频识别领域，具备一定的竞争力。泉州在生产线的申请量占比达到71%，申请人占比为61.4%，两者均处于国内领先水平，且高于全球和发达国家水平，是泉州市传感智能制造产业的优势领域，其中的机器人和3D打印是主要的领先环节。

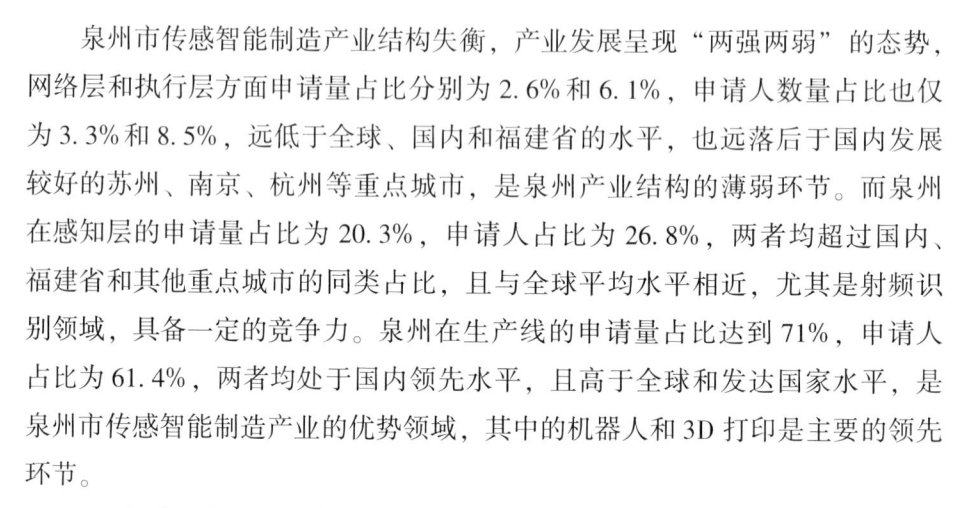

4）部分环节创新要素不足，研发力量薄弱，人才队伍结构失衡。

泉州目前共687家企业在传感智能制造领域进行了专利布局，在射频识别和机器人领域企业整体实力突出，对比其余六个重点城市在技术创新与企业集聚方面均占据优势；3D打印领域的创新主体相对不足，但企业技术实力强，领域内呈现集约化发展的趋势；云计算、大数据、工业互联网、控制系统、智能测控装置与部件、伺服电机等领域尚未形成一定规模的企业集群，缺少创新主体，缺乏技术创新，是泉州市未来应着重发展的传感智能制造领域。

泉州市传感智能制造产业发明人共计937位，高校科研院所发明人共计232位，人才聚集程度较低，产业人才和科研骨干数量在重点城市中排名均靠后，同时，泉州还存在人才队伍结构失衡的问题，在传感器、射频识别、高档数控机床和机器人领域人才储备相对丰富，但高档数控机床和3D打印方面的领军人才不足，而在云计算、大数据、工业互联网、控制系统和伺服电机等领域人才储备不足20人。值得注意的是，泉州市传感智能制造产业人才整体创新活力较高，企业发明人人均专利申请量和科研骨干的人均专利申请量在重点城市中处于领先位置。

5）产学研融合、产业链合作尚未形成规模联动效应，企业积极推动专利价值变现。

泉州市传感智能制造专利联合申请共计94项，主要是企业与高校科研院所之间的合作研发，特别是泉州中国兵器装备集团特种机器人研发中心、泉州华中科技大学智能制造研究院、华侨大学在机器人领域中与地方企业开展密切合作,支撑起机器人产品的技术研发与商业应用,形成了产学研协同创新发展的良好局面。当然,还应看到泉州市产业协同创新仍较少,协同发展成效还不足,特别是当地企业之间的联系较少,产业链上下游企业协同创新缺失。

泉州市专利运营活跃度与国内重点城市相比较为活跃,参与运营活动的专利占比为8.0%,但与全球水平相比差距较大。目前,泉州市实施专利转让、质押、许可的创新主体均主要为企业,高校/研究机构参与较少。一方面反映了泉州市企业在专利运营活动方面较为活跃,转化运用效益得到进一步提升;另一方面反映了泉州高校科研成果产业化、商业化应用较为薄弱,产学研合作转化成果的新模式有待进一步探索。

第5章
泉州市传感智能制造产业发展对策建议

基于前述分析结果，本章将围绕构建全产业链"朋友圈"，从以优化产业创新布局结构铸链、以提升企业自主创新能力强链、以积极对接高端创新资源补链、以强化关键核心技术攻关夯链、以营造创新服务良好环境融链、以拓展更高水平开放合作延链六个方面提出产业链发展对策建议，旨在引导泉州在传感智能制造产业重点技术方向重点发力，针对性地提出企业、人才的培养或引进方案，从而为泉州政府和企业提供可参考的产业发展路径，促进泉州市传感智能制造产业链高质量发展。

5.1 以优化产业创新布局结构铸链

产业结构是产业发展在宏观层面的反映，合理的产业结构对产业发展具有重要的作用，本节将围绕泉州本地原始创新，打造泉州市传感智能制造产业先发优势，同时针对泉州市传感智能制造产业布局结构中的不足进行优化铸链。

根据泉州市传感智能制造产业定位分析结论，泉州产业结构失衡，呈现"两强两弱"的态势，在感知层和生产线领域进行了大量领先布局，尤其是射频识别和机器人领域，更是领跑全国，企业整体实力突出，人才储备相对丰富；相比之下，高档数控机床和3D打印领域的领军人才实力相对不足，且高档数控机床和传感器的企业平均专利产出量在重点城市中排名靠后。而泉州在网络层和执行层的结构劣势明显,远低于全球、国内和福建的水平,也远落后于国内发展较好的苏州、南京、杭州等重点城市,是泉州亟须发展的短板领域。《泉州市国民经济和社会发展第十四个五年规划和二〇三五年远景目标纲要》指出,围绕打造具有区域影响力的智能装备制造基地,力争至2025年产值达3000亿元,突出高端化、智能化,加快洛江、晋江、南安等装备园区建设,针对传统产业改造提升和高新产业发展需求,深入推进智能制造,发展数控化与自动化水平高的数控机器人产业。

针对泉州市传感智能制造产业目前存在的问题和泉州市的发展目标,建议泉州市从以下五个方面出发,找准产业发展着力点,科学谋划产业定位,系统布局高水平创新基地。

1. 聚焦本地产业链发展现状,拉长长板筑牢基础

产业链就是由在生产、运营等环节具有内在技术经济关联的企业依据特定的逻辑关系和时空布局关系,为实现价值增加等经济活动而形成的网链结构。针对泉州市传感智能制造的产业链现状,建议充分发挥本地资源优势,培育一批"专精特新"企业,同时拉长长板,支持龙头企业提高产业集中度。泉州市传感智能制造产业已具备一定的基础,拥有一批活跃度较高的龙头创新主体,如西人马、七洋机电等,以及一批主营业务突出、竞争能力强的小型企业,如波尔测控科技、信亿机械科技等。做好这些企业的培育工作,进一步发挥这些企业的带动作用,将有利于促进泉州市传感智能制造产业的集聚化发展。

2. 灵活补齐短板,推动"新基建"赋能产业发展

针对泉州本地资源劣势,建议找准产业链堵点、断点,灵活补齐本地弱势短板。泉州市传感智能制造产业在网络层和执行层方面存在较大劣势,云计算、大数据、工业互联网、控制系统、智能测控装置与部件以及伺服电机的创新产出远低于国内其他重点城市。在网络层和执行层方向上大力开展精准招商工作,补齐本地处于劣势的产业链条,有助于泉州市传感智能制造产业的基础再造和产业链提升,为打造自主可控、安全可靠的产业链供应链奠定基础。

另外,建议以数字化基础设施的建设带动招商引资,促进产业高质量发

展。具体来说,合理规划建设一批5G、物联网、工业互联网等新一代通信网络技术基础设施,人工智能、云计算、区块链、数据中心和智能计算中心等新一代数据信息运算能力基础设施。深度应用互联网、大数据、人工智能等技术,统筹推进一批"5G+""人工智能+""区块链+"的跨界融合项目,支撑传统基础设施、传统产业、传统业态转型升级。

3. 加强人才培育与引进,打造产业创新高地

人才引进和培育工作是产业高质量发展的第一驱动力,目前泉州市传感智能制造产业已具备一定的人才规模,传感器、射频识别、高档数控机床和机器人领域人才储备相对丰富,但其中高档数控机床和3D打印方面的领军人才不足,其余方向的人才则相对缺乏。针对泉州市传感智能制造产业的人才现状,一方面,建议开拓本地人才的培育途径,鼓励开展科技创业、科技成果转化,建立科技成果转化与创业投资扶持机制,让人才集聚有平台,干事有舞台;另一方面,建议立足科技和产业需要,大力引进高层次人才,吸引越来越多的优秀种子落地,构筑科技人才"蓄水池",同时优化人才服务模式,着力解决好住房、入学、就医等各类需求,以"最优的创新生态"换来"最强的发展动能",全力打造更具活力的产业创新高地。

4. 关注技术链重要环节,攻克核心关键技术高地

全球传感智能制造业发展迅猛,技术发展日新月异,立足科技自立自强,把创新作为引领发展的第一动力,全面提升自主创新能力,是企业的立企之本。目前,泉州传感器、射频识别、机器人和3D打印领域发展良好。结合各领域的发展方向看,传感器是中、美、日市场共同的高壁垒技术,生产线市场吸引力强,是国内外产业结构中的重点发展领域。因此,建议泉州市企业应当不断关注上述重点技术方向的技术路线变化,厘清技术发展趋势,避免在技术研发上走错路、走弯路,集中资源攻克关键核心技术,通过灵活运用专利布局策略,加快技术赶超。

5. 统筹整合区域创新资源,构建产业发展新格局

泉州拥有丰富的传感智能制造创新资源储备,经开区产业建设取得明显

成效。因此，建议泉州市结合园区现有资源和优势，合理配置产业链、创新链、资源链，加强政策引导，推广产业、园区、企业"三位一体"协调可持续发展模式，推动科技成果向现实生产力转化，促进各类创新资源与要素向企业聚集，构建协同有序、优势互补、科学高效的创新发展格局。

5.2 以提升企业自主创新能力强链

我国走创新驱动发展的道路，市场主体必然要成为创新主体，引导支持各类企业将科技创新作为核心竞争力，对实现高水平科技自立自强、促进经济稳定增长和高质量发展、推进产业链强链具有重要作用。而目前泉州企业普遍存在研发力量薄弱、创新能力不足的情况，提升泉州本地企业的自主创新能力将为泉州本地产业的发展提供新动力，同时也是产业链强链的有力手段。2022年8月，科技部、财政部联合印发《企业技术创新能力提升行动方案（2022—2023年）》，为泉州科技型企业带来重大利好。

5.2.1 培优扶强产业头部企业

综合考虑泉州本地传感智能制造产业中各企业的专利申请量、有效专利占比与发明专利占比等分析指标，西人马和七洋机电的各项指标位居泉州本地企业的前列，考虑将这两家企业列为泉州本地的头部企业。结合产业发展方向、泉州发展定位分析，以西人马的分析为例，建议泉州从以下几个方面培优扶强本地头部企业。

第一，支持头部企业建设国内一流的企业研发机构，提升企业创新能力。研发机构是企业开展技术创新、实现科技进步的基础条件。加强企业研发机构建设，是深入实施创新驱动战略、推进科技创新工程的必然要求，是增强企业自主创新能力、加快转变经济发展方式的重要手段，是优化科技创新资源配置、促进科技经济紧密结合的有效途径。

因此，建议泉州本地头部企业建设一流的企业研发机构，按照"有技术人员、有固定场所、有研发经费、有科研设备、有具体研发方向"的要求，引导和支持企业建立工程（技术）研究中心、技术中心、重点实验室、工程实验室、研究生工作站、博士后工作站、院士工作站、"千人计划"工作站等研发机构，不断改善研发条件，着力培养和引进科技人才，持续产出创新成果，显著提升企业自主创新能力。

如传感智能制造领域内的龙头企业西门子公司，早在2011年就计划在成都建立世界领先的工业自动化产业研发基地，是继德国和美国之后西门子在全球设立的第三大工业自动化产品研发中心。而在2019年5月，西门子智能制造（成都）创新中心和西门子工业软件全球研发中心在成都高新区落地启动，项目总规模约10亿元。同时，西门子还在成都设立了全球工业4.0标杆工厂——成都数字化工厂，西门子在成都的布局，充分发挥了创新研发与制造运营的协同效应，引入了大量全球专家资源、软硬件研发平台、行业知识与业务实践，助力成都融入全球智能制造创新体系。

事实上，泉州本地企业对建设研发机构有着一定的需求。如西人马的上海研发中心在2020年就落地了张江高科，据悉该研发中心将致力于高端芯片的研发与制造。除上海研究中心外，西人马在厦门、西安、深圳以及北京均设立有研究院，合称为未来先进技术研究院（见图5-1），这些研究院分工明确，侧重点各有不同，如厦门研究院致力于交通及工业设备的机械诊断系统、道路桥梁健康监测系统、泛在电力物联网的全场景感知系统和车路协同系统；西安研究院以FATRI自主研发的传感器、MEMS芯片为基础，聚焦于各类机电（电子）设备的健康监测及控制系统的研究与开发；深圳研究院主要研究方向为物联网、大数据、人工智能平台和物联网操作系统及芯片设计，可以广泛应用于工业制造、安防、民用航空航天、轨道交通、能源、医疗、公共设施等领域，帮助它们实现智能化。

图5-1 西人马未来先进技术研究院

第二，推动头部企业夯实主业，丰富和拓展产品应用场景。

从头部企业的调研看，如西人马公司就反馈其终端产品在本地使用情况较差，这与西人马产品的适用场景与本地企业主营方向匹配度不高有较大关系。西人马传统的产品包括加速度传感器、滑油传感器以及压力传感器等，同时，也在加快与 MEMS 技术的融合发展，实现传感器向智能化、微型化、集成化、低功耗加速升级，产出了压力系列、红外系列、光学系列等传感器芯片。目前的应用场景包括船舶、轨道交通、工业、民用航空、汽车、航天以及能源等（见图 5-2），而泉州本地在这些领域的基础并不深厚，继而影响西人马的本地市场拓展。

图 5-2　西人马产品应用领域

因此，建议本地头部企业以产业数字化转型和民生消费升级为导向，进一步丰富和拓展传感器在城市当中的应用场景，扩大传感器的应用规模，如契合智能家居、鞋服智能制造等领域，设计自动感应洗手液模组、自动感应开关、鞋服边缘定位等。同时，在拓展新应用场景下，还建议注重产业协同与合作、联合产业链上下游企业形成大中小企业融通发展，进一步完善产业生态，突破关键技术，缩短产品开发周期，降低成本，提高可靠性。

第三，鼓励头部企业发挥核心主导作用，延伸产业链，向大型化、集团化发展。

从西人马的专利布局可以看出，目前布局的技术主体主要集中在感知层，与三菱、日立、西门子等行业内领军企业的全领域技术布局相比，西人马的技术布局过于单一。然而，西人马在传感智能制造领域的发展野心不止于感知层领域，其相关产品已向网络层发展，相关产品包括边缘计算模组以及塔斯云平台等，其深圳研究院也将物联网、大数据、人工智能平台和物联网操作系统等作为主要的研究方向，如图5-3所示。

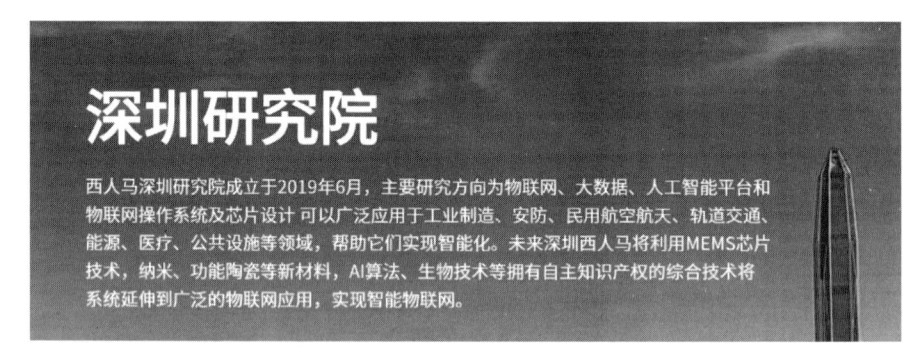

图5-3 西人马未来先进技术研究院深圳研究院

基于此，建议头部企业在巩固主业基础上延伸产业链，利用多层次资本市场，开展技术、业务、品牌和渠道等要素并购重组，跨地区、跨行业开展产业链垂直整合，实现资源共享、优势互补，向大型化、集团化、现代化发展，发挥其在产业集群中的核心主导作用，增强产业集聚力，提高泉州市传感智能制造产业本地集中度。

5.2.2 引导中小企业迈向专精特新

综合考虑企业的专利申请量、有效专利占比与发明专利占比等分析指标，筛选出表5-1中所展示的泉州市传感智能制造产业本地重点培育中小企业名单。

表 5-1 泉州市传感智能制造产业本地重点培育中小企业名单

类型	企业名称	申请量/项	有效专利占比/%	发明占比/%
自主研发	华尔嘉（泉州）机械制造有限公司	22	77.3	18.2
	泉州市道正智能科技有限公司	18	88.9	16.7
	泉州市科恩智能装备技术研究院有限公司	14	35.7	14.3
	泉州市冠航达电子科技股份有限公司	14	85.7	14.3
	泉州日新流量仪器仪表有限公司	14	28.6	50.0
	黑金刚（福建）自动化科技股份公司	14	7.1	28.6
	福建省速卖通电子商务有限公司	13	7.7	92.3
	福建省国巨智能科技有限公司	13	92.3	7.7
	泉州市顺辉数控科技有限公司	12	91.7	8.3
	泉州市比邻三维科技有限公司	12	33.3	41.7
	福建南方路面机械股份有限公司	11	36.4	18.2
	福建成功机床有限公司	11	27.3	27.3
创新活跃	福建省正丰数控科技有限公司	22	95.5	0.0
	福建煜雄科技有限公司	17	100.0	0.0
	泉州可睿特数控设备有限公司	15	100.0	0.0
	福建省科启精密机械加工有限公司	12	100.0	0.0
	福建省鈊美机械有限公司	11	100.0	0.0
	福建敏捷机械有限公司	11	90.9	0.0
	福建南方路面机械股份有限公司	11	36.4	18.2
	晋江万芯晨电子科技有限公司	10	50.0	40.0

新形势下，泉州中小微企业创新发展机遇与挑战并存。一方面，中小微企业的发展面临着复杂的国际环境、新冠疫情以及传统市场饱和等不利因素的影响；另一方面，当前的消费扩容、新基建投资加速和产业链现代化等也为泉州中小微企业带来了机遇。结合产业方向、结构与企业定位分析，建议泉州从以下几个方面加强本地中小企业培育：

1）强化顶层设计，完善中小微企业发展规划。

为推动中小微企业创新发展，泉州许多政府部门都制定了相应的策略，如泉州市财政局发出《关于给予中小企业政府采购预付款支持有关事项的通知》，再如由市工信局联合市科技局、财政局、人社局、市场监管局、金融监管局、泉州银保监分局、市科协等8部门研究提出的《关于加大对"专精特新"中小企业研发支持的若干措施》、泉州市金融工作办公室印发《泉州市2022年提升民营和小微企业金融服务能力行动方案》等，从不同层面为泉州中小微企业的发展提供了政策支持。但由于各类政策缺乏统一的规划，"碎片化"现象比较明显，严重影响了政府投入的实效。

因此，建议一方面泉州对已发布的各类政策进行统筹规划和系统设计，并基于对政策实施进行的监督和绩效评价结果及时进行优化调整；另一方面结合泉州经济社会发展的基础和中小微企业创新发展需要，进一步补充现有的战略规划中的遗漏部分，明确各个部门在促进中小微企业创新发展中的职能以及政府应该投入的各种资源和保障，保持各项政策的稳定性和可持续性，构建促进中小微企业创新发展的长效机制。

2) 鼓励各类中小企业围绕龙头企业聚集发展，主动对接龙头企业需求。

从前述的分析可见，泉州市传感智能制造产业中以中小企业居多，产业低小散特征明显，抗压能力弱，一定程度上造成了很多中小企业不敢创新，不敢突破，不敢推动组织变革。鼓励各类中小企业围绕龙头企业聚集发展，主动对接龙头企业需求，与大企业建立稳定的生产、研发等专业化协作配套关系，将有利于提升全产业链竞争力。

在泉州规划打造全国重要的传感智能制造产业蓝图中，感知层以西人马等为主导，发展各类传感器应用；生产线以正丰数控、微柏工业机器人等为主导，发展数控机床、工业机器人和3D打印等设备制造；对产业链缺失的网络层和执行层，将通过产业招商等多种途径，引入和培育一批国字号、省字号以及符合泉州产业发展导向的大企业大项目。通过大企业引领，让众多的中小企业搭乘大企业大项目的"顺风车"实现转型升级，从外部解决中小微企业的技术创新问题，使中小微企业做专做精，带动全产业链可持续发展，实现产业共富。

5.2.3 提升本地人才创新能力

综合考虑发明人的专利申请量、实用新型申请量等分析指标，筛选出泉州本地传感智能制造产业重点企业发明人名单，见表5-2。本地已有发明人稳定性高，要从多种渠道加大各类人才培养力度，盘活、用好现有人才资源，精准培育一批"金字塔"塔尖上的领军人才和"卡脖子"领域的中枢人才，充分发挥本地人才的才能，不断增强发展的内生动力。

表5-2 泉州本地传感智能制造产业重点企业发明人

企业名称	发明人	发明申请量/项	实用新型量/项
西人马	聂泳忠	10	20
南安建金工业设计有限公司	张秀平	6	16
华尔嘉（泉州）机械制造有限公司	蔡小强	4	18
泉州市道正智能科技有限公司	黄俊雄	0	15
泉州可睿特数控设备有限公司	陈昌啸	0	15
泉州七洋机电有限公司	刘明生	1	13
泉州市科恩智能装备技术研究院有限公司	陈维通	2	12
泉州市比邻三维科技有限公司	林逢春	5	7
泉州市顺辉数控科技有限公司	曾辉	1	11
福建省速卖通电子商务有限公司	陈伟民	12	0
福建省国巨智能科技有限公司	何彬辉	1	11
泉州市冠航达电子科技股份有限公司	蔡崇开	1	10
福建省鈊美机械科技有限公司	李小林	0	10
福建煜雄科技有限公司	黄俊雄	0	10
泉州市河兴陈列用品有限公司	陈松	1	8
泉州市超捷三维科技有限公司	吴志平	1	8
泉州日新流量仪器仪表有限公司	梁鲁林	4	5
黑金刚（福建）自动化科技股份公司	阚凯	2	7
福建省正丰数控科技有限公司	陈志明	0	7
泉州智勇达电气有限责任公司	傅朝义	3	5
泉州七洋机电有限公司	蒋韵坚	3	5
泉州七洋机电有限公司	蒋冬兰	1	7
福建省心实科技设备有限公司	刘继勇	0	8

结合前文对泉州人才定位的分析，针对泉州市传感智能制造产业高层次人才相对较少的问题，建议从以下三点加强本地人才培育：

第一，统筹推进"人才、团队、项目"一体化建设，发挥重点科技计划项目培养产业人才的作用。以产业需求为导向，以项目为载体，以领军人才培养带动创新团队建设为主线，以创新团队开放为抓手，按照"领军人才+创新团队+科研项目"的总体思路，提升产业人才参与科研项目的积极性，打造富有活力、吸引力和竞争力的人才发展生态。坚持在重大创新项目中加强传感智能制造的人才培养，重点以省、市科技计划项目为依托，支持和培育一批具有发展潜力的中青年科技创新高层次人才，推进实施"企业高层次人才创新创业项目"等工程，将传感智能制造高层次人才的培养与产业发展目标相结合，逐步强化科技计划中的人才培养要求，在科技计划项目中通过遴选优秀人才团队，实施稳定支持。

第二，进一步完善产学研用联合培养创新创业人才机制，引导和鼓励企业人才技能提升。针对传感智能制造重大前沿技术与产业化关键共性技术，引导企业、大学、科研机构共同组成以企业为主体、产学研用紧密结合的产业技术创新战略联盟，依托产业技术创新战略联盟，支持企业、科研院所与高等学校通过实质性研发合作，吸引和凝聚更多企业人才参与，联合培养高层次领军人才和创新团队。依托产业技术创新战略联盟，从企业选拔优秀的技术尖子进入相关高校、研究所进行学习深造，引导和鼓励企业人才注重创新能力的提升，打造一批在国际、国内学术和技术领域都处于领先水平的高层次人才。

第三，建设自身知识产权团队，推动现有成果的保护与应用。企业在进行技术研发创新的过程中会投入大量的人力、物力和财力。知识产权作为企业保护自身研发成果的重要手段，能够很好地避免竞争对手通过模仿、复制、反向工程、商业间谍等不正当手段低成本地窃取企业的技术成果、抢占市场份额。建立企业自身知识产权团队不仅能为企业研发的技术成果保驾护航，进行专利侵权与被侵权预警，还能够利用专利数据为企业的技术发展提供引领性建议。泉州企业可通过招引的方式引进外部成熟的IPR团队或对企业内知识产权方面人才加以培养，帮助企业建立完备的知识产权体系、对现有专利技术成果等进行统筹规划，进而推动企业对现有专利成果的保护与应用。

5.3 以积极对接高端创新资源补链

《泉州市"十四五"制造业高质量发展专项规划》提出，要围绕主导产业、新兴产业等重点领域，持续推进产业链梳理分析，找准产业链堵点、断点，编制产业链关键缺失环节招商目录，谋划生成一批高技术、高效益、高质量的产业链填平补齐项目。传感智能制造产业作为泉州市的重点产业，目前产业呈现"沙漏型"结构，即感知层和生产线具备相当大的竞争力，但网络层和执行层亟待补齐。积极对接高端创新资源，对泉州市传感智能制造产业的网络层和执行层进行产业链补齐，推动产业结构向"圆柱形"发展，将助力泉州市传感智能制造产业健康高速发展。

5.3.1 打造优势特色产业集群

泉州市传感智能制造产业要想在推行链式招商上有新突破，就要按"缺什么招什么、什么弱补什么"的原则，聚焦、补足产业链短板弱项。前述第3.3.1节中，通过对泉州市传感智能制造产业结构进行分析，我们认为泉州市在以云计算、大数据和工业互联网为主的网络层领域以及包括控制系统、智能测控装置与部件和伺服电机在内的执行层领域，创新主体仍有所缺失。因此，本节将从专利数据出发，深入上述弱项分支，综合考虑多维度分析指标进行筛选，挖掘领域内企业、科研院所，得到网络层、执行层的可对接/引进市外企业清单和可合作市外科研机构清单，为泉州打造优势特色产业集群提供助力。

1. 可对接的头部企业

综合考虑企业技术创新实力、跨国影响力、合作可能性等因素，本节主要以申请人的专利申请量、PCT申请量、联合申请量等作为评估指标，对当前申请人类型为企业的创新主体进行分析筛选，得到可供泉州市关注的国内外头部企业清单，并通过多项分析指标综合评价，最终划定了推荐级别，详见附录1。

企业的专利申请量在很大程度上能够反映出其技术创新实力，以思杰系统国际有限公司为例，思杰系统（Citrix Systems）是一家于 1989 年成立的跨国软件公司，在云计算领域发展优异，以 598 项专利位居全球企业申请量第二、PCT 全球专利布局断层式稳居榜首，其主营的 Citrix 解决方案被包括微软公司在内的超过 400000 家企业所采用。思杰系统拥有全球化宏观布局，除美国佛罗里达州劳德代尔堡的总部外，在加利福尼亚州和马萨诸塞州设立有子公司，在澳大利亚、印度、加拿大和英国设有开发中心。就国内而言，思杰系统在北京和南京下设有独立公司，在上海、广州也有分公司成立，充分体现出该企业通过设立分公司进行全球化布局的强烈意愿。因此重点推荐思杰系统国际有限公司作为网络层云计算领域的可对接头部企业。

专利联合申请量高通常能够反映企业具备较强的合作意愿，协同研发可能性较高。以国家电网为例，该公司成立于 2002 年，拥有 16 家产业公司、6 家上市公司，企业布局遍布九个国家／地区，其下辖的国网智能科技股份有限公司专注于大数据、机器人、物联网等领域的技术研发，成果斐然。尽管国家电网以电力业务闻名全球，而事实上据科技创新情报 SaaS 服务商智慧芽（PatSnap）公布的《全球企业智能制造专利排行榜》显示，国家电网在传感智能制造领域也建树颇丰，位列全球百大智能制造专利企业第 6 名。自成立至今，国家电网积极与其他申请人共同合作申请多项专利，联合申请占比高达 77.9%，特别是在执行层的控制系统领域拥有 166 项联合专利申请。因此将其推荐为控制系统领域可对接的头部企业，期待通过与之对接来辐射带动泉州市相关企业的发展。

2. 可引进的创新企业

综合考虑企业技术创新实力、创新活跃度、持续产出能力、引进难度等因素，本节主要针对近 5 年仍然活跃在传感智能制造产业的申请人进行分析，以申请人的申请量、有效发明专利量、有效发明专利占比等作为评估指标，对当前申请人类型为企业的创新主体进行分析筛选，结合国内产业分布，着重考虑了环渤海地区、长三角地区、中西部地区和珠江三角洲地区，得到可供泉州市关注的国内外（泉州除外）创新企业清单，并通过多项分析指标综合评价，最终划定推荐级别，详见附录 2。

企业的年均专利申请量在很大程度上能够反映其持续创新能力，以深圳市玄羽科技有限公司为例,其由资深管理者和海归人员创立于2017年,是一家深钻工业大数据及机器学习等技术、致力于为制造业提供智能工厂解决方案的高科技企业。其自主研发的SmardustrX大数据处理平台以海量数据采集、汇聚、分析为基础,能够有效支撑制造资源的弹性供给与高效配置。玄羽科技自2020年开始有专利产出,次年就在大数据领域申请了19项专利,创新实力有目共睹。因此,考虑到深圳市玄羽科技有限公司在大数据方面的持续创新实力,推荐其为创新企业。

企业的专利有效发明量可以很好地映射其创新能力。以重庆新登奇机电技术有限公司为例,它创立于2001年,主要产品有全数字交流伺服电机、全数字交流伺服驱动装置等伺服类控制产品。其100%控股的重庆新登奇机电技术有限公司于2018年开始在伺服电机领域布局专利,总有效发明占比达到50%,在国内伺服电机领域独占鳌头,充分体现了重庆新登奇及其母公司上海登奇优异的创新研发能力。此外,上海登奇在武汉、佛山、成都等地设立了多个分公司及办事处,下一步计划在天津、青岛、浙江、南京、巴西、印度等地区设立办事机构,充分体现出其高站位的全球化产业布局。综合考虑其创新研发能力与被引进可能性,推荐该企业作为泉州市可引进的创新企业。

3. 可合作科研机构

企业创新发展需要引进高新技术,充分调动高校、科研院所、企业等各类创新资源,促进技术成果产业化加快步伐。综合考虑科研机构技术创新实力、合作意愿、在华布局等因素,本节主要以申请人的专利申请量、联合申请量作为评估指标,对当前申请人类型为科研机构的创新主体进行分析筛选,得到可供泉州市合作的科研机构清单,并划定为1至5星共5个推荐级别,详见附录3。

专利申请量在很大程度上能够反映科研机构的技术创新实力。以浙江大学为例,浙江大学坐落于浙江省杭州市,是国家首批"211工程"和"985工程"重点建设高校,下辖有多个关于传感智能制造产业的研究、创新中心,如浙江大学智能制造技术及装备研发中心重点开展针对智能制造及智能工厂、智能检测装备、特种机器人、海洋装备的研发与产业化,主要涉及产业的网络层与执行层。另外,浙江大学不断加大对传感智能制造产业的重视,于

2022年开展的"浙江大学工程师学院机器人与智能制造工程项目",旨在面向智能制造行业内企业的实际需求,以制造业数字化、网络化、智能化发展为主线,重点培养掌握人工智能2.0与设计、加工、装配、运维等深度融合的高级技术人才。截至检索日,浙江大学在传感智能制造的网络层与执行层分别拥有168项、126项专利,表现出强大的科研实力。因此,推荐浙江大学作为网络层与执行层的可合作的科研机构。

较高的专利联合申请量通常能够反映科研机构具备较强的合作意愿。以清华大学为例,它作为中国最高学府之一享誉全世界,位列国家"双一流"A类、"985工程"和"211工程",入选"2011计划""珠峰计划""强基计划""111计划",是中国高层次人才培养和科学技术研究的基地,被誉为"红色工程师的摇篮"。清华大学在全国第四轮学科评估中有54个学科参评,评估结果为A类的学科有37个,包括控制科学与工程、机械工程在内的21个学科获得A+评价,高居全国高校榜首。面对第四次工业化革命,清华大学牵头设立了清华大学智能产业研究院(AIR),针对传感智能制造产业网络层的大数据、云计算、工业互联网等前沿技术进行研发与攻关,赋能制造业智能化转型升级。从专利布局来看,清华大学在传感智能制造产业的多个技术分支均有涉猎且专利联合申请占比名列前茅,与众多企业、高校等创新主体均有开展协同创新,体现出其积极的合作意愿,因此重点推荐清华大学作为可合作的科研院校。

5.3.2 构筑人才聚集高地

综合考虑人才技术创新实力、核心技术产出能力、创新支撑能力等因素,本节主要以发明人的专利申请量、发明专利占比等作为评估指进行分析筛选,分别从外国人才、国内企业人才和国内科研人才三个角度,得到可供泉州市关注的核心人才清单,并通过多项分析指标综合评价,最终划定推荐级别,详见附录4。

发明人的专利申请量在很大程度上能够反映其技术创新实力,截至检索日,浙江大学教授刘兴高在网络层和执行层分别拥有43项、35项专利,发明专利占比均超85%,在领域内具有较强的研发实力。作为智能制造和人工智能领域的"大拿级"专家,刘兴高在大数据与人工智能、机器人视觉和生物智能制造等领域建树颇丰,数度斩获国家科技进步奖、浙江省科技进步奖等高级别奖项,并主持承担完成了国家自然科学基金、国家重点研发计划、国家 863 计划、国家发改委工业自动化高技术产业化重大专项以及多个省部级项目。此外,刘兴高在科研之余积极投身市场,于 2021 年 3 月 1 日起任申洲国际集团控股有限公司独立非执行董事。综合考量刘兴高在学术界的优秀科研能力和较强的市场对接意愿,因此重点推荐刘兴高作为网络层和执行层领域可关注的核心人才。

需要注意的是,一些发明人尽管专利申请量不高,但其以自身技术起家创立公司,引领公司在领域内进行技术突破,我们也将这类人才列入可关注核心人才清单之中。以深圳市盛路物联通讯技术有限公司的总经理杜光东为例,杜光东深钻通讯、计算机和数字化领域,是原国家 863 计划数字化总体组副组长,原国家 863 计划发展战略研究组专家,也是 Spider 无线通讯协议的创始人,主持参与了十余项国家重点科研项目。2017 年,杜光东成立了深圳市盛路物联通讯技术有限公司,其自主研发创新的物联网无线通讯技术 DDA 广泛应用于智能工业、智能农业、智能交通、智能物流等多个行业领域,技术底蕴深厚。因此重点推荐杜光东作为网络层领域可关注的核心人才。

5.4 以强化关键核心技术攻关夯链

本节从产业发展方向和泉州技术实力出发,选取技术壁垒较高的传感器和未来发展热点生产线,通过对两个重点技术进行详细分析,为企业技术革新和创新提供发展思路,将有助于泉州突破技术壁垒、巩固技术优势,加快传感智能制造产业的发展。通过创新链的指向准确和硬核高效,破解产业链重大技术难题,降低产业链上下游关键核心环节的对外依存度。

5.4.1 提升传感技术,掌握市场主导权

传感器就是一种检测装置,通常由敏感元件和转换元件组成,可以测量信息,也可以让用户感知到信息。通过变换方式,让传感器中的数据或价值信息转换成电信号或其他所需形式输出,以满足信息的传输、处理、存储、显示、记录和控制等要求。

1. 传感器发展

传感器的发展，最早是来自工业自动化的推动。出于提高效率的目的，工业生产开始由中央控制室控制各个生产节点上的参量，包括流量、物位、温度和压力四大参数，催生了传感器的发展。这个趋势从20世纪70年代开始，到现在也是传感器应用最多的一种形式。

传感器的发展经历了三个阶段：

第1代是结构型传感器，它利用结构参量变化来感受和转化信号。例如：电阻应变式传感器，它是利用金属材料发生弹性形变时电阻的变化来转化电信号的。

第2代传感器是20世纪70年代开始发展起来的固体传感器，这种传感器由半导体、电介质、磁性材料等固体元件构成，是利用材料某些特性制成的。如：利用热电效应、霍尔效应、光敏效应，分别制成热电偶传感器、霍尔传感器、光敏传感器等。

20世纪70年代后期，随着集成技术、分子合成技术、微电子技术及计算机技术的发展，出现了集成传感器。集成传感器包括2种类型：传感器本身的集成化和传感器与后续电路的集成化。例如：电荷耦合器件（CCD），集成温度传感器 AD590，集成霍尔传感器 UG3501 等。这类传感器主要具有成本低、可靠性高、性能好、接口灵活等特点。集成传感器发展非常迅速，现已占传感器市场的 2/3 左右，它正向着低价格、多功能和系列化方向发展。

第3代传感器是20世纪80年代刚刚发展起来的智能传感器。所谓智能传感器是指其对外界信息具有一定检测、自诊断、数据处理以及自适应能力，是微型计算机技术与检测技术相结合的产物。20世纪80年代智能化测量主要以微处理器为核心，把传感器信号调节电路、微计算机、存储器及接口集成到一块芯片上，使传感器具有一定的人工智能。20世纪90年代智能化测量技术有了进一步的提高，在传感器一级水平实现智能化，使其具有自诊断功能、记忆功能、多参量测量功能以及联网通信功能等。

2. 专利壁垒分析

从前述主要市场国市场壁垒情况可见，传感器成为中、美、日市场共同的高壁垒技术。进一步统计传感器四级分支的技术壁垒情况（2002—2021年有效发明申请量），结果如图5-4所示。从图中可见，温度传感器、压力传感器和流量传感器的技术壁垒相当，均为2000项左右，MEMS传感器作为未来传感器的主流技术，目前的技术壁垒最高，为3957项，约为其他类型传感器的2倍，可见MEMS传感器存在较难攻克的技术壁垒。

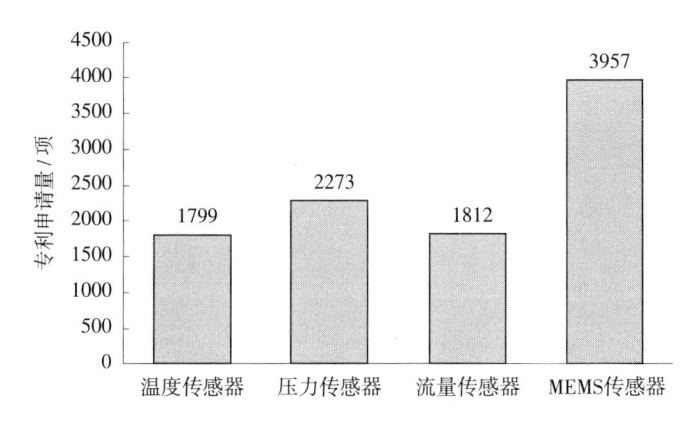

图5-4 传感器各四级分支专利壁垒情况

从技术壁垒的产出地看，主要来源于中国、美国、日本、韩国和德国，如图5-5所示，其中中国和美国是技术壁垒的最大技术产出地，中国产出1571项，占比40%，美国产出1443项，占比36%。进一步从中国各省市看，主要来源于北京和江苏，北京产出296项，江苏产出295项，而泉州所在的福建省仅产出14项，与排名靠前的省市相差甚远，可见对于泉州来说，攻克MEMS传感器的技术壁垒任重道远。

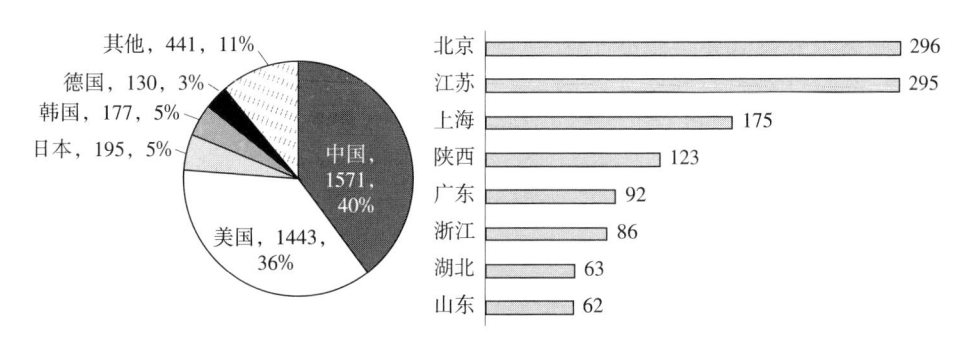

图5-5 MEMS传感器技术壁垒产出地情况（单位：项）

3. 技术发展路线

MEMS传感器是采用微电子和微机械加工技术制造出来的新型传感器。它具有体积小、重量轻、成本低、功耗低、可靠性高、技术附加值高、适于批量化生产、易于集成和实现智能化等特点。常见的MEMS传感器包括七大类：压力传感器、热学传感器、力学传感器、化学传感器、磁学传感器、辐射传感器以及电学传感器，结合传感智能制造产业常见适用类型以及重点专利的申请主体，本小节选择了压力传感器和加速度计做进一步分析，如图5-6所示。

图5-6 MEMS压力传感器和加速度计技术路线图

（1）MEMS压力传感器

MEMS压力传感器是一类常见的传感器，其技术提升方向主要在于提升测量精度，通过结构、工艺上的改进来减少漂移、应力等干扰因素。同时，由于MEMS压力传感器应用广泛，如何降低成本也成为各公司争相改进的方向之一。

2012年，霍尼韦尔提出一种制造MEMS压力传感器方法（公告号为US8813580B2，见图5-7），以减少高温下不可校正的漂移，将掺杂源施加到绝缘体上硅（SOI）硅晶片，所述硅晶片具有传感器层和包含SiO_2材料的绝缘层；用来自掺杂源的硼原子掺杂硅晶片，同时控制掺杂的注入能量以实现顶部重离子渗透分布；并且施加热源以在整个SOI硅晶片的传感器层中扩散硼原子。

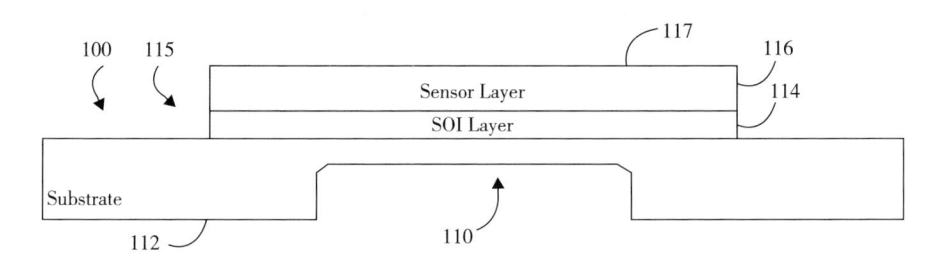

图 5-7 附图 1

同年,恩智浦美国有限公司申请了一种具有差分电容输出的压力传感器(公告号为 CN103674412B),旋转检测质量从配置在旋转检测质量两端的电极生成电容输出,通过使用从旋转检测质量末端生成的电容之间的差来生成传感器输出。与传统 MEMS 压力传感器相比,差分电容输出相对于外部压力改变以更加线性的方式改变。

2013 年,恩智浦美国有限公司申请了一种具有内置校准能力的压力传感器(公告号为 CN104697703B),包括传感单元、测试单元和密封结构。校准方法包含在所述密封结构破裂之前从所述测试单元获得测试信号,并且在所述密封结构破裂之后获得另一个测试信号。所述测试信号被用于计算所述测试单元的灵敏度,所计算的灵敏度被用于估计所述传感单元的所述灵敏度并且所述估计的灵敏度可以被用于校准所述传感单元。

罗伯特·博世在 2014 年申请了一种微机械压力传感器装置(公告号为 CN105940287B,见图 5-8),能提供明显改善的应力脱耦,包括具有正面和背面的 ASIC 晶片以及在 ASIC 晶片正面上形成的具有多个堆叠的印制导线层和绝缘层的再布线装置。还包括具有正面和背面的 MEMS 晶片、在 MEMS 晶片的正面形成的第一微机械功能层和在第一微机械功能层上形成的第二微机械功能层。在第一和第二微机械功能层之一中形成可偏移的第一压力探测电极的膜片区域,该膜片区域可通过 MEMS 晶片中的贯通开口加载压力。在第一和第二微机械功能层之中形成与膜片区域相对设置的、固定的第二压力探测电极。第二微机械功能层通过键合连接与再布线装置连接,使得固定的第二探测电极被包围在空腔中。

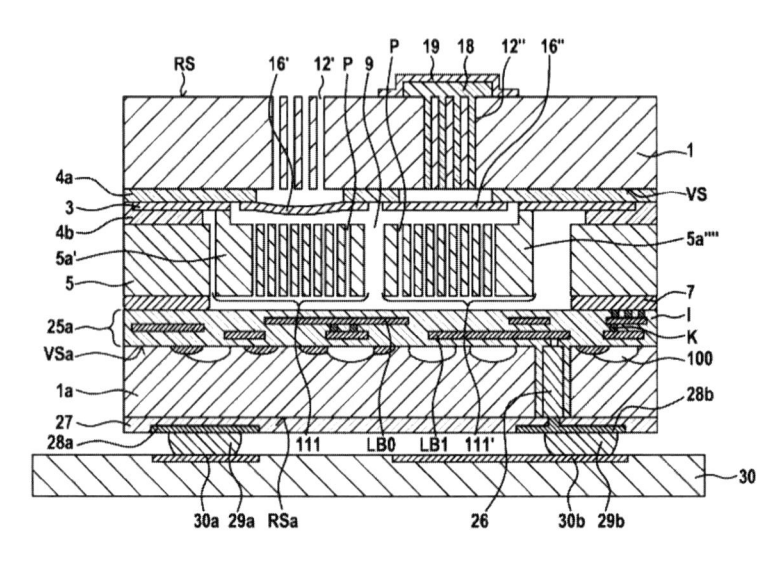

图 5-8　附图 2

迈尔森电子（天津）有限公司在 2015 年提出了一种 MEMS 压力传感器（公告号为 CN104655334B），包括第一表面和第二表面的第一衬底，第一衬底包括导电层，导电层位于第一衬底的第一表面一侧；提供包括第三表面和第四表面的第二衬底，第二衬底包括第二基底和压敏电极，第二衬底包括压力传感区，压敏电极位于压力传感区内，压敏电极位于第二衬底的第三表面一侧；将第一衬底的第一表面与第二衬底的第三表面相互固定，并在第一衬底与第二衬底的压力传感区之间形成空腔；去除第二基底，形成与第二衬底的第三表面相对的第五表面；自第二衬底的第五表面一侧形成贯穿至导电层的第一导电插塞，使导电层与压敏电极形成电连接。MEMS 压力传感器的性能和可靠性提高、尺寸缩小、工艺成本降低。

同年，歌尔提出了准差分电容式 MEMS 压力传感器（公告号为 CN104848982B，见图 5-9），包括第一下电极和第二下电极，及对应支撑在第一下电极上方和第二下电极上方的第一上电极和第二上电极；第一上电极为压力敏感膜，且第一上电极与第一下电极之间的腔体为密闭腔体，以使第一上电极与第一下电极构成气压敏感型电容器；第二上电极与第二下电极构成电容量不随外界气压变化的基准电容器。上述方案可以至少部分地滤除气压敏感型电容器的输出信号中的共模干扰信号，进而提高气压敏感型电容器的输出信号的稳定性及分辨率。

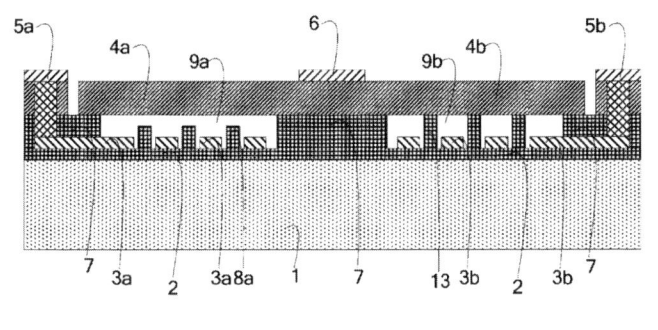

图5-9 附图3

2016年，意法半导体提出了一种压力传感器的封装（公告号为CN107084806B，见图5-10），用于高压力的应用，具体包括MEMS压力传感器芯片；以及由具体为PDMS的弹性材料制成的包封层，所述包封层在所述MEMS压力传感器芯片之上延伸并且形成用于将施加在所述包封层的表面上的力朝向所述MEMS压力传感器芯片传递的装置。

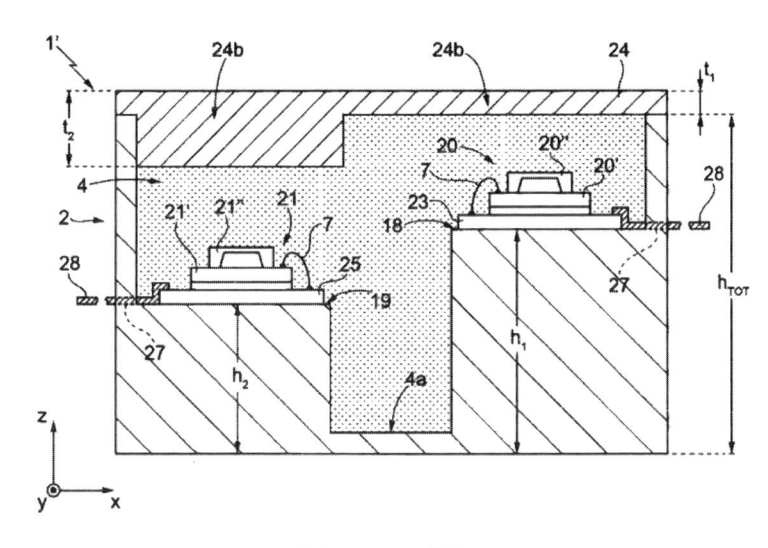

图5-10 附图4

同年，意法半导体还提出了一种MEMS压力传感器（公开号为CN111704104A），用于降低成本，提供具有半导体材料的和顶表面的衬底的晶片；形成掩埋腔，该掩埋腔被完全包含在衬底内并且由悬挂在掩埋腔上方的薄膜与顶表面分隔开；形成用于压力设定的薄膜与外部环境相连通的流体连通通路；形成被悬挂在薄膜上方的由导电材料制成的由空白空间与薄膜分隔开的板区；以及形成用于薄膜和板区的电连接的电接触元件，该电接触元件被设计为形成感测电容器（C）的板，感测电容器的电容值指示要被检测的压力的值。

2017年，意法半导体提出了一种压力传感器的MEMS器件（公告号为CN108692836B），用于降低设计成本，具体由半导体材料制成的主体包含腔室以及所述腔室内的第一柱。半导体材料的盖附接到所述主体并形成第一隔膜、第一腔和第一通道。所述腔室在所述盖的侧面封闭。所述第一隔膜、所述第一腔、所述第一通道和所述第一柱形成电容式压力传感器结构。所述第一隔膜布置在所述第一腔和第二面之间，所述第一通道在所述第一腔和第一面之间或所述第一腔和所述第二面之间延伸，所述第一柱向所述第一隔膜延伸并与所述第一隔膜一起构成第一电容器元件的极板。

（2）MEMS加速度计

MEMS加速度计的改进主要在提升检测精度上，例如从结构上改变电容值的线性变化、设置谐振双轴、设置第一构件和第二构件等方式，以消除／减少应力、摩擦力、位移等因素的影响。另外，霍尼韦尔公司以及PGS地球物理公司也致力于检测范围的增加，以及检测结果的修整等。

霍尼韦尔在2010年时申请了一项平面外梳状驱动加速度计（公告号为US8505380B2，见图5-11），用于提升加速度计的线性关系，包括一个或多个定子，所述定子具有多个尖齿，所述尖齿具有平行于衬底表面的表面，齿表面距离基板表面第一距离；检验质量块包括一个或多个转子，所述转子包括附接到检测质量块的边缘的多个转子齿，转子齿与相应的定子齿交错，转子齿包括平行于基板表面的表面，转子齿表面距离基板表面第二距离。转子相对于定子在面外方向上的运动提供了在转子和定子上测量的电容值的线性变化。

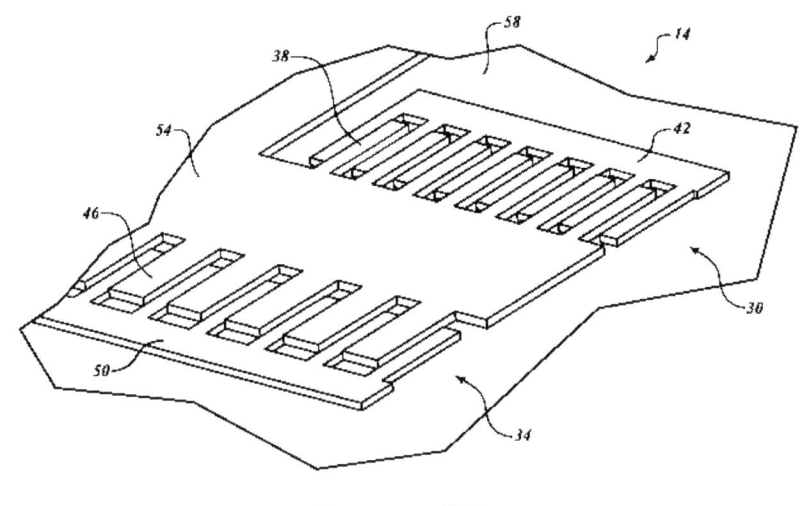

图 5-11　附图 5

意法半导体则在同年申请了一项微机电类型的谐振双轴加速度计结构（公告号为 CN103250057B），包括一个微机电检测结构，该结构包括惯性质量体，借助弹性元件固定至衬底以便悬置在衬底之上，弹性元件响应于相应线性外部加速实现惯性质量体的沿属于所述惯性质量体的主延伸的平面的第一检测轴线和第二检测轴线的惯性移动；以及至少一个第一谐振元件和至少一个第二谐振元件，具有分别沿第一检测轴线和第二检测轴线的相应纵向延伸，并且通过弹性元件的相应弹性元件机械地耦合到惯性质量体，以便在惯性质量体分别沿第一检测轴线和第二检测轴线移动时经受相应的轴向应力。

日本村田公司在 2012 年设计了一种加速度传感器（公告号为 CN104185792B，见图 5-12），包括第一构件和第二构件，所述第一构件和所述第二构件彼此耦合以用于双差分检测，且所述第一构件和所述第二构件被对称地安置着从而以相移的方式提供用于双差分检测的量。如果所述传感器变形，那么因为所述第一构件和所述第二构件的特定的对称安置，所以至少部分地消除了该位移的影响。

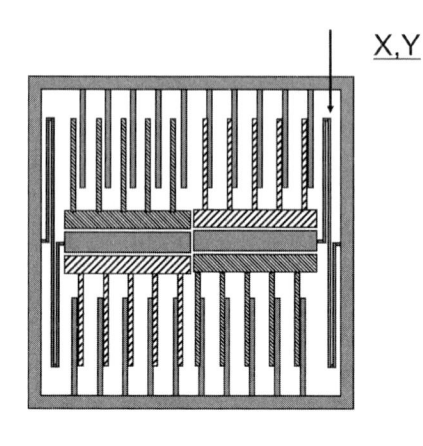

图 5-12 附图 6

2013 年，霍尼韦尔公司申请了一种扩展范围的闭环加速度计（公告号为 US9383384B2），将闭环反馈信号和测量的质量块-质量块位置组合成混合加速度测量，有效地提供了等于传统闭环工作范围加上传感器的机械开环范围的工作范围。同年，PGS 地球物理公司申请了一种 MEMS 加速度计中的力反馈电极（公告号为 US9945968B2），用于增加设备的动态范围，包括三个硅晶片，所述三个硅晶片由形成完全差分电容架构中的电容器的感测电极制成，并且具有形成用于力反馈的电容器的单独的力反馈电极。

2014 年，美国亚德诺半导体公司申请了一种具有 Z 轴锚跟踪的 MEMS 加速度计（公告号为 CN107110887B），包括器件晶片，具有检测质量和附接至基材的多个跟踪锚点。各跟踪锚被构造为：对应于所述基材中的不对称变形偏转，和将对应于所述偏转产生的机械力转移，以使所述检测质量沿着变形方向倾斜，以抵消变形的影响。同年，霍尼韦尔提出了一种具有应变补偿的加速度计（公告号为 CN105606844B），包括质量块和被配置成支撑质量块的支撑底座，其中，所述质量块被配置成响应于设备的加速度而移位。该设备还包括被配置成将质量块柔性连接到支撑底座的弯曲部分。该设备还包括被配置成测量支撑底座上的应变量的应变监视设备。

应美盛公司在 2015 年提出了一种平移式 Z 轴加速度计（公告号为 CN107407695B，见图 5-13），其中质量块系统设置在锚定区域、至少一个支撑臂、至少两个引导臂、一组弹簧以及多个感测元件外，质量块系统通过支撑臂、引导臂和弹簧连接到锚定区域中，以减少静摩擦带来的影响。

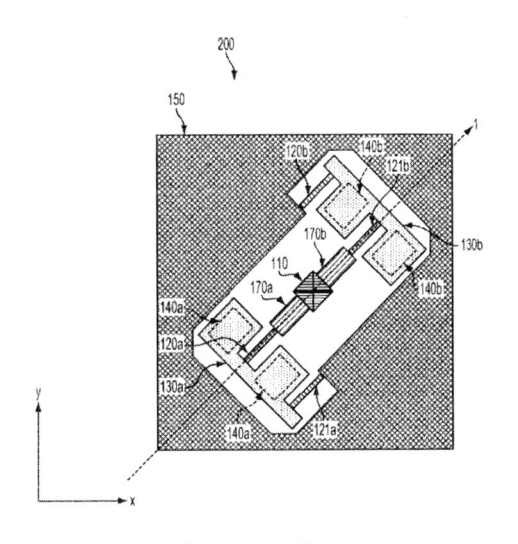

图 5-13 附图 7

2015 年，霍尼韦尔提出了一种 MEMS 加速度计的原位偏置校正（公告号为 US9874581B2），加速度计可以在使用时通过将加速度计的比例因子设置为第一值来自校准；加速度计的比例因子设定为第一值，得到第一加速度值；将加速度计的比例因子设置为第二个值；当加速度计的比例因子设定为第二值时，获得第二加速度值；基于第一加速度值和第二加速度值，确定偏差校正值；获得第三加速度值；并基于偏差校正值校正第三加速度值。

深迪半导体（绍兴）有限公司在 2018 年申请了一种 MEMS 加速度计（公告号为 CN208314017U，见图 5-14），包括：基板、可动部件以及固定电极组；基板表面具有锚定区域；可动部件通过支撑梁与锚定区域连接，并悬置于基板上方，可动部件包括第一质量块和第二质量块；第一质量块的中部具有第一镂空区域，第一镂空区域为"工"形，第二质量块位于第一镂空区域中；固定电极组包括第一电极组，第一电极组固定于基板表面，位于基板与可动部件之间，并与第一质量块和第二质量块形成 Z 轴检测电容组，以检测沿 Z 轴输入的加速度。两个质量块在 Y 轴方向上间隔设置，使得加速度计不仅可以减小因应力引起的基板翘曲的影响，还可以减小质量块初始状态的偏转引起的零偏。

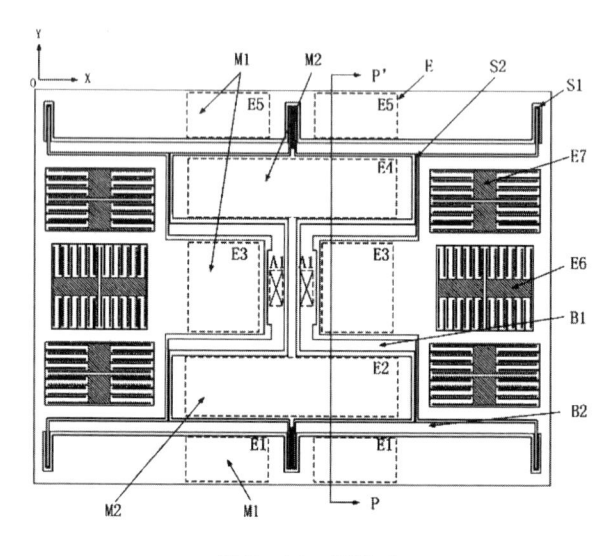

图5-14 附图8

5.4.2 围绕鞋业转型升级，做精做强生产线

《泉州市"十四五"制造业高质量专项规划》提出，围绕打造成为世界纺织鞋服基地和中国纺织鞋服流行趋势策源地，突出科技、时尚、绿色化，强化科技创新和产业组织创新，完善供应链管理、材料研发、创意设计、柔性制造、新零售等产业生态，补齐高端面料和染整环节，培育新领域领军企业、重大平台，抢占价值链制高点，到2025年实现规模以上工业产值7200亿元。

1. 泉州鞋业发展现状和目标

改革开放以来，经历艰苦创业，泉州鞋业从无到有、由小到大、从家庭作坊式经营向现代管理迈进，技术更新速度不断加快，鞋业产业整体素质和效益迅速提升，成为泉州市最具竞争力的优势产业之一。

晋江是"中国鞋都"，是泉州鞋业的发源地，目前拥有规上制鞋企业152家，去年规上产值达1477亿元，拥有安踏、361°、中乔、特步等一批品牌大企业，制鞋业已成为晋江市域内最成熟的产业集群之一。2022年以来，全市已摸底筛选纺织鞋服工业投资项目184个，投资总额362.8亿元，预计增加产值272亿元，涉及生产数字提升、智能改造及高端材料等。

制鞋行业是典型的劳动密集型行业，随着社会的进步和科学技术的发展，制鞋业传统供给与新增的消费升级需求不匹配的矛盾进一步凸显，转型升级成为制鞋产业焕发出新生机的关键，以柔性制造为代表的自动化制造改造成为当前鞋业全流程提升的主攻方向。围绕泉州鞋业转型升级，将是泉州市传感智能制造产业发展的一个良好契机。

2. 数控机床在制鞋产业中的技术发展

鞋类装配生产线一直存在十分传统、劳动高度密集的特征，特别是在鞋类制造工艺的所谓鞋楦/制作阶段。鞋楦是以人体脚的形状为依据，以木质、塑料或金属材料制作，用作设计皮鞋或其他品种鞋的模型和定型工具，可以说是鞋的"骨架"。在传统制鞋业中，标准鞋楦是刻楦工按鞋楦的几个特征值或样楦，根据经验用手工反复修改制作而成，不但周期长，而且精度差，质量不稳定。针对这种问题发明了刻楦机，即应用仿形铣削的原理，以标准楦为模型，将毛坯楦加工成符合楦形要求的一整套鞋楦，以满足制鞋生产的要求。随着数控技术的发展，刻楦机逐渐实现自动化，即利用计算机设计的鞋楦直接进行加工制造。数控刻楦机即是一类数控机床，经运算处理由数控装置发出各种控制信号，控制机床的动作，按图纸要求的形状和尺寸，自动地将鞋楦加工出来。

将数控机床应用于鞋楦的加工，使得鞋楦的制作更加方便快捷，同时制作精度也有大幅度的提高。从专利数据看，最早对数控机床进行改进用于鞋楦生产的专利来自1992年，由日本的山崎信寿设计的鞋型车用基础鞋型替代数控装置，能在短时间内切割加工鞋模。而国内的发展要追溯到21世纪，上海飞乐瑞盛特电子机械设备以及扬州宏华激光技术有限公司均有参与。近10年来，主要参与者这方面研发的创新主体主要来自国内，改进点主要在于左右鞋的同步加工、数控机床稳定性的提升、操作的便捷性等。

2014年，百川数控机械有限公司申请了一种用于加工鞋模的数控铣床的加工组件（公告号为CN203725850U，见图5-15），用于同步对左右鞋鞋模进行加工，包括底座，底座上设置有工作台和铣刀旋转座，工作台上设置有可拆卸鞋模加工夹具，鞋模加工夹具包括基座，基座上相对底座横向穿设有可周向转动的主轴，主轴的两端伸出基座作为鞋模的安装端并设置有鞋模固定机构，铣刀安装座数量为两个且分别与鞋模固定机构相对应，基座上设置有夹紧气缸及被夹紧气缸所驱动靠近夹紧气缸的夹紧块，夹紧气缸及夹紧块分别设置于主轴轴向两侧且可相对主轴横向滑移，夹紧气缸及夹紧块朝向主轴的面作为夹紧面。

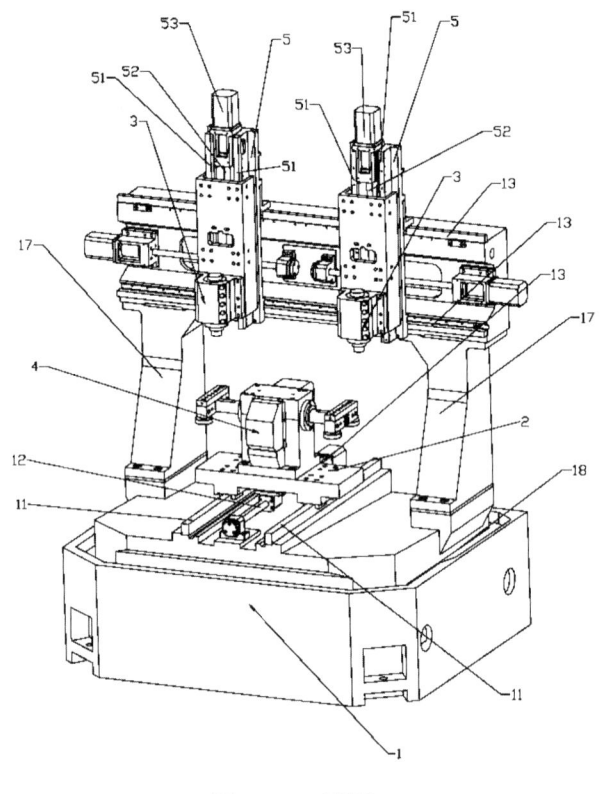

图5-15 附图9

2014年，巨久数控设备有限公司申请了一种用于鞋模加工的数控雕铣光机（公告号为CN203956171U），采用三轴线轨，增加了机床的稳定性，具体来说，工作台固定座上设有Y轴丝杆；Y轴丝杆与Y轴电机相连接；工作台与Y轴丝杆相连接；轻型龙门柱上连接有X轴丝杆；X轴丝杆与X轴电机相连接；轻型箱体式底板上设有Z轴丝杆；Z轴丝杆与Z轴电机相连接。

2016年，珠海市旺磐精密机械有限公司申请了一种鞋模专用的五轴联动加工中心的立柱（公告号为CN205950270U，见图5-16），立柱具有前后左右上下六个侧面，所述立柱的前侧面设有沿 Z 轴方向设置的一对滑轨安装座，所述一对滑轨安装座安装有一对 Z 轴滑轨，所述立柱的上侧面安装有沿 X 轴方向设置的滑轨安装座和 X 轴滑轨，所述立柱的前侧面、位于 Z 轴滑轨外侧安装座邻侧设有用于安装刀库支架的安装部，所述一对滑轨安装之间设有用于安装丝杆电机和丝杆的安装座，由于 X 轴滑轨和 Z 轴滑轨安装在立柱的不同平面上，立柱的受力比较分散和均匀，使得结构更为稳固。

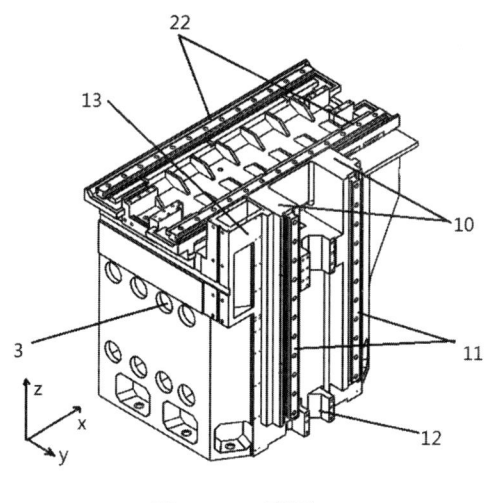

图 5-16　附图 10

2017 年，百川数控机械有限公司的谢英语申请了一种用于加工鞋模的数控铣床的加工组件（公告号为 CN207372362U），用于与数控机床配套加工鞋模，交流主轴通过主轴滑轨固定于主轴架上方并且采用间隙配合，鞋模夹具设有两个，固定于交流主轴下方并且采用电连接，交流主轴设有铣头、电机夹头、电机、接线端子，实现了采用交流主轴电机运行平稳，振动和噪声小，并且可以获得较大的调速范围和较高的低速转矩，可以较方便地与数控机床相配套的目的。同年，泉州市百川数控机械有限公司申请了一种鞋模加工中心操作面板（公告号为 CN207516818U），包括壳体，所述壳体上设有显示屏、NC 键盘和控制区，所述控制区包括倍率选择旋钮开关、模式选择旋钮开关、急停开关按钮、启动按钮、停止按钮和若干状态灯，所述 NC 键盘的表面设有透明的防油薄膜，所述启动按钮、停止按钮和急停开关按钮的外表面设有荧光层，所述 NC 键盘的两侧均设有荧光条，所述壳体的中部右侧设有 USB 接口和 CF 接口，所述 USB 接口设置有两个，所述壳体的中部内侧设有电路板，所述 USB 接口的外侧设有活动板。

2018 年，瑞安市正哲机床有限公司申请了一种鞋模全自动专用机床（公告号为 CN108326573A，见图 5-17），X 轴滑轨机构包括第一 X 轴滑轨机构和第二 X 轴滑轨机构，所述第一 Z 轴滑轨机构设置于第一 X 轴滑轨机构上，所述第二 Z 轴滑轨机构设置于第二 X 轴滑轨机构上，所述鞋模夹具包括基座、左连接臂和右连接臂，所述基座内设有分割器，所述左连接臂和右连接臂分别通过分割器活动连接于基座的左右两侧，所述左连接臂和右连接臂内均设有伺服电机，左连接臂和右连接臂的上端均设有固定鞋模的装夹板，所述伺服电机能控制装夹板在同一个平面内旋转任意角度。

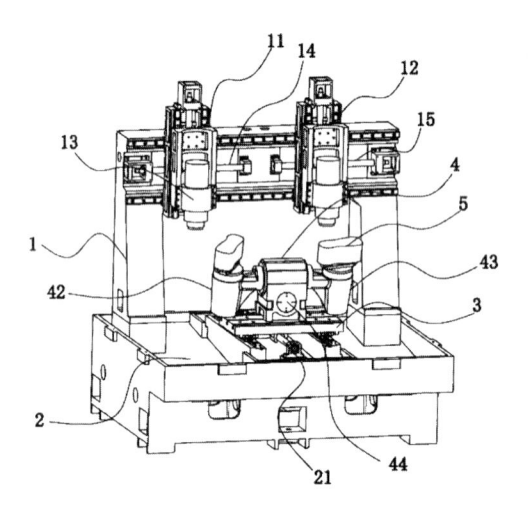

图 5-17　附图 11

2020 年，莆田市城厢区恒鑫鞋材有限公司申请了一种用于加工鞋模的数控铣床加工组件（公告号为 CN212761331U），包括数控铣床，其前部左侧通过两个竖直对齐的铰链活动铰接有舱门，内腔中部后侧壁水平固定连接有网板，内腔上部中间位置水平固定连接有主轴导轨，内腔上部竖直向下固定连接有两个主轴支臂。

2021 年，宁波宇佳数控机械有限公司的陈明川申请了一种数控多工位铣削机（公告号为 CN214557669U，见图 5-18），实现了一对鞋模的同时加工，包括外壳、台板和铣刀；所述外壳的内部底面设有台板；所述台板的顶面设有第一鞋模；所述台板的顶面固连有第二鞋模；所述台板的顶部设有调节板；所述调节板的内部转动连接有一对第一齿轮；其中一个所述第一齿轮固连有第一电机；两个所述第一齿轮的侧面均设有丝杆；两个所述丝杆的底部均设有运动组件；两个所述运动组件的底部均设有铣刀。

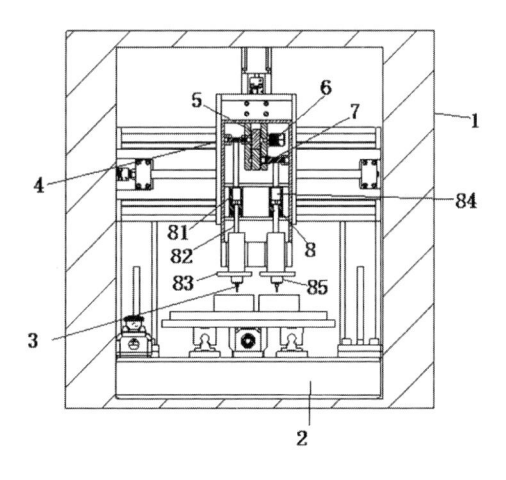

图 5-18　附图 12

同年，富士优你科技申请了 CNC 双头刻楦机（公开号为 CN11396 7842A）和 CNC 单头刻楦机（公开号为 CN113967843A），包括机架本体、安装于所述机架本体上的 Y 轴移动装置、与所述 Y 轴移动装置连接的 X 轴移动装置、安装于所述 X 轴移动装置的夹具装置及安装于所述机架本体并与所述夹具装置对应设置的切削装置。双头刻楦机采用的夹具装置是双工位夹具装置，包括动力电机、与所述动力电机驱动连接的传动模组、与所述传动模组连接的第一拉紧模组和第二拉紧模组。单头刻楦机采用的夹具装置是固定装置，包括旋转模组、安装于所述旋转模组的翻转模组及安装于所述翻转模组上用于固定所述鞋楦的拉紧模组。

制鞋产业中数控机床的技术发展路线如图 5-19 所示。

```
2014年                2017年
CN203725850U         CN207372362U          2020年
百川数控机械           百川数控机械          CN212761331U
CN203956171U         CN207516818U         城厢区恒鑫鞋材
巨久数控设备           百川数控机械

         2016年                2018年               2021年
         CN205950270U         CN108326573A         CN214557669U
         旺磐精密机械           瑞安正哲机床          宁波宇佳数控机械
                                                    CN113967842A
                                                    富士优你科技
```

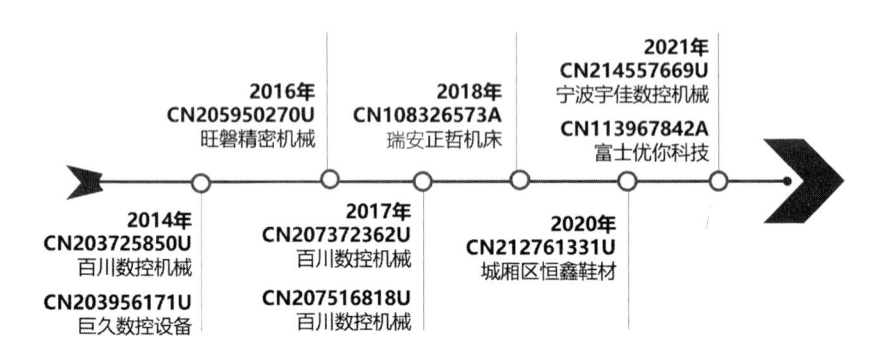

图5-19 制鞋产业中数控机床的技术发展路线

3. 机器人在制鞋中的技术发展

机器人被公认为多才多艺且高度灵活的忠实而又高度自动化的机器，它们执行各种各样的艰巨任务或繁杂的重复劳动，并被广泛应用在各个工业领域，从金属加工到汽车制造，从航空航天到普通包装，同样也应用在传统的制鞋工业中。

机器人目前在制鞋工业中主要应用在四方面，包括制作鞋模型、进行鞋底粘胶操作、执行打粗工序以及自动削边处理。除此之外，2017年Grabit公司研发了鞋面组装机，整理鞋面材料，现已在耐克的鞋厂中开始使用，其工作速度是工人的20倍之多。

从近10年制鞋机器人的相关专利看，参与创新的主体较多，包括国内的机器人制造企业、研究机构，以及国外的相关企业和制鞋企业等。保护主体则主要集中在执行粘胶操作的机器人上，包括鞋子轮廓的获取、喷涂路径的计算、喷涂位置的定位等方面。

2017年，福建铁工机智能机器人有限公司申请了一种自动打磨鞋底喷胶轨迹的超声波打磨机器人（公告号为CN207152067U，见图5-20），包括机架体，机架体上配合装设有一可转动的打磨平台和一控制系统，打磨平台的左、右两侧的机架体上分别设有一可多自由度旋转的第一机械手和第二机械手，其中，第一机械手上配合装设有一用于打磨切割鞋底喷胶轨迹的超声波切割装置，第二机械手上配合装设有一用于抓取鞋底的机械爪，实现鞋底喷胶轨迹的自动打磨、切割。

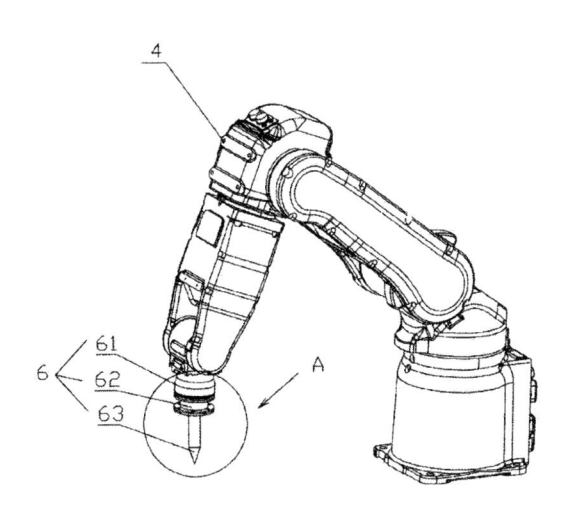

图 5-20　附图 13

2017 年，泉州市梅森纸织画艺术研究院有限公司申请了一种修整精细的新型机器人（公开号为 CN108113123A），包括底座以及设置在底座顶部的锤平机，底座顶面内设有顶部与锤平机底面固定连接的冲压顶高装置，冲压顶高装置左右两侧的底座顶面上相应设有与锤平机滑运配合连接的第一导引杆，锤平机内设有滑运腔，滑运腔下方的锤平机内设有第一容腔，第一容腔左右两侧分别互通设有向下伸展设置的第二容腔和第三容腔，滑运腔内设有上下伸展设置的第一转杆，第一转杆顶部伸展末梢与滑运腔内顶壁回转配合连接，第一转杆底部伸展段通穿滑运腔与第一容腔之间的锤平机且回转配合连接，提高鞋面修整的工作效率和精细程度。

2018 年，韩国机器人融合研究院申请了一种机器人控制装置（公告号为 KR102109699B1），用于控制机器人对鞋底进行黏合剂的涂覆，包括产生上层皮革的外观轮廓的数字转换器。运算装置，从轮廓产生上部数据，并计算上部数据的中心点；位置角意味着从上部数据的中心点产生每个位置的位置角；第一生成装置基于上部数据，中心点，位置角度生成机器人的工作位置数据。第二生成装置基于机器人的工作位置数据从机器人的中心点生成最终的侧面数据和最终的底部数据，机器人根据最终的侧面数据和最终的底部数据涂覆黏合剂。同年，韩国电子通信研究院申请了一种用于描绘线量具的边界处的上部和鞋的鞋底之间的装置（公告号为US11172734B2，见图5-21），包括：操作数据接收器被配置为根据进行描绘在鞋面和鞋底之间的边界的量具线的量具处理，以获得操作数据；数据处理器，被配置以产生用于所述上部和基于该操作数据鞋底之间的边界的轨迹数据，执行三维（3D）成型该轨迹数据的根据所述计量过程以获得三维形状的值，生成机器人轨迹数据用于根据所述3D形状值量具处理后执行一磨光和接合过程，并发送该机器人轨迹数据到制鞋机器人进行抛光和接合工艺；其中，所述操作数据包括角度调整对应于所述鞋面和鞋底之间的边界的槽的深度值。

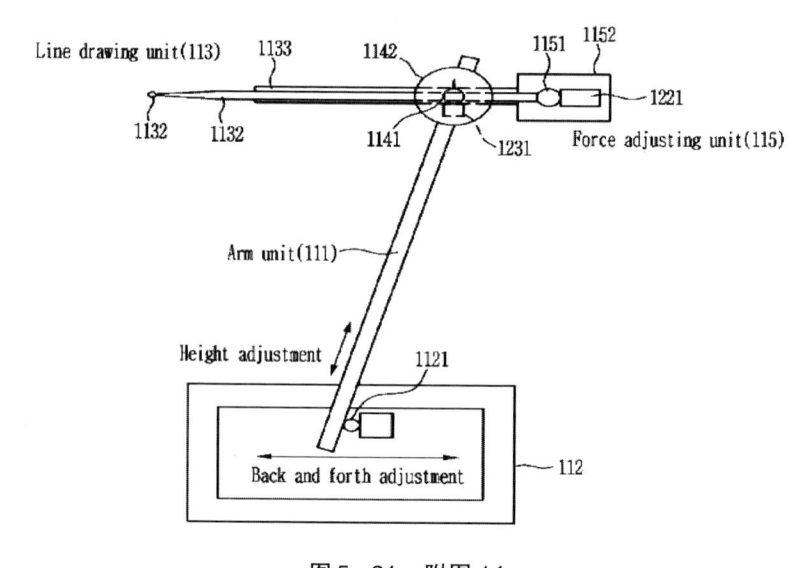

图5-21 附图14

2019年，耐克公司申请了一种用于在鞋制造过程中以自动方式定位和组装鞋部件的系统（公告号为US10667581B2，见图5-22），用于实现自动化的鞋子零件的组装，包括适于记录第一鞋部件的图像的相机；和A计算设备被配置为：从图像的分析确定在几何坐标系中的第一鞋部分的第一几何坐标，并引导具有部分接触表面的部件传送工具，以将第一鞋部分从第一几何坐标传输于第二几何坐标，以将第一鞋部分定位在第二鞋部分上。

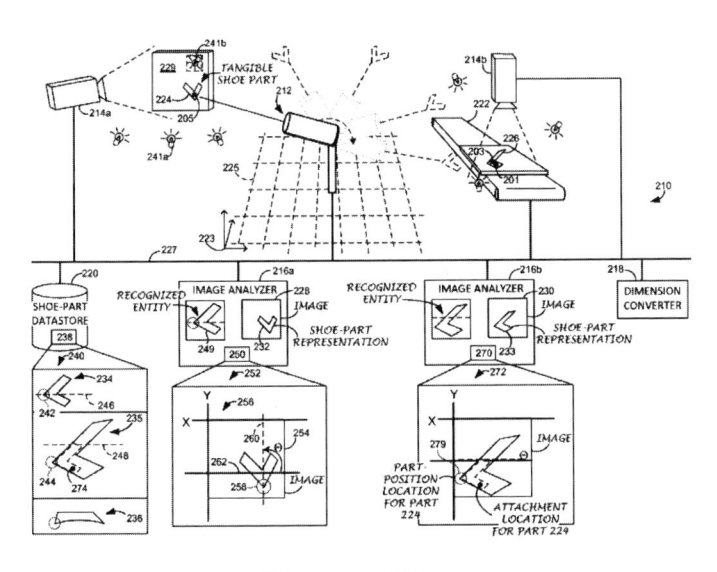

图 5-22 附图 15

2019年，泉州华中科技大学智能制造研究院申请了一种高效喷胶机器人（公告号为 CN209749981U），包括关节机器人，所述关节机器人的末端设置有用于喷涂胶体的主喷枪、辅助喷枪，所述主喷枪、辅助喷枪与所述关节机器人的末端之间设置有用于夹持所述主喷枪、辅助喷枪以及调节所述主喷枪、辅助喷枪位置的调节装置，所述关节机器人末端法兰上还设置有一枚可以安装、拆卸的定位针，该定位针的针尖与主喷枪喷嘴的连线平行于机器人末端法兰平面，利用该结构可以更高精度地对主喷枪的喷涂位置进行定位，同时采用了双喷枪的喷胶方式，可以对多面同时进行喷涂，一次性完成鞋面或鞋底两侧的喷涂，提高喷涂效率，同时简化喷涂轨迹，减少人工的工作量。

2020年，泉州华中科技大学智能制造研究院申请了一种制鞋成型机器人工作站（公告号为 CN214258177U，见图 5-23），包括多轴机器人、输送线、成型鞋楦、随行夹具、旋转定位装置，所述旋转定位装置包括电磁定位块、升降机构、旋转机构，电磁定位块通过升降机构带动上升，与磁性底板吸附并将随行夹具脱离输送线的顶起，旋转机构可带动电磁定位块转动，使随行夹具上成型鞋楦的角度位置配合多轴机器人，以减少多轴机器人动作弧度。多轴机器人只需进行小范围的动作位移，即可完成对鞋材进行环绕喷胶；并且在喷胶时，随行夹具脱离输送线，避免了成型鞋楦由于输送线运动而发生振动，提高了喷胶质量。

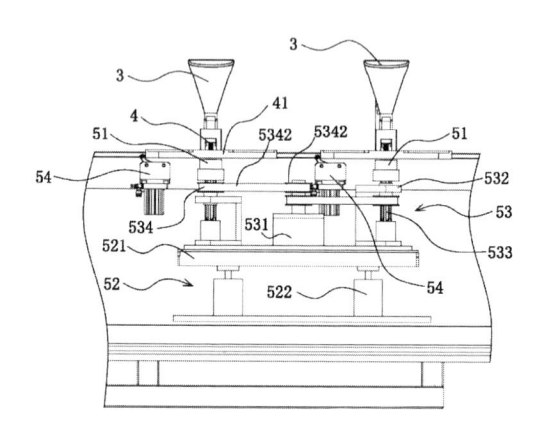

图5-23 附图16

2020年，泉州深索思传感器科技有限公司申请了一种机器人3D视觉定位激光加工装置（公告号为CN215787513U），包括加工基座，所述加工基座的前端上表面固定连接3D相机，所述加工基座的后端上表面固定连接有3D激光切割机。该机器人3D视觉定位激光加工装置，通过在加工基座的表面安装3D相机和3D激光切割机，并使得3D激光切割机和3D相机分别位于工业机器人的两侧，通过工业机器人对加工物料进行夹取后，利用3D相机对加工物料的位置进行标定，并将标定位置信息传递给加工基座上设置的上位机，再通过加工基座控制3D激光切割机对加工物料进行激光切割，避免了工作人员手工操作时产生的风险，同时节省了大量的人工，从而使得具有便于对鞋底进行精确切割的同时节省人力的特点。

2021年，泉州华中科技大学智能制造研究院申请了一种用于鞋材喷涂的机器人喷涂装置（公开号为CN113117943A），包括机器人、扫描装置、控制装置、气路系统、工艺数据库和电气比例阀，机器人、扫描装置、气路系统和工艺数据库分别与控制装置连接，电力比例阀设置在气路系统中，扫描装置用于扫描鞋材点云，控制装置用于计算喷涂路径；判断机器人依照喷涂路径并按照现有的线速度和角速度进行喷涂的过程中是否会靠近奇异区间；在判定机器人会靠近奇异区间后按照第三阈值降低线速度直至对应的角速度低于机器人本身的角速度告警值；根据调整后的线速度和角速度在工艺数据库寻找匹配的雾化压力值和物料压力值,将这两个值输出至电气比例阀,并结合机器人 IO 模块输出的电压,计算气路系统的输出压力值;机器人按照调整后的线速度和角速度,依照喷涂路径,结合气路系统的输出压力值,进行喷涂。

制鞋产业中机器人的技术发展路线如图 5-24 所示。

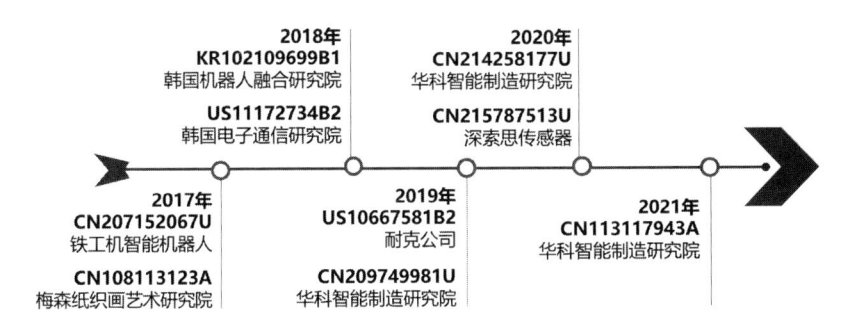

图 5-24 制鞋产业中机器人的技术发展路线

4. 3D 打印在制鞋中的技术发展

随着 3D 打印技术的发展,更多的应用也逐步由工业领域过渡到消费领域,真正迎来了"衣食住行"皆打印的时代。而在消费端,真正实现了批量化生产的应用并不多,准确地说目前只有一个,即 3D 打印鞋。

按传统制造方式量产一款新的鞋子,往往要经过设计、试样、开模、切割、组装等多道工序。而 3D 打印鞋可以理解为简单的 2 个步骤:设计+打印,大大减少了鞋的制作工序,同时对人的使用也更少,这对于劳动密集型的鞋类行业来说,无疑将会大大减少其人力成本,3D 打印是未来鞋类市场的新趋势。

从制鞋 3D 打印近 10 年的专利申请来看,3D 打印主要应用在鞋底、鞋垫的制造上,尤其是 2010 年后早期的申请,主要集中在利用 3D 打印构筑鞋底、鞋垫的新结构;而在近几年,创新方向逐渐偏向于用于鞋类 3D 打印的新兴材料,如高强高韧的立体光造型树脂、高伸长低黏度柔性液态光敏树脂等。

2014 年,耐克公司申请了一种使用部分模具制备泡沫的方法(公开号为 KR1020170082572A,见图 5-25),用于制造运动鞋的发泡中底,方法包括通过使用三维打印机将热塑性聚合物材料打印成由互连的未发泡热塑性聚合物构件组成的结构,其中所述热塑性聚合物构件间隔开以限定所述热塑性聚合物构件之间的开口,来制备所述制品或所述制品的一部分。

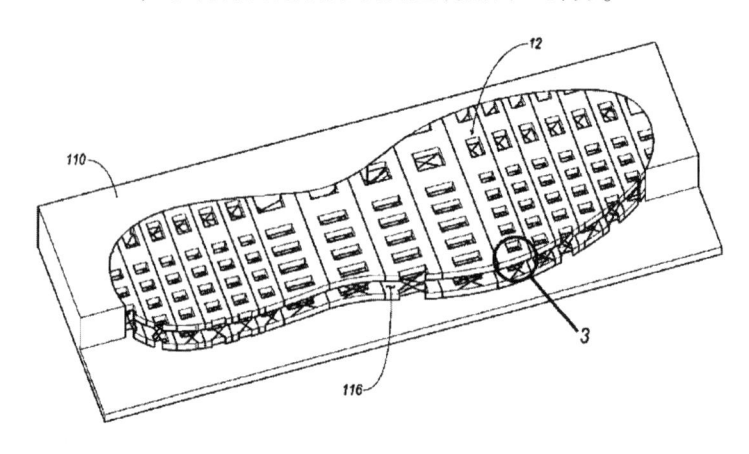

图 5-25　附图 17

2015 年,安德阿默有限公司申请了一项鞋类中空管中底格子(公告号为 US10750820B2,见图 5-26),具体涉及鞋底构件,包括多个管状结构的底部构件,每个管状结构包括由稠合的聚合物粉末构成的封闭和固体外壁,每个通道包括在外壁内,每个通道多个管状结构至少部分地填充有由非熔融聚合物粉末组成的松散颗粒材料,多个管状结构设置为形成晶格结构的多个板条,用于形成晶格结构的聚合物可以有利地适合与各种三维(3D)打印过程结合使用。

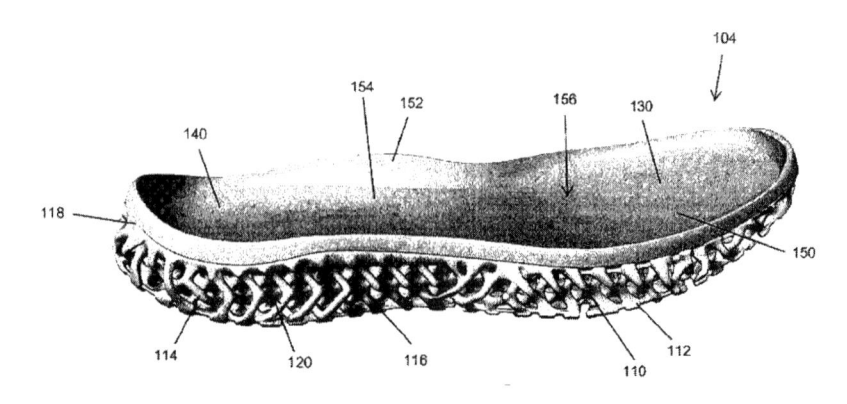

图 5-26　附图 18

2017年,阿迪达斯申请了一种具有扭曲的格子结构的鞋类中底(公开号为CN108652126A),所述三维网包括互连的单元网格,互连的单元网格每个包括多个支柱,限定了三维形状,互连的单元网格是在节点处连接的,节点具有通过在节点处连接的支柱数目所限定的价数。改变所述节点的价数可以为中底的区域或部分提供定制的特性,改变所述互连的单元网格的扭曲的立方格子结构和尺寸/形状可以为中底的区域或部分提供定制的特性。该中底可以使用增材制造方法来制造。同年,泉州匹克鞋业申请了一种3D打印鞋底(公告号为CN207285371U,见图5-27),用3D打印机以TPU粉末或尼龙粉末为原料,3D打印而成的由边墙框架结构、内仁面框架结构和底面框架结构构成的腔体内布设晶格结构体的一体化框架结构鞋底;其中,晶格结构体是由多个周期性排列的多边形几何体网格构成的连续网格结构体。

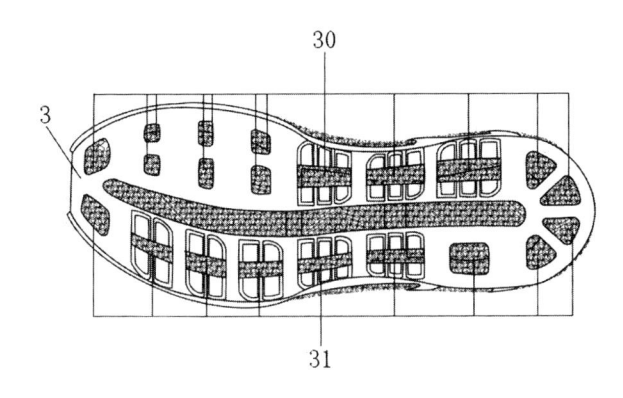

图5-27 附图19

2018年,耐克公司申请了一种利用泡沫颗粒的缓冲元件(公开号为CN113382652A),该缓冲元件包括第一层和第一部件,第一层包括由第一表面界定的凹陷部,第一部件设置在第一层的凹陷部内,第一部件包括多于一个附连的泡沫颗粒。缓冲元件可以任选地包括与第一表面相对的第二表面,第二表面界定可以至少部分地填充有流体的腔室的内部。第一部件可以热结合或粘附地结合到第一表面或第二表面。还提供了用于制造缓冲元件的方法以及包括该缓冲元件的物品,所述物品包括鞋类物品、服装物品和运动装备物品。

2019年,宁波浙创科技有限公司申请了一种3D打印用SLA弹性光敏树脂及其制备方法（公开号为CN109777024A），原料组成包括单体原料30~80份、树脂原料10~70份、增韧橡胶5~30份、增韧微球2~20份、引发剂0.5~5份、消泡剂0.01~0.1份、流平剂0.03~1份和颜料0.02~5份；SLA弹性光敏树脂是将原料组分混合后经搅拌、消泡、过筛后制得。该树脂制品回弹性能、抗挠曲性能佳，具有类硅胶质感，能够满足鞋材的生产制造需求。

2020年，江苏集萃先进高分子材料研究所有限公司申请了一种用于选择性激光烧结3D打印的抗菌硅橡胶粉体材料（公告号为CN112011171B，见图5-28），由可热塑加工的硅橡胶、抗菌材料、润滑剂混合而成，可直接适用于选择性激光烧结3D打印，强度高，抗菌性好，打印制件可用于功能鞋垫等领域。

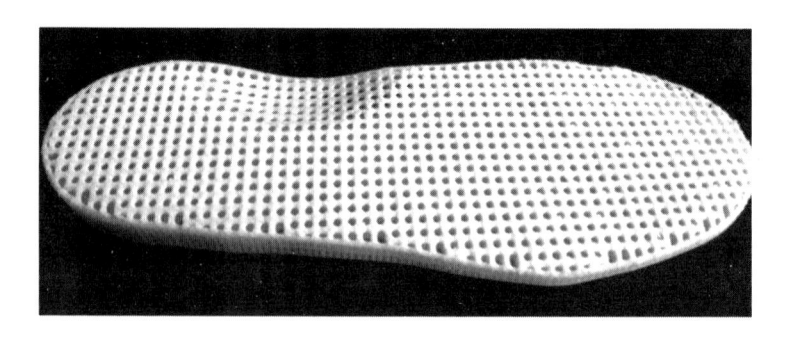

图5-28　附图20

同年，中国石油化工股份有限公司提出了一种可光固化柔性光敏树脂（公开号为CN113388073A），包括高分子量预聚物20%~40%；丙烯酸类活性稀释剂60%~80%；流平剂0%~1%；自由基光引发剂3%~5%；颜料0~1%，该树脂打印件强度和硬度适中，具有高的断裂伸长率，成型率高，适用于3D打印鞋材制造等领域。

2021年，江西金石三维智能制造科技有限公司申请了一种高强高韧的立体光造型树脂（公开号为CN113185653A），包括环氧树脂45~80份，丙烯酸酯30~65份，自由基型光敏引发剂0.5~7.5份，活性稀释剂25~35份，消泡剂1~10份，流平剂2~10份，聚酰亚胺微球12~50份，抗氧剂1~7份，光稳定剂0.5~10份，由此3D打印制得的工件强度高、韧性好、机械性能优良，可广泛应用于鞋模等工业领域。

制鞋产业中 3D 打印的技术发展路线如图 5-29 所示。

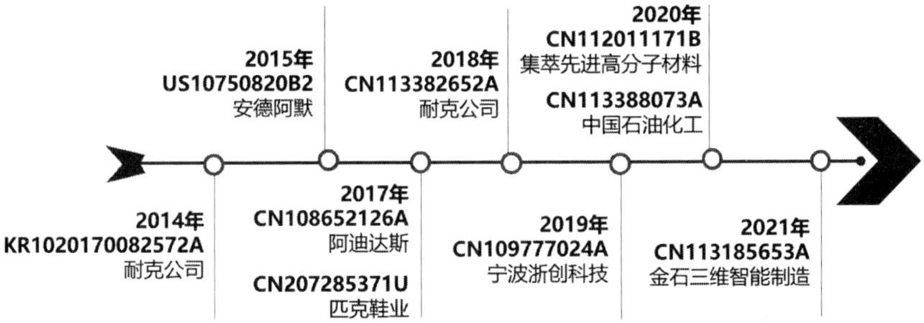

图 5-29　制鞋产业中 3D 打印的技术发展路线

5.5　以营造创新服务良好环境融链

2022 年 5 月，工业和信息化部等 11 个部门联合发布《关于开展"携手行动"促进大中小企业融通创新（2022—2025 年）的通知》，旨在促进大中小企业创新链、产业链、供应链、数据链、资金链、服务链、人才链全面融通，通过政策引领、机制建设、平台打造，推动形成融通创新生态。创新链与产业链的融合能够强化科技创新的需求导向，支撑引领产业转型升级，营造良好的创新服务环境将是促进创新链与产业链融合的基础。

5.5.1　构建产业协同创新体系

由第 3 章结论可知，目前泉州企业和高校院所的对外协同有所不足，特别是当地企业之间的联系较少、产业链上下游企业协同创新缺失，亟须通过构建产业协同创新体系推动传感智能制造的创新升级。产业协同创新体系的构建，建议以企业为核心创新主体，面向企业发展需求，从以下几方面着手，打造"三高一平"❶、建设人才、需求和成果库，搭建供需渠道，切实解决发展传感智能制造面临的人才、技术、成果、服务等需求问题。

---

❶　"三高"指人才集聚高地、技术创新高地和成果转化高地；"一平"是指传感智能制造协同创新与公共服务平台。

1. 加强福厦泉三地联动，打造区域产学研创新带

产学研合作是一种有效的技术创新和产业发展形势。打造区域产学研创新带能够为区域的经济社会创新发展提供不竭动力，是当今世界科技创新活动的新趋势，也是整合创新资源、优化资源配置、提高创新效率、促进经济转型升级的重要战略路径，对于提高域内企业核心竞争能力、健全创新体系、增强区域创新能力具有举足轻重的作用。

通过第3.3.4节的分析，我们发现泉州市依托本地科教创新资源，传感智能制造领域产学研用协同创新已经具备了一定的基础与潜力，域内高校、企业之间已有少量协同创新成果，但与地理位置上相近的福州、厦门之间的技术合作较少，协同发展成效不高。实际上，福州、厦门和泉州是福建省内发展最为突出的三个城市，综合实力全国靠前，在科教方面，福州有国家双一流的福州大学、福州师范大学、福建工程学院等实力高校，厦门也有国家双一流的厦门大学、厦门理工学院等，可见福州、厦门的科研基础扎实，而福厦泉三地区域产学研协同发展的构筑将有助于泉州传感智能制造的创新能力提升。

为此，我们在表5-3中梳理了福州和厦门优质高校、研究所及其核心研发成果清单，以期泉州本地企业能明晰适合协同发展的高校/科研院所主体，推动区域产学研协同发展迈入新篇章。

表5-3 福州、厦门可进行产学研合作的优质高校/科研院所及核心研发成果

序号	高校/研究院所	专利申请量/项	所在城市	涉及领域
1	厦门大学	40	厦门	传感器、云计算、大数据、智能测控装置与部件、高档数控机床、3D打印
2	厦门理工学院	15	厦门	大数据、高档数控机床、3D打印
3	福州大学	37	福州	传感器、大数据、工业互联网、控制系统、机器人、3D打印
4	中科院福建物质结构研究所	27	福州	3D打印
5	福建师范大学	20	福州	智能测控装置与部件、3D打印

续表

序号	高校/研究院所	专利申请量/项	所在城市	涉及领域
6	福建工程学院	15	福州	大数据、高档数控机床
7	闽江学院	7	福州	大数据、高档数控机床
8	福建农林大学	5	福州	控制系统、高档数控机床

2. 推动产业链协作研发，构建产业链互动合作机制

产业链的合作研发对于企业来说，可以帮助企业整合研发资源，分担研发风险，实现技术共享，加快研发速度，降低技术创新成本，提高企业技术创新收益，从而有效增强企业市场竞争力；对于产业链来说，合作技术创新有利于增强产业链的韧性、提升产业链的水平，在合作中形成具有更强创造力和更高附加值的产业链。

泉州市也十分支持产业链的协同合作，在泉州"十四五"规划中明确指出，要"推动产业链协作分工，构建产业共同体，深化链条分工和跨行业跨区域协作，打通产业链、供应链、创新链。充分发挥大企业主导作用、中小企业专业化优势和发展活力，引导中小企业与大企业配套生产与协同创新，形成良好的产业链互动合作机制，进一步提升产业协作配套水平"。然而通过前面的分析可以看到，目前泉州企业之间的联系较少，产业链上企业的协同创新还处于缺失阶段，构建产业链企业协同创新的全新模式将有助于增强泉州企业创新能力，进而提升产业链水平。

因此建议推动产业链协作研发，构建产业链互动合作机制，一方面支持泉州本地企业与本地企业之间的协同创新，另一方面还可建立福州-泉州-厦门企业之间的有效沟通机制，促进"福泉厦"企业技术合作，从而获得双赢局面。事实上，福泉厦三地联动发展智能制造产业的历史由来已久，早在2020年12月，厦门市智能制造产业协会就举办了"2020厦门-泉州智能制造产业对接会"，45家会员企业受邀参加，部分企业在会上初步达成了合作意向。

下面将从产业链和技术性关联角度出发，对福泉厦企业涉足的领域及相关专利量进行统计，梳理出福泉厦可对接合作的企业清单，见表5-4。

表5-4 泉州与福州、厦门可对接合作企业清单

泉州本地优质企业	专利申请量/项	涉足领域	福州/厦门可合作企业	专利申请量/项	涉足领域
泉州七洋机电有限公司	37	温度传感器、流量传感器	福州台机精工机械有限公司	14	高档数控机床
西人马联合测控（泉州）科技有限公司	35	温度传感器、压力传感器、MEMS传感器	厦门市台玖精密机械有限公司	13	高档数控机床
福建省正丰数控科技有限公司	22	高档数控机床	厦门嵘拓物联科技有限公司	12	云计算、大数据、工业互联网、智能测控装置与部件
泉州市道正智能科技有限公司	18	机器人、高档数控机床	厦门鸿方圆工贸有限公司	11	高档数控机床
黑金刚（福建）自动化科技股份公司	17	射频识别RFID、机器人、3D打印	厦门英诺尔电子科技股份有限公司	11	射频识别RFID
福建煜雄科技有限公司	17	机器人、高档数控机床	厦门乃尔电子有限公司	11	压力传感器、MEMS传感器

5.5.2 发挥保护中心支撑作用

习近平总书记强调，"要建立高效的知识产权综合管理体制，打通知识产权创造、运用、保护、管理、服务全链条"。泉州市知识产权保护中心是福建省首个国家级知识产权保护中心，下设办公室、预审服务科、维权援助科、综合运用科四个内设机构，能够面向泉州市传感智能制造和半导体产业，提供集快速审查、快速确权、快速维权、运用促进于一体的知识产权"一站式"综合服务。充分发挥保护中心在泉州知识产权工作中的桥头堡作用，对全面提升泉州及福建知识产权创造质量、运用效益、保护效果、管理能力和服务水平有着积极的作用。

1. 激发创新动能，发展高质量创造

泉州市知识产权保护中心面向智能制造、半导体领域承担着专利快速预

审、快速确权工作,借此提升泉州智能制造、半导体领域企业专利创造、储备和布局的能力,进一步吸引更多国内外智能制造、半导体领域龙头企业入驻泉州,增强泉州产业发展外部吸引力和内部凝聚力。从实地调查看,较多企业在充分了解保护中心的作用后,积极在保护中心进行备案实现专利快速预审、快速确权,为企业知识产权的保护提供了强有力的保障。未来,建议围绕泉州市传感智能制造产业,积极组织市级高价值专利培育计划和企业知识产权战略推进计划,支持龙头企业加强产业链垂直整合、核心企业提升产业链控制力,指导企业开展关键核心技术专利布局,推动产业向价值链高端攀升。

2. 促进"知产"落地,提高效益运用

随着信息社会的到来,专利文献也进入信息化时代,智能制造作为当今世界各国重视的产业之一,专利量也迎来爆发式增长,其中蕴含着大量先进技术。加强智能制造领域知识产权监测分析,有助于厘清智能制造的发展现状,明晰智能制造最先进的技术方向。建议借助知识产权监测分析,发挥专利信息的指导作用,指导产业园区、企业、高校、科研机构等充分利用专利导航、专利价值评估等知识产权大数据分析决策工具,开展产业链精准招商、专利技术交易运营、研发指导和专利布局,以产业链部署创新链,以创新链引导产业链,提升产业创新水平和市场竞争力,推动产业转型升级和提升核心竞争力。

3. 强化协同协作,实现高水平保护

从实地调研中我们发现,知识产权维权举证难、周期长、成本高等问题一直困扰着泉州部分企业。为解决这一难题,近期,泉州市知识产权保护中心联合泉州市市场监管局、泉州市中级人民法院、泉州市人民检察院、泉州市公安局、泉州市版权局、泉州市司法局、泉州仲裁委员会等部门出台《关于强化知识产权快速协同保护体系建设的意见》,提出综合运用法律、行政、经济、技术、社会治理等多种手段,进一步构建审查确权、行政执法、司法保护、仲裁调解、行业自律等有机衔接、协调联动、高效便捷的知识产权快速协同保护体系,为市场主体提供多元便捷的维权渠道和高效优质的法律服务。在此基础上，建议强化协同协作，进一步完善联合执法机制，持续开展知识产权专项执法行动，重点打击电商、大型展会、商贸流通等领域知识产权假冒侵权违法行为，实现泉州本地高水平的知识产权保护。

4. 推进多元化解决方案，强化管理和服务

就调研情况来看，泉州本地企业普遍存在专利申请上的困惑，自身技术"怎么保护""找谁保护""保护多久""保护有什么用"等问题是目前横亘在企业面前的难题，同时还反映本地服务机构在某些领域的服务能力欠缺，专业程度有待加强。为此，建议建立泉州市知识产权保护中心专利预审员与本地传感智能制造企业技术人员/服务机构的专利代理师之间的双向交流机制，定期组织专利预审员深入企业、服务机构等交流知识产权和行业技术信息，指导企业提升专利申请文件撰写、专利信息检索分析等实务技能，促进提升专利质量和高价值专利培育；指导知识产权服务机构专利申请流程规范、专利申请文件质量提升、知识产权侵权诉讼应对等技能，促进服务机构服务水平的提升。

5.5.3 促进知识产权转化运用

知识产权转化运用是将创新成果转化为生产力的关键环节，促进专利实施和运用，对进一步鼓励和保护发明创造、促进科技进步、激发全社会创新活力起到重要保障作用。建议可从以下几个方面提升知识产权转化运用：

1. 促进知识产权运用运营

通过"树标杆"开展知识产权示范和优势企业培育，进行典型示范引导；通过"抓重点"开展"知识产权进企进园"等措施，推动企业加强知识产权转化运用。发挥"知创泉州"知识产权运营服务平台的作用，推动一批关键核心技术、高价值专利的实施和产业化。支持高校院所专利成果转移转化，鼓励优质知识产权品牌服务机构与高校院所合作建设专业化专利转移机构和知识产权运营人才队伍，推动高校院所建立专利技术转移全流程管理规范和内部风险防控制度，推进科技成果使用权、处置权和收益权改革。

2. 破解专利转化瓶颈障碍

一方面，以解决需求侧企业技术创新难题为导向，在专利技术对接上下功夫，引导企业和高校院所建立产学研合作机制，进行联合技术攻关突破技术难点，组织开展多层面的专利技术对接活动，支持服务机构帮助中小企业获取目标专利实现合作共赢；另一方面，以解决供给侧信息不畅问题为导向，在专利技术供给上下功夫，推动高校院所建立职务科技成果披露制度，加强知识产权运营机构建设。

3. 推进知识产权联盟建设

鼓励和推动泉州装备制造、半导体、新材料等知识产权密集型产业的上下游企业与有关高校院所、行业组织、专业机构共同组建产业知识产权联盟，围绕基础研发、技术应用和产品创新三大重点，利用联盟化手段整合产业创新资源，形成产业创新合力，组织开展创新资源对接、产业专利池构筑和运营、知识产权人才培养，建立产业重大知识产权风险预警和联合应对机制。

4. 创新知识产权金融服务

扩大知识产权金融服务覆盖面，支持商业银行开展专利、商标、版权、地理标志等知识产权单独或混合质押贷款业务，对符合条件的企业按规定予以补助，更好地实现知识产权市场价值。支持银行创新管理模式，在风险可控的前提下扩大知识产权质押贷款规模。推动知识产权质押融资风险补偿机制运行，缓释小微企业知识产权质押融资风险，调动银行等金融机构积极性；推进知识产权质押融资保证保险。破解地理标志商标所有权与使用权"两权分离"的难题，推动开展地理标志商标质押融资及其风险补偿试点工作，助力乡村振兴。有效运行知识产权运营基金，以投资方式支持知识产权运营中的二次布局、商业化开发、成果转化、优质创新项目引进等活动。积极探索知识产权证券化业务，以高价值专利组合、高知名商标等基础构建知识产权底层资产，审慎稳健推进相关工作，推动知识产权证券化产品落地。

5. 完善知识产权运营服务体系

围绕构建"六三五"产业新体系的战略部署，通过系统规划和统筹安排、市县联动和各方协同、项目布局和载体搭建等方式，积极对接"知创中国""知创福建"线上线下知识产权综合运营公共服务平台，建设泉州市知识产权公共服务平台，搭建知识产权大数据服务系统、区域知识产权状况监测系统、知识产权智库管理系统、专利价值评估系统等，为企业提供多方位知识产权服务。指导、支持和推动晋江、德化等地深化鞋服食品、陶瓷等区域性、行业性知识产权公共服务平台建设。紧扣国家级和省级国家知识产权信息公共服务网点建设，推动在高新技术园区、高等学校、科研院所、科技创新平台布设知识产权信息服务网点，推进知识产权信息传播利用，服务中小微企业。

5.6 以拓展更高水平开放合作延链

延伸产业链则是将一条既已存在的产业链尽可能地向上下游拓深延展。产业链向上游延伸一般使得产业链进入基础产业环节和技术研发环节，向下游拓深则进入市场拓展环节。传感智能制造产业向上延伸是各类零部件，向下延伸则是各类应用领域，如汽车制造、钢铁化工、能源行业，可见从产业链看向下延伸的前景更加广阔。从泉州本地看，2021年泉州地区生产总值达到11304.17亿元，是福建第二大富裕的城市，周边汇集了厦门、福州等重要城市，同时还是海上丝绸之路的起点城市，推动泉州市传感智能制造产业链向周边圈延长，将是促进产业发展的重要途径。

1. 助力泉州本地鞋业转型升级

鞋业是泉州本地最具竞争力的传统优势产业，截至2021年9月，泉州共有1万余家鞋业相关企业，是世界旅游鞋的主要生产基地之一，名声享誉全球。从产业链来看，泉州已经形成由鞋楦、鞋底到吹塑包装的室内制鞋一条龙生产线，企业分工协作体系趋于成熟。从产业布局看，市内鞋业产业布局较为集中，下辖各区的鞋类产品分布层次分明，区域化格局明显，如晋江是最重要的鞋业制造基地、惠安专攻鞋底制造领域、南安则主打中童鞋产品，现已经形成了以晋江为基地，连接石狮、惠安，向南安、丰泽、鲤城等周边市区延伸的区域发展格局。

传感智能制造作为泉州大力发展的高科技产业，是将互联网、大数据、云计算等现代化信息通信技术与先进自动化、数字化制造技术相结合，能够实现企业内部、企业之间智能产品的自动化、智能化生产、供应和服务。与传统制造相比，传感智能制造能够实现人机一体化、适应复杂环境，在运转故障时自行修正维护、提高生产精细度，真正实现按订单驱动、避免产能过剩的问题。

未来将是一个万物互联的新时代，泉州鞋业相关企业可以积极与本地智能制造企业进行合作，用先进科学技术取代高成本人力，有效缩短产品设计研发周期、优化生产方式、减少供应链资源消耗、降低各环节成本、推动生产效率和利润率不断提高，缓解企业"用工荒"现象，满足居民消费升级需求，最终逐步将自身由劳动力密集型企业向知识密集型企业转化，实现产业的转型升级。事实上，泉州本地已有将传感智能制造领域成果应用在制鞋产业的先驱者：华中科技大学智能制造研究院针对制鞋产业转型升级的需求，深入研究工业机器人在制鞋制造各个工序中集成应用的关键技术，重点针对机器人喷胶、打粗、缝纫等技术进行了研发突破，率先采用"机器视觉+机器人+大数据+人工智能"等技术，开发出了人机协同的智能制鞋成型生产线，如图5-30所示。

图5-30　华中科技大学智能制造研究院智能制鞋成型生产线

表5-5中展示了泉州本地鞋业领域可应用传感智能制造技术的龙头企业清单。

表5-5 泉州鞋业龙头企业一览表（示例）

序号	企业名称	注册资金	营业时间
1	泉州寰球鞋服有限公司	2626万美元	27年
2	福建和诚鞋业有限公司	2470万美元	27年
3	富贵鸟股份有限公司	133727万元人民币	27年
4	福建美克休闲体育用品有限公司	20000万元人民币	23年
5	安踏（中国）有限公司	59390万元人民币	22年
6	中乔体育股份有限公司	45000万元人民币	22年
7	福建鸿星尔克体育用品有限公司	5000万美元	22年
8	福建晋江凤竹鞋业发展有限公司	7500万元人民币	22年
9	特步（中国）有限公司	76196万元人民币	20年
10	贵人鸟股份有限公司	157150万元人民币	18年
11	喜得龙（中国）有限公司	39000万港元	18年
12	福建泉州匹克体育用品有限公司	19840万元人民币	18年
13	三六一度（中国）有限公司	106835万港元	17年
14	德尔惠（中国）有限公司	10000万港元	17年
15	福建美人桥鞋业发展有限公司	1000万元人民币	12年

2. 推动福州纺织业高附加值发展

纺织业是福州市的支柱产业之一，在因疫情导致全球纺织产业陷入低迷的现状下，国内纺织业重镇福建省福州市长乐区却逆势上扬，成功打造超千亿的纺织产业集群，被认定为全国纺织模范产业集群。恒申合纤、永荣锦江、金纶高纤等集群内龙头企业通过自身技术研发、购买专利许可、收购相关企业等多维度手段，成功解决国内己内酰胺的"卡脖子"问题，打破己内酰胺原材料供应瓶颈，打通"芳烃-己内酰胺-聚合-尼龙纤维"全产业链。

作为劳动密集型行业，深层次拥抱智能制造、加快推进纺织企业的数字化升级，能够有力提升企业生产效率、缩短生产周期，有效解决用工难招工难、能耗和环保压力大、贸易环境发生改变导致订单下降等诸多挑战。以江苏省"智慧纺织企业"已有的转型成果来看，企业在应用"基于 RFID 无线射频识别技术的全自动吊挂系统""智能物料配送系统"等传感智能制造软硬件设备，并依托"智能制造 MES 大数据系统"和"上线 SAP 云服务系统"实现数据联通共享后，车间效率和部门协作效率能够提升约 30%、订单生产周期缩短 30%~40%、库存率降低约 24%、资金周转天数平均缩短 17 天。由此可以看出，推进传感智能制造是纺织产业转型升级、保持竞争力的必然选择，智能化改造将为纺织业带来全新发展机遇。

表 5-6 中展示了福州纺织业领域可应用传感智能制造技术的龙头企业清单。

表 5-6 福州纺织业龙头企业一览表（示例）

序号	企业名称	注册资金	成立时间
1	福建省长乐市第二棉纺织厂	9200 万元人民币	32 年
2	福州开发区正泰纺织有限公司	5500 万元人民币	24 年
3	福州市长乐区华亚纺织有限公司	8000 万元人民币	23 年
4	福建永丰针纺有限公司	7920 万元人民币	23 年
5	福州翔隆纺织有限公司	21685 万元人民币	20 年
6	福建省福州市同源染织有限公司	11000 万元人民币	19 年
7	福建省长乐市永德纺织有限公司	4084 万元人民币	19 年
8	福建长源纺织有限公司	42912 万元人民币	16 年
9	福州市长乐锦源纺织有限公司	41000 万元人民币	12 年
10	福建省宏港纺织科技有限公司	24000 万元人民币	12 年
11	福建新华源纺织集团有限公司	19800 万元人民币	12 年
12	长乐星火纺织有限公司	800 万元人民币	12 年
13	福建省罗杉家居有限公司 （福建省罗杉纺织品有限公司）	1000 万元人民币	11 年
14	福建捷高纺织有限公司	3200 万元人民币	9 年
15	福建锦源纺织科技有限公司	3800 万元人民币	5 年

3. 推动"海上丝绸之路"沿线国家产业发展

海上丝绸之路形成于秦汉、兴于唐宋、转变于明清，是已知最为古老的海上航线，其南海航线以泉州为起点，贯穿南海、印度洋、地中海等海域，终于欧洲鹿特丹、威尼斯等地。2013年10月，习近平总书记在访问东盟时提出21世纪海上丝绸之路的战略构想。事实上，海上丝绸之路自秦汉时期开通以来，一直是沟通东西方经济文化交流的重要桥梁，有力地带动了东南亚地区各国经济、产业的蓬勃发展。

2018年，华侨大学海上丝绸之路研究院、社会科学文献出版社共同发布了《海丝蓝皮书：21世纪海上丝绸之路研究报告（2017）》，该研究报告分为总报告，东南亚篇，南亚、西亚及其他地区篇，专题篇四部分。东南亚篇重点分析了中国同东盟尤其是印度尼西亚和马来西亚在海上丝绸之路建设上的合作潜力。南亚、西亚及其他地区篇分析了斯里兰卡、澳大利亚、埃及等国家对21世纪海上丝绸之路建设的认识及合作进展。相关国家的优势产业见表5-7。

表5-7　21世纪海上丝绸之路主要国家的优势产业

国家	优势产业
印度尼西亚	汽车工业
马来西亚	化学工业、电子制作业、汽车产业
澳大利亚	工业制造业、农牧业
埃及	食品加工业

从上述国家的优势产业看，均是泉州市传感智能制造产业可发展应用领域。以马来西亚的化学工业为例，化工行业是流程制造业，生产环节间环环相扣、联系紧密，利用传感智能制造技术将化工业"智能化改造"能够延长生产运营时间、实现产业结构化升级、大幅提高生产效率。同时，化工产业的智能化升级能够有效降低生产过程中人为差错的发生，实时对运行设备进行监控并获得设备最佳维护周期数据，防止重大安全事故的发生。马来西亚是世界上化学工业最发达的国家之一，根据牛津经济研究院（Oxford Economics）预估，预计至2023年期间马来西亚化学品行业的总产出将以5.8%的复合年增长率增长。同时，马来西亚也是世界最大的油脂化学品产地，油脂化学品产量占全球产量的20%。以棕榈油为基础的化学工业是马来西亚政府鼓励的主要投资领域，享有大量投资优惠政策。中国自2009年起已经连续多年成为马来西亚最大的贸易伙伴，更是马来西亚的第二大出口市场。为此，马来西亚政府在2020年设立了"中资特别通道"，致力于引进国内传感智能制造领域企业来马拓展业务、设立区域总部或建立智能制造基地，以期依托传感智能制造推动当地化工等产业的发展。

"十四五"时期，借助建设"21世纪海上丝绸之路"的政策春风，依托泉州发达的区域经济和交通体系，积极融入"21世纪海上丝绸之路"建设海丝先行区，全面提高对外开放水平，将为泉州市传感智能制造产业的发展注入新活力。

附录

附录1 可对接头部企业清单

附录2 创新企业清单

附录3 可合作科研机构清单

附录4 可引进的人才名单

附录 1 可对接头部企业清单

国外

企业名称	地域	网络层 云计算	网络层 大数据	网络层 工业互联网	执行层 控制系统	执行层 智能测控装置与部件	执行层 伺服电机	技术创新实力	跨国影响力	合作意愿	推荐级别
伊姆西 IP 控股公司	美国	√	√					▮		▮	重点推荐
西门子	德国		√	√	√	√		▮	▮	▮	重点推荐
日立	日本		√		√	√	√	▮	▮	▮	重点推荐
三菱	日本				√	√	√	▮	▮	▮	重点推荐
东芝	日本				√	√		▮	▮	▮	重点推荐
罗克韦尔自动控制技术公司	美国		√	√	√	√		▮	▮	▮	重点推荐
发那科	日本	√					√	▮	▮	▮	重点推荐
思杰系统有限公司	美国							▮	▮	▮	重点推荐
松下	日本		√				√	▮	▮	▮	重点推荐
微软	美国	√	√					▮	▮	▮	重点推荐
国际商业机器公司	美国	√	√			√		▮	▮	▮	重点推荐
ABB（瑞士）股份有限公司	瑞士			√	√	√		▮	▮	▮	重点推荐
霍尼韦尔	美国		√	√	√	√		▮	▮	▮	重点推荐

189

续表

企业名称	地域	网络层			执行层			技术创新实力	跨国影响力	合作意愿	推荐级别
^	^	云计算	大数据	工业互联网	控制系统	智能测控装置与部件	伺服电机	^	^	^	^
易享信息技术有限公司	美国	√						中	中	中	重点推荐
费希尔公司	美国			√	√	√		中	高	中	重点推荐
欧姆龙	日本		√		√	√	√	中	中	中	重点推荐
索尼	日本						√	中	中	中	重点推荐
株式会社安川电机	日本				√		√	中	中	中	重点推荐
三星	韩国	√	√	√	√		√	中	中	中	重点推荐
通用电气公司	美国		√	√		√	√	中	高	中	重点推荐
本田技研工业株式会社	日本				√			中	中	中	重点推荐
富士通互联科技有限公司	日本			√		√		中	中	中	重点推荐
横河电机株式会社	日本			√	√		√	中	中	中	重点推荐
丰田	日本					√		中	中	中	重点推荐
罗伯特·博世有限公司	德国	√	√				√	中	中	中	推荐
精工爱普生株式会社	日本						√	中	中	中	推荐
佳能	日本	√	√	√				中	中	中	推荐
英特尔公司	美国						√	中	中	中	推荐
日本电气株式会社	日本						√	中	中	中	推荐
株式会社电装	日本						√	中	中	中	推荐

续表

企业名称	地域	网络层			执行层			技术创新实力	跨国影响力	合作意愿	推荐级别
		云计算	大数据	工业互联网	控制系统	智能测控装置与部件	伺服电机				
雅马哈发动机株式会社	日本						√	中	中	中	推荐
东机工株式会社	日本						√	中	中	中	推荐
日产自动车株式会社	日本						√	中	中	中	推荐
红帽公司	美国	√						中	中	中	推荐
川崎重工业株式会社	日本						√	中	中	中	推荐
ALEN-BRADLEY CO LLC	美国			√				中	中	中	推荐
思科技术公司	美国	√					√	中	中	中	推荐
株式会社朴神户制钢所	日本		√					中	中	中	关注
皇家飞利浦电子股份有限公司	荷兰	√	√					中	中	中	关注
谷歌有限责任公司	美国	√						中	中	中	关注
戴尔产品有限公司	美国						√	中	中	中	关注
株式会社不二越	日本							中	中	中	关注
苹果	美国	√						中	中	中	关注

国内

企业名称	地域	网络层 云计算	网络层 大数据	网络层 工业互联网	控制系统	执行层 智能测控装置与部件	执行层 伺服电机	技术创新实力	合作意愿	推荐级别
国家电网	北京	√	√	√	√			▥	▥	重点推荐
阿里巴巴集团控股有限公司	浙江	√	√	√				▥	▥	重点推荐
华为	广东	√	√	○				▥	▥	重点推荐
西安热工研究院有限公司	陕西	√		○	√			▥	▥	推荐
中兴通讯股份有限公司	广东	√	○	○				▥	▥	推荐
珠海格力电器股份有限公司	广东		○		√	○		▥	▥	推荐
百度	北京	○	√					▥	▥	推荐
腾讯科技（深圳）有限公司	广东	√	○					▥	▥	推荐
浙江中控技术股份有限公司	浙江			○	√			▥	▥	推荐
杭州和利时自动化有限公司	浙江			○	√			▥	▥	推荐
北京广利核系统工程有限公司	北京				√			▥	▥	推荐
中铁集团	北京		○		○			▥	▥	关注
浙江中烟工业有限责任公司	浙江		√	○	○	○		▥	▥	关注
深圳市盛路物联通讯技术有限公司	广东			○				▥	▥	关注
北京东土科技股份有限公司	北京			√				▥	▥	关注
中国石油化工股份有限公司	北京				○			▥	▥	关注

续表

企业名称	地域	网络层 云计算	网络层 大数据	网络层 工业互联网	控制系统	执行层 智能测控装置与部件	执行层 伺服电机	技术创新实力	合作意愿	推荐级别
中国联合网络通信集团有限公司	北京	○	○					√	√	关注
沈阳中科数控技术股份有限公司	辽宁			○				√	√	关注
蚌埠凯盛工程技术有限公司	安徽			○				√	√	关注
中核控制系统工程有限公司	北京				√			√	√	关注
西安博恒智能技术有限公司	陕西			○				√	√	关注
上海电气集团股份有限公司	上海		○			○		√	√√	关注
北京四方继保自动化股份有限公司	北京			○		○		√	√	关注
上海墨芋电子科技有限公司	上海	○	○					√	√	关注
OPPO广东移动通信有限公司	广东				○			√	√	关注
四川长虹电器股份有限公司	四川			○				√	√	关注
沈阳中科博微科技股份有限公司	辽宁				○			√	√	关注
国能智深控制技术有限公司	北京			○				√	√√	关注
中国能源建设集团广东省电力设计研究院有限公司	广东							√	√	关注
中国神华能源股份有限公司	北京				○			√	√	关注
沈阳新松机器人自动化股份有限公司	辽宁				○			√	√	关注

注：○代表企业在该分支发明专利申请量在20项及以下；√代表企业在该分支发明专利申请量大于20项。

附录2 创新企业清单

环勃海

| 企业名称 | 地域 | 网络层 ||| 执行层 ||| 技术创新实力 | 推荐级别 |
			云计算	大数据	工业互联网	控制系统	智能测控装置与部件	伺服电机		
中国北车股份有限公司大连电力牵引研发中心	辽宁	○		∨				↻	重点推荐
中国石油天然气集团有限公司	北京		⊘	⊘	○	⊘		↻	重点推荐
天津市天锻压力机有限公司	天津			○	⊘	⊘		↻	重点推荐
沈阳中科奥维科技股份有限公司	辽宁			∨				↻	重点推荐
中国电力科学研究院有限公司	北京		⊘	⊘	⊘			↻	重点推荐
中国科学院沈阳计算技术研究所有限公司	辽宁			○		⊘		↻	重点推荐
鞍钢股份有限公司	辽宁			○	○			↻	重点推荐
国能信控互联技术有限公司	北京		⊘	⊘	⊘			↻	推荐
中国海洋石油集团有限公司	北京			○	⊘			↻	推荐
中国核电工程有限公司	北京			⊘				↻	推荐
北京神经元网络技术有限公司	北京			⊘	⊘			↻	推荐
沈阳铝镁设计研究院有限公司	辽宁		○					↻	推荐
新奥数能科技有限公司	北京							↻	推荐

194

续表

企业名称	地域	网络层 云计算	网络层 大数据	网络层 工业互联网	控制系统	执行层 智能测控装置与部件	执行层 伺服电机	技术创新实力	推荐级别
京东方科技集团股份有限公司	北京		⊘			⊘		强	推荐
北京北方华创微电子装备有限公司	北京				○			强	推荐
中电智能科技有限公司	北京			⊘				强	推荐
天津市久跃科技有限公司	天津				⊘	⊘		强	推荐
浪潮电子信息产业股份有限公司	山东	○				⊘		强	推荐
北京奇虎科技有限公司	北京		⊘					强	推荐
北京小米移动软件有限公司	北京		⊘				⊘	强	推荐
北京和利时系统工程有限公司	北京				⊘			强	推荐
中交集团	北京				⊘			强	推荐
中国电信股份有限公司	北京	⊘						强	推荐
辽宁源宇化工有限公司	辽宁		⊘	⊘				强	推荐
朗德华（北京）云能源科技有限公司	北京				○			强	推荐
中国铁道科学研究院集团有限公司	北京			⊘				强	推荐
中冶北方工程技术有限公司	辽宁			⊘				强	推荐
中车大连电力牵引研发中心有限公司	辽宁				⊘	⊘		强	推荐
宜科（天津）电子有限公司	天津							强	推荐
天津赛瑞机器设备有限公司	天津			⊘				强	推荐

195

续表

企业名称	地域	网络层			执行层		技术创新实力	推荐级别
		云计算	大数据	工业互联网	控制系统	智能测控装置与部件	伺服电机		
北京卓越信通电子股份有限公司	北京			⊘				中	推荐
北京天玛智控科技股份有限公司	北京			⊘				中	推荐
北京搜狗科技发展有限公司	北京		○					中	推荐
中环天仪股份有限公司	天津			⊘				中	推荐
大连三高集团有限公司	辽宁			⊘				中	推荐
大国重器自动化设备（山东）股份有限公司	山东						○	中	推荐
北京华控技术有限责任公司	北京			⊘				中	推荐
中国汽车技术研究中心有限公司	天津		⊘					中	关注
天津港石油化工码头有限公司	天津			⊘				中	关注
北京天智航科技发展有限公司	北京		⊘					中	关注
北京金自天正智能控股份有限公司	北京			⊘				中	关注

长三角

企业名称	地域	网络层 云计算	网络层 大数据	网络层 工业互联网	控制系统	执行层 智能测控装置与部件	执行层 伺服电机	技术创新实力	推荐级别
天奇自动化工程股份有限公司	江苏			∨	○	○		⊞	重点推荐
上海电器科学研究所（集团）有限公司	上海			∨	⊘	⊘		⊞	重点推荐
上海新华控制技术集团科技有限公司	上海				∨	○		⊞	重点推荐
上海自动化仪表有限公司	上海			○				⊞	推荐
国核自仪系统工程有限公司	上海				○			⊞	推荐
浙江华章科技有限公司	浙江			⊘				⊞	推荐
上海宝信软件股份有限公司	上海				⊘	⊘		⊞	推荐
娄卡萍新能源科技发展（上海）有限公司	上海			⊘	⊘			⊞	推荐
杭州安恒信息技术股份有限公司	浙江	⊘						⊞	推荐
浙江正泰中自控制工程有限公司	浙江				○			⊞	推荐
中工科安中自维德自动化有限公司	安徽			○				⊞	推荐
南京国电南自维美德自动化有限公司	江苏				○			⊞	推荐
卡斯柯信号有限公司	上海				⊘			⊞	推荐
浙江大丰实业股份有限公司	浙江				○			⊞	推荐
上海上实龙创智能科技股份有限公司	上海		⊘					⊞	推荐
昆山奥德鲁自动化技术有限公司	江苏			⊘				⊞	推荐

续表

地域	企业名称	网络层 云计算	网络层 大数据	网络层 工业互联网	控制系统	执行层 智能测控装置与部件	执行层 伺服电机	技术创新实力	推荐级别
浙江	杭州伶俐倍冠科技有限公司				○			▯	推荐
江苏	天地（常州）自动化股份有限公司		⊘					▯	推荐
上海	上海步科自动化股份有限公司			⊘		⊘		▯	推荐
江苏	南京世泽科技有限公司			○				▯	推荐
江苏	江苏永钢集团有限公司					⊘		▯	推荐
江苏	江苏苏博特机器人科技有限公司					○		▯	推荐
浙江	中控科技集团有限公司			⊘				▯	推荐

中西部

地域	企业名称	网络层 云计算	网络层 大数据	网络层 工业互联网	控制系统	执行层 智能测控装置与部件	执行层 伺服电机	技术创新实力	推荐级别
重庆	重庆川仪自动化股份有限公司			○	○			▮	重点推荐
陕西	西安上尚机电有限公司			○	○			▮	重点推荐
陕西	中国重型机械研究院股份公司						⊘	▯	推荐
四川	成都飞机工业（集团）有限责任公司				⊘			▯	推荐

198

续表

企业名称	地域	网络层 云计算	网络层 大数据	网络层 工业互联网	控制系统	执行层 智能测控装置与部件	执行层 伺服电机	技术创新实力	推荐级别
中联重科股份有限公司	湖南							中	推荐
西安众智惠泽光电科技有限公司	陕西			⊘	⊘			中	推荐
成都四为电子信息股份有限公司	四川			⊘				中	推荐
中车株洲电力机车研究所有限公司	湖南			○				中	推荐
中国船舶工集团公司第七一二研究所	湖北			⊘				中	推荐
武汉华中数控股份有限公司	湖北			⊘				中	推荐
成都启源电子信息技术有限公司	四川				⊘			中	推荐
西安西热控制技术有限公司	陕西			⊘				中	推荐
西安航天自动化股份有限公司	陕西				⊘			中	推荐
四川宏华电气有限责任公司	四川							中	推荐
成都秦川物联网科技股份有限公司	四川	⊘						中	推荐
宝鸡石油机械有限责任公司	陕西					⊘		中	推荐
重庆川仪控制系统有限公司	重庆				⊘			中	推荐
株洲时代电子技术有限公司	湖南			⊘				中	推荐
湖南千盟工业智能系统股份有限公司	湖南							中	推荐
重庆新登奇机电技术有限公司	重庆						⊘	中	推荐

珠三角

企业名称	地域	网络层			执行层			技术创新实力	推荐级别
			云计算	大数据	工业互联网	控制系统	智能测控装置与部件	伺服电机		
中广核核电运营有限公司	深圳				⊘		○	中	重点推荐
深圳市优必选科技股份有限公司	深圳						○	中	推荐
深圳市大疆创新科技有限公司	深圳		○					中	推荐
中广核工程有限公司	深圳				○			中	推荐
鸿富锦精密工业（深圳）有限公司	深圳				○		○	中	推荐
深圳市雷赛智能控制股份有限公司	深圳							中	推荐
广州数控设备有限公司	广州			○				中	推荐
深圳市玄羽科技有限公司	深圳	○						中	推荐
深信服科技股份有限公司	深圳		○					中	推荐
树根互联股份有限公司	广州		⊘			⊘		中	推荐
深圳市智物联网络有限公司	深圳					⊘		中	推荐
深圳市佳运通电子有限公司	深圳		○					中	推荐
广州技象科技有限公司	广州							中	推荐
广州明珞装备股份有限公司	广州					⊘		中	推荐
深圳市神拓机电股份有限公司	深圳			⊘				中	推荐
蘑菇物联技术（深圳）有限公司	深圳					⊘		中	推荐

续表

企业名称	地域	网络层			执行层			技术创新实力	推荐级别
		云计算	大数据	工业互联网	控制系统	智能测控装置与部件	伺服电机		
广州鲁邦通物联网科技股份有限公司	广州		⊘					中	推荐
固高科技股份有限公司	深圳			⊘				中	推荐
广州能迪能源科技股份有限公司	广州				⊘			中	推荐
广州杰赛科技股份有限公司	广州							中	推荐
创维集团有限公司	深圳				⊘			中	推荐
亚安科技(深圳)有限公司	深圳	⊘						中	推荐

注：⊘代表企业在该分支专利申请量大于等于5项且小于10项；○代表企业在该分支专利申请量小于20项且大于等于10项；√代表企业在该分支发明专利申请量大于等于20项。

附录3 可合作科研机构清单

国内

高校名称	地域	网络层 云计算	网络层 大数据	网络层 工业互联网	控制系统	执行层 智能测控装置与部件	执行层 伺服电机	技术创新实力	合作意愿	推荐级别
浙江大学	浙江	○	√	√	√		○	√	√	重点推荐
中国科学院沈阳自动化研究所	辽宁		○	√	√	○		√	√	重点推荐
重庆邮电大学	重庆		√	√				√	√	重点推荐
清华大学	北京	√	√	○	√	○		√	√	重点推荐
上海交通大学	上海		√	√	√	○		√	√	重点推荐
北京航空航天大学	北京		√	○	○	○		√	√	重点推荐
华中科技大学	湖北		√	√	○			√	√	重点推荐
东北大学	辽宁		√	○	○	√		√	√	重点推荐
华南理工大学	广东	○	√	○	○	○		√	√	重点推荐
西安热工研究院有限公司	陕西			○	√			√	√	推荐
西安电子科技大学	陕西	○	√					√	√	推荐
哈尔滨工业大学	黑龙江		√	√	○			√	√	推荐
浙江工业大学	浙江		√	○	○			√	√	推荐

续表

高校名称	地域	网络层			执行层			技术创新实力	合作意愿	推荐级别
		云计算	大数据	工业互联网	控制系统	智能测控装置与部件	伺服电机			
广东工业大学	广东		○	○	○	○		中	中	推荐
北京工业大学	北京		√	○	○			中	中	推荐
杭州电子科技大学	浙江		○	○	○	○		中	中	推荐
电子科技大学	四川		√					中	中	推荐
西安交通大学	陕西		○		○	○		中	中	推荐
大连理工大学	辽宁		√					中	中	推荐
重庆大学	重庆		√		○			中	中	推荐
南京航空航天大学	江苏		√		○			中	中	推荐
广西大学	广西						√	中	中	推荐
东南大学	江苏		√	○		○		中	中	推荐
上海大学	上海			○				中	中	推荐
山东大学	山东		○			○		中	中	推荐
天津大学	天津		○		○	○		中	中	推荐
同济大学	上海		√		○			中	中	推荐
北京邮电大学	北京	○	√					中	中	推荐
南京邮电大学	江苏		√					中	中	推荐
北京理工大学	北京		○				○	中	中	推荐

203

续表

高校名称	地域	网络层			执行层			技术创新实力	合作意愿	推荐级别
		云计算	大数据	工业互联网	控制系统	智能测控装置与部件	伺服电机			
江南大学	江苏		○					√	√	推荐
武汉理工大学	湖北		○					√	√	推荐
天津理工大学	天津			○				√	√	推荐
华北电力大学	北京				○			√	√	推荐
中国科学院自动化研究所	北京		○					√	√	推荐
南京理工大学	江苏		○			○		√	√	推荐
吉林大学	吉林		○					√	√	推荐
河海大学	江苏		○					√	√	推荐
西北工业大学	陕西							√	√	推荐
东华大学	上海					○		√	√	推荐
武汉大学	湖北		○					√	√	推荐

注：○代表该高校/科研院所在该分支发明专利申请量在20项及以下；√代表该高校/科研院所在该分支发明专利申请量大于20项。

附录 4 可引进的人才名单

国外

发明人	感知层 传感器	感知层 射频识别	网络层 云计算	网络层 大数据	网络层 工业互联网	执行层 控制系统	执行层 智能测控装置与部件	执行层 伺服电机	生产线 高档数控机床	生产线 机器人	生产线 3D打印
发那科－鸟居信利								√		√	
发那科－二瓶亮								√			
发那科－豊田賢一								√		○	
三菱－加藤久夫								√			
艾利丹尼森公司－FORSTER, IAN J.		√									
发那科－中島清一郎								√			
百龙企业有限公司－高井一光								√			
伊姆西IP控股公司－DANILOV, MIKHAIL				√							
fisher公司－M.J.尼克松						○					
三菱－田中賞								√			
伊皮杰有限公司－DIORIO, CHRISTOPHER J.		√									

205

续表

发明人	感知层			网络层		执行层			生产线	
	传感器	射频识别	云计算	大数据	工业互联网	控制系统	智能测控装置与部件	伺服电机	高档数控机床	机器人	3D打印
研能科技股份有限公司-MOU, HAO-JAN	√										
思杰系统有限公司-CHAUHAN, AB-HISHEK			√								
EXPRO METERS-GYSLING, DAN-IEL L.	√										
通用电气公司-J. M. 卡拉法						○					
欧姆龙-小路和明								○			
豐田工机株式会社-米田孝夫								○	○		
雅马哈发动机株式会社-加茂川良			○								
思杰系统有限公司-MOMCHILOV, GEORGY											
简雪棱-陳豐田									○		
KULITE SEMICON PRODS-KURTZ, ANTHONY D.	○										
安德雷斯和霍瑟·弗罗泰克有限公司-RIEDER, ALERED	○										

206

续表

发明人	感知层			网络层			控制系统	执行层		生产线	
	传感器	射频识别	云计算	大数据	工业互联网			智能测控装置与部件	伺服电机	高档数控机床	机器人	3D打印
本田技研工业株式会社-竹中透												
株式会社芝浦制作所-北川嗣芳									○			
西铁城时计株式会社-杉本健司										○		
日立-野村稔									○			
红帽公司-CHEN, HUAMIN			○									
发那科-稻叶肇											○	
村田机械株式会社-河合秀貢									○	○		
株式会社神户制钢所-永滨恭秀									○			
株式会社不二越-国崎晃			○									
伊姆西IP控股公司-JUELS, ARI			○									
伊姆西IP控股公司-NATANZON, ASSAF												
丰田工机株式会社-外山修									○			
洛克威尔公司-CHAND, SUJEET												
皇家飞利浦-R.A.M.希克梅特											○	
精工爱普生株式会社-竹田幸二									○			
富士通互联科技有限公司-小森谷均									○			

207

续表

发明人	感知层			网络层			执行层			生产线		
	传感器	射频识别	云计算	大数据	工业互联网	控制系统	智能测控装置与部件	伺服电机	高档数控机床	机器人	3D打印
KIM KYOUNGJOONG – KIM KYOUNG JOONG											
雅马哈株式会社-服部敦夫	○	○									
精工爱普生株式会社-竹内启佐敏							○				
东芝 宗像正							○				
富士通互联科技有限公司-中田康之			○								
KNOWBE4 INC-KRAS, GREG											

国内企业

发明人	感知层			网络层			执行层			生产线		
	传感器	射频识别	云计算	大数据	工业互联网	控制系统	智能测控装置与部件	伺服电机	高档数控机床	机器人	3D打印
深圳市创世纪机械有限公司-夏军	√								√		
京北方高业科技有限公司-瞿光杰									√		
重庆麦斯特精密机械有限公司-杨勇									√		
戴杰磨床有限公司-胡永龙											
芜湖洪金机床有限公司-冯晓飞											

208

续表

发明人	感知层		网络层			执行层			生产线		
	传感器	射频识别	云计算	大数据	工业互联网	控制系统	智能测控装置与部件	伺服电机	高档数控机床	机器人	3D打印
大连意美机械有限公司-高峰									√		
广州台佳数控机床有限公司-莫燕芳									√		
强龙科技（苏州）有限公司-陈锐杰									√		
浙江纳迪克数控设备有限公司-张江龙									√		
西安博恒智能技术有限公司-李博昌					√	⊘	⊘				
安徽力成智能装备股份有限公司-周庆成									√		
深圳市盛路物联通讯技术有限公司-杜光东				√							
苏州市合群机械有限公司-夏军									√		
深迪半导体（绍兴）有限公司-邹波	√										
上海墨芋电子科技有限公司-徐幼娟			√								
维坊歌尔微电子有限公司-端大鲁王	○										
罕王微电子（辽宁）有限公司-黄白向	○										
伯朗特机器人股份有限公司-尹荣造										○	
中工科安科技有限公司-文长明					○						
潍坊歌尔微电子有限公司-郑国光	○										

209

续表

发明人	感知层			网络层			执行层				生产线	
	传感器	射频识别	云计算	大数据	工业互联网	控制系统	智能测控装置与部件	伺服电机	高档数控机床	机器人	3D打印
江苏汇博机器人技术股份有限公司-陈强										○	
天津市久跃科技有限公司-陈英跃						⊘	⊘				
深圳市创想三维科技股份有限公司-刘辉林											○
朗德华（北京）云能源科技有限公司-姜永东						○					
广东汉邦激光科技有限公司-蓝奕冰											○
成都钧采科技有限公司-曾琦					○						○
成都启源电子信息技术有限公司-曾琦											
中广核核电运营有限公司-王建涛								○			
西安上尚机电有限公司-王乐民						○					
深圳市优必选科技股份有限公司-XIONG, YOUJUN										○	
深圳市佳运通电子有限公司-刘永才						○	⊘				
苏州工业园区报关有限公司-龚韩辉											
上海普利生机电科技有限公司-侯锋											○

210

续表

发明人	感知层		网络层		执行层				生产线	
	传感器	射频识别	云计算	大数据	工业互联网	控制系统	智能测控装置与部件	伺服电机	高档数控机床	机器人	3D打印
北京神经元网络技术有限公司-康良川					○						
青岛五维智造科技有限公司-兰红波											○
青岛三易三维技术有限公司-贾新星											○
昆山奥德鲁自动化技术有限公司-郁柏彬					○						
大连佳林设备制造有限公司-尹柏林							○				
北京卓越信通电子股份有限公司-赖家灯					○						
北京中科三维科技有限公司-刘源											○
蚌埠凯盛工程技术有限公司-邢宝山					○						
中国能源建设集团广东省电力设计研究院有限公司-吴国瑛					○						
永嘉县信达智能设备制造有限公司-金勇										○	
宜宾海丝特纤维有限责任公司-董金华							○				
西安热工研究院有限公司-寇水潮					○						
沈阳中科博微科技股份有限公司-于海斌					○						

211

续表

发明人	感知层			网络层			执行层			生产线		
	传感器	射频识别	云计算	大数据	工业互联网	控制系统	智能测控装置与部件	伺服电机	高档数控机床	机器人	3D打印
深圳市睦疆科技有限公司-刘培超										⊘	
上海自动化仪表有限公司-崔晨					⊘					⊘	
叁途智能教科技术研究院江苏有限公司-张好明										⊘	
江苏长虹智能装备股份有限公司-仇洪根											
江苏茗博机器人科技有限公司-杜少雄						⊘					
河南华东工控技术有限公司-张好明					⊘						
成都四为电子信息股份有限公司-瞿纯玉							⊘				
成都泰川物联网科技股份有限公司-邵泽华											
北京炎菱业机电设备有限公司-杨海峰										⊘	
北京配天技术有限公司-王春晓					⊘					⊘	
北京华控技术有限责任公司-陈小枫						⊘					
爱普（福建）科技有限公司-郜松											

212

续表

发明人	感知层		网络层		执行层			生产线	
	传感器	射频识别	云计算	大数据	工业互联网	控制系统	智能测控装置与部件	伺服电机	高档数控机床	机器人	3D打印
OPPO广东移动通信有限公司-陈仲铭				⊘							
重庆渝登奇机电技术有限公司-董明海								⊘			
重庆川仪自动化股份有限公司-裴文龙						⊘					
西安上尚机电有限公司-李峰						⊘					
温州市麦特力克电器有限公司-陈福华						⊘					
苏州艾利特机器人有限公司-江俊逢					⊘					⊘	
数驱技术有限公司-孙恺											
诺伯特智能装备（山东）有限公司-闫新华										⊘	

国内科研

发明人	感知层		网络层		执行层			生产线	
	传感器	射频识别	云计算	大数据	工业互联网	控制系统	智能测控装置与部件	伺服电机	高档数控机床	机器人	3D打印
浙江大学-刘兴高	√				√	√					
东南大学-廖小平											

213

续表

发明人	感知层		网络层			执行层				生产线	
	传感器	射频识别	云计算	大数据	工业互联网	控制系统	智能测控装置与部件	伺服电机	高档数控机床	机器人	3D打印
上海交通大学-张卫平	√										
渤海大学-余东生	√										
江南大学-曹毅	√										
西安交通大学-赵立波	√										
重庆邮电大学-王恒					√						
北京航空航天大学-房建成	√										
西安交通大学-韦学勇	√										
杭州职业技术学院-丁媛媛									√		
佛山科学技术学院-张彩霞				○							
浙江大学-卢建刚						○					
合肥工业大学-徐科军	√										
重庆邮电大学-王平					○						
中国科学院沈阳自动化研究所-梁炜					○						
华南理工大学-杨永强											○
中科院福建物质结构研究所-王剑磊					○						○
天津理工大学-陈在平										√	

续表

发明人	感知层			网络层			执行层			生产线	
	传感器	射频识别	云计算	大数据	工业互联网	控制系统	智能测控装置与部件	伺服电机	高档数控机床	机器人	3D打印
机械科学研究总院先进制造技术研究中心-单忠德											○
西北工业大学-常洪龙	○										
吉林大学-冀世军									○		
海南大学-杜锋	○										
中国矿业大学-马洪宇	○										
西安交通大学-赵玉龙	○										
中国科学院地质与地球物理研究所-郭建						○					
重庆邮电大学-魏旻					○						
青岛理工大学-兰红波											○
济南大学-李慧芝											○
东南大学-黄晓东	○										
长春工业大学-唐新星										○	
黄河科学院-范彩霞									○		
中国科学院电子学研究所-陈德勇	○										
西北工业大学-苑伟政	○										

215

续表

发明人	感知层			网络层		控制系统	执行层		生产线	
	传感器	射频识别	云计算	大数据	工业互联网		智能测控装置与部件	伺服电机	高档数控机床	机器人	3D打印
西安交通大学－田小永											○
上海师范大学－陈琛					○						
东南大学－韩磊	○										
东南大学－陈熙源											
中国科学院沈阳自动化研究所－曾鹏	○										
中北大学－张文栋	○										
郑州科技学院－郑喜贵	○								○		
浙江大学－陈家旺											
中北大学－张国军											
清华大学深圳研究生院－张旻									○		
江苏工业学院－沈惠平											

注：○代表企业在该分支专利申请量大于等于5项且小于10项；◎代表企业在该分支专利申请量小于20项且大于等于10项；√代表企业在该分支分支发明专利申请量大于等于20项。